萬善同歸集

불광출판사

慧日永明延壽禪師像

贊曰

拈破砂盆作大圓鏡
照耀乾坤高低普應
宗鏡弘闡包括賢聖
河目海口拍二是令

辛酉夏至書於
清瀧手繪佛祖道影

만선동귀집 서

바다는 온갖 흐름이 모이지 않고선 가득해지질 못하듯이, 십지(十地)의 지존(至尊)에 오름도 만선(萬善)을 두루 쌓지 않고는 이룰 수 없다. 그러므로 헤아릴 수 없이 깊음[深不可測]은 온갖 것을 모두 용납한 후에 있는 것이고, 가히 알 수 없으리 만치 신성함[聖不可知]은 온갖 수행을 부지런히 쌓은 후에야 가능한 것이다.

하물며 부처님께서도 깊은 진리의 말씀을 베푸시되 "실로 털끝만한 선(善)으로 향함 부터라야 가히 삼계의 진로(塵勞)를 뛰어넘는 것이 필연적이라." 하시어 자나 깨나 깨닫는 길을 간곡히 가르쳤음에랴. 참으로 점점 연마하여 성숙하는 것이요, 오랫동안 정성을 다해 부지런히 애쓴 뒤에야 빼어나게 되는 것이다.

깊이 성역(聖域)을 밟고저 한다면 반드시 범부의 마음부터 혁신토록 해야 하나니, 본래 범부나 성인에 있지 않고 오직 미하고 깨달음에 있기 때문이다. 어찌 한 가지의 수행만으로 쉽사리 이루어지랴. 반드시 많이 듣고 두루 익혀야 하는 것이다.

교(教)의 말씀은 자세하고 미묘하여 깨달은 경계의 밝고 훤출함을 표하였고 선리(禪理)는 깊고 원융하여 조계(曹溪)의 아름다운 명예를 드러냈거니와, 그러므로 공(空)만을 집착하여 유(有)를 떠나지 말 것이요, 실(實)을 등지고 허무만을 좇아서도 안 되는 것이다.

요컨대 방편을 바로 알면 반드시 실상으로 돌아가게 되어 있다. 방편과 진리를 함께 요달하고 나면 그때는 곧 허공이라 할지라도 걸림없이 쓸 수 있기 때문이다.

통달한 자는 사물을 돌이켜서 마음임을 밝히리니 곧 묘용이라 하려니와, 미한 자는 문자에만 빠져 교(敎)에 막히리니 어찌 방소(方所)에 통달했다 말하겠는가.

혹은 힘써 경전을 연구하며, 혹은 계행을 청정히 가지며, 혹은 자비하신 상호를 우러러 뵈오며, 혹은 부지런히 요행(繞行)하며, 혹은 존명을 외우며, 혹은 마음으로 정토를 관찰하며, 혹은 한포기 풀이라도 베풀어서 부(富)를 중히 여기거나 가난을 소홀히 여기지 않는 행을 기르며, 혹은 무엇이든 기꺼이 베풀어 쌓인 것을 좋아하거나 덜어짐을 싫어하는 일이 없도록 하는 등 수행하는 일을 이와 같이 고르게 한다면 그에 따른 이익도 반드시 더욱 융성해지리라.

무릇 계행이나 선정을 의지하면 마땅히 복이 되고, 경전이나 존상(尊像) 등을 짓거나 펴낸다면 반드시 뛰어난 공덕을 얻는 법, 자기에게 조그마한 현(賢)이 있는 것으로 짐짓 마음이 곧 부처라고 말하지 말라. 범부로 부터 성위에 오르는 것이니 수행하지 않은 석가는 없었고, 거짓으로 부터 진실에 드는 것이라 닦아 증득치 않은 달마는 없었다.

사람만을 보아 도를 숭상함은 불도가 아닌 이도(異道)일 따름, 언제나 정근(精勤)을 귀하게 여겨 태만함을 쫓고 쉽다는 생각을 버릴 것이며, 나고 죽음이 순식간의 일임을 중히 여겨 대도(大道)의 근원을 연마해야 할 것이다. 실로 사그러져 버리는 한 삼태기의 재로 어찌 태산의 무거움을 누를 수 있겠는가.

혹 삼승(三乘)이라고 하여 버린다면 자비의 문엔 오르기 어려울 것이니, 그러므로 자아(自我)라는 교만도 있을 수 없고 더구나 버려야 할 선(善)도 없다.

실로 먼저 스스로가 온전한 덕을 구하고 나서야 비로소 의심됨을 물을 수 있는 것이다. 왜냐하면 마음이 아니면 마음으로 본받을 수 없고 법이 아니면 법으로 본받을 수 없으니, 요는 마음으로서 마음을 인가하고 법으로서 법을 주어 스승과 제자가 서로 그르치지 않는 데 있기 때문이다.

부디 한 모퉁이일지라도 잘 힘써서 두루 만행(萬行)으로 수행정진한다면 보리의 종자가 반드시 안양(安養)에 심어질 것이니, 밝게 수행한즉 도솔에 오르려니와 어두우면 아비옥에 떨어지고 말리라.

말[虛言]이란 진흙구덩이일 따름이라 곧 물 없는 데다 배를 띄움과 같다. 그러나 성품은 본래 훤출하게 통한 것이라서 단지 물을 건너는 뗏목과는 다른 것이다. 그러므로 전성후성(前聖後聖)이 모두 마음으로 인하였거니, 그때나 지금에나 어찌 다른 법이 있겠는가.

슬프다. 법이란 있지 않되 있고, 마음이란 공(空)하지 않되 공하였으니, 닦을 것이 없으므로 닦지 아니할 바도 없어 진수(眞修)랄 것이 없고, 머무를 것이 없으므로 머물지 아니할 바도 없어 진주(眞住)랄 것도 역시 없다.

불쌍한 군생들은 모두가 다 같이 이 한 성품을 가지고 있어 본래 맑고 더러움의 차별이 없으나 다만 바깥 사물에 의하여 어기고 차별됨이 있게 되었다. 진실로 밝게 닦지 아니하면 어찌 바로 알겠는가. 능히 반연(攀緣)을 잘 막고 겸하여 묘선(妙善)을 기른다면 참으로 진귀(眞歸)라 할 수 있으리라. 선철(先哲)들의 귀중한 말씀으로 후학들에게 본받아 배우게 하고 아울러 교목(敎目)을 펴서 미혹한 이들에게 가르치는 뜻이 실로 여기에 있는 것이다.

지각 선사(智覺禪師)는 성품이 밝고 기틀이 원만하시며, 재식(才

識)이 풍부하고 온갖 것을 널리 통달하여 숙세의 익히심이 제법과 한 가지로 부합하시고, 금세의 유통하심이 제불의 뜻에 깊이 계합하신 분이다. 또한 남 생각하기를 나와 같이 여기시고, 남의 마음 엿보기를 나의 마음 보듯 하신 이였다.

일찍이 만선동귀집을 저술하여 인연 있는 이들에게 널리 수행하기를 권하심이 있었던 바, 누구를 막론하고 모두 다만 지극한 마음으로 이 가르침에 따라 부지런히 수행한다면 따로 귀함도 천함도 없어짐을 이루리니, 실로 중생을 이롭게 하는 양약이요, 부처를 구하는 이들에게 보이는 요긴한 나루라 할 것이다.

살펴보건대 제경제론(諸經諸論)의 법을 두루 포괄하시어 말씀마다 깨닫지 못한 이와 알지 못한 이들의 더없는 모범이 되는지라, 그러므로 더욱 더 오늘날에도 절실히 권하고 싶은 마음뿐, 자세히 닦아 가진다면 깊이 어느 곳에서든 저울대가 되고 또한 종문(宗門)을 기준하는 잣대가 되리라.

이제 또한 법혜원의 지여장주(智如藏主)라는 이도 숙세에 어진 성품을 기른 이로서 몸소 성현의 가르침을 잘 실천하여 남의 현(賢)을 보매 나의 현을 보는 듯하고 남의 선(善)을 보매 나의 선을 보는 듯 기뻐하는 분이다. 이분이 오래전부터 사(師)의 논찬(論撰)을 밝혀서 뒷 세상의 본보기가 되도록 복리를 일으켜 오더니, 평소에 깊은 방편이 적지 않아 스스로 주머니를 기울이고 아울러 두루 전자(錢貲)를 거출하여 뛰어난 인연으로 고명한 이들의 도움을 받아 드디어 이 책을 판에 새김에 이르게 되었다. 그러나 그 귀함으로 말한다면 실로 각자가 몸을 닦아 살핌에 있는 것이다.

대강 이와 같은 전말의 뜻을 잊혀지지 않게 하려고 못난 나에게 부탁하여 왔으나 나의 성품이 무던히도 무디고 어두운 것을 어찌하랴. 외람되이 가상한 청을 받고는 짐짓 굳이 사양도 하였으나 또한 어기기 어려운지라, 마지 못해 몇 자 줄거리를 지어 감히 꾸짖음을 면해 보려 하는 것이다.

      때는 성송(聖宋) 희령(熙寧) 5년 7월 7일에
         심진(沈振)이 서(序)하다.

일러두기

一. 이 책의 번역 대본은 大正 8年 新文館藏本인 單行本을 主로 하고 誤字 脫字 및 본문의 表記가 相違한 곳 등은 新修藏經本 續藏經本 雍正語錄中의 略本 等을 參考對照하였다.

一. 引用經典의 내용중 글자나 내용이 미심쩍다고 생각되는 부분은 가능한 各 해당 경전을 열람하여 바로 잡았으나 譯者의 임의임을 밝혀 둔다.

一. 번역은 되도록 直譯하여 原著者의 의도를 가능한 정확하게 전달하려 애썼다. 그러나 文脈이 압축되어 의미 전달이 부족한 듯한 곳에는 많이 풀거나 도움말을 첨가한 곳도 있다. 讀者諸賢의 양해를 바란다.

一. 註는 著者의 本意를 조금이라도 그르치는 결과가 되지 않을까 하여 되도록 考察의 필요성이 있는 부분이나 전문술어 法數行相 등에만 한정하여 간결하게 풀이하는 데 그쳤다.

一. 目次는 原文엔 없는 것이나 論旨의 성격이나 內容의 흐름을 파악해 나가는 데 조금이라도 도움이 될까 하여 譯者 임의로 段項을 나눈 것이다. 따라서 著者의 본의에 다소 符合되지 않을 수도 있고 分段題目 자체가 內容에 대하여 어색한 곳도 있으리라. 諸賢의 叱正을 바라마지 않는다.

一. 附錄으로는 역시 永明禪師의 저술인 唯心訣을 거의 意譯에 가까운 形式으로 풀어 本集의 卷末에 덧붙였다.

一. 이 번역에 끝까지 함께 도움이 되어 지도를 아끼지 않았던 존경하는 벗 無比·然觀·頓然·道成 等 諸師와 이 拙譯이 책으로 나오기까지 出版에 힘써 주신 불광출판부에 심심한 謝意를 표한다.

목차

만선동귀집 서 •3
일러두기 •8
해설 •17

제1장 개론

Ⅰ. 총서 ·· 31
   1. 본집(本集)의 종지(宗旨) •31
   2. 종지를 원교의 이사(理事)에 의거함 •32
   3. 두루 만행(萬行) 닦기를 권함 •36

Ⅱ. 논지(論旨)의 근거 ·· 40

Ⅲ. 만행을 일으키는 이유 ································· 42

Ⅳ. 입지발심(立志發心) ······································ 44
   1. 이사(理事)를 갖춘 발심과 수행방편 •44
   2. 발심수행의 필요성 •47
   3. 만행을 방편삼아 취입(趣入)하는 까닭 •48
   4. 만행이 실상(實相)을 어기지 않는 까닭 •53

 제2장 만행중선(萬行衆善)의 사상론(事相論)

Ⅰ. 건립만선도량(建立萬善道場) ················· 61
  1. 이(理)와 사(事)의 도량(道場) ● 61
  2. 이사무애도량(理事無碍道場) ● 64

Ⅱ. 자력과 타력은 둘이 아님 ················· 66

Ⅲ. 만행시위(萬行施爲)의 수행실제(修行實際) ········· 69
  1. 염불(念佛) ● 69
    음성의 실상/ 칭명염불(稱名念佛)/ 감응과 대치/ 제형상의 실상

  2. 전경(轉經) ● 76
    전경의 공덕/ 전경수행을 권하는 뜻/ 실상전경(實相轉經)/
    만행과 선정(禪定)

  3. 행도예배(行道禮拜) ● 85
    행도예배의 참뜻/ 예배를 권하는 이유와 공덕/
    행도예배의 실상관조(實相觀照)/ 행념(行念)과 좌념(坐念)의 차이/
    따로 예배의 뜻과 권하는 이유를 밝힘/ 예념(禮念)의 실상/
    조도법(助道法)의 용처(用處)

  4. 지계 ● 94
    계의 참뜻과 계덕(戒德)/ 지계의 필요성

  5. 참회(懺悔) ● 98
    특히 사참(事懺)을 밝힘/ 사참을 밝히는 까닭/ 참회의 참뜻

6. 정토 • 106
유심정토(唯心淨土)/ 원력정토(願力淨土)/ 십념왕생(十念往生)의
헛되지 않음/ 임종래영(臨終來迎)의 뜻/ 왕생을 권하는 까닭/
정토의 실상/ 정토의 수행

Ⅳ. 만행(萬行)이 이사(理事)에 쌍융(雙融)함을 상론 … 125
Ⅴ. 만행체용(萬行體用)의 부사의성(不思議性) ………… 127
Ⅵ. 만행의 이(理)에 의한 사행(事行) …………… 133
  1. 위법망구(爲法亡軀)의 자세 • 133
    소신연지(燒身燃指)의 참뜻/ 소신의 수행을 권하는 까닭

  2. 만행에 의한 근본 — 시문(施門) • 139
    무위혜행(無爲慧行)/ 총별(總別)과 본말(本末) 등이 서로 도와 일어
    남/ 이사(理事)와 체용(體用)이 무애(無碍)함/ 보시의 공능(功能)
    / 시문(施門)의 이(理)와 사(事)/ 관신실상(觀身實相)

  3. 진속(眞俗)을 동시에 섭(攝)하는 보살행의 의의와
     필요성 • 159
  4. 이사(理事)에 명합(冥合)한 실상의 지위점차(地位漸次) • 167
  5. 수행의 참뜻 • 168
  6. 실상의 견해 • 170
  7. 지관(止觀)으로 수행하는 이유 • 171
  8. 보살본원(菩薩本願)으로서의 수행 • 172
    문사수(聞思修)/ 구선지식(求善知識)/ 위인설법(爲人說法)

9. 만행을 점차로 삼는 뜻 ● 179
10. 선악(善惡) ● 186
   선업을 닦는 이유/ 성품으로서의 선악/ 선악을 동섭(同攝)/
   만행상의 선악선택/ 실상에 있어서의 선행(善行)/
   중선복덕(衆善福德)의 회향

11. 보리심(菩提心) ● 191
   제법의 실상/ 중생을 제도하는 도구/ 보리심은 만선의 으뜸/
   보리심의 실상

Ⅶ. 만행의 실천사행(實踐事行)을 상론 ······ 196

1. 귀명삼보(歸命三寶) ● 196
   삼보의 자비위력/ 형상삼보(形相三寶)에 예배하는 참뜻/
   참뜻을 알지 못한 수행의 허물

2. 만행복덕장엄(萬行福德莊嚴)과 그 영험의 예 ● 203
   복덕의 공능(功能)/ 연등/ 산화/ 헌향/ 번개/ 칭양찬탄(稱揚讚歎)
   / 창패(唱唄)/ 권청(勸請)/ 수희(隨喜)/ 발원(發願)/
   조성형상(造成形像)/ 건립탑파주종(建立塔婆鑄鐘)/ 서사(書寫)

3. 기타 만행을 광설(廣說) ● 215
   불법으로 외호/ 권청출가(勸請出家)/ 정법의 환경을 지킴/
   수행인의 소구(所求)를 도움/ 만선행(萬善行)의 과보/
   구호중생(救護衆生)/ 시무외(施無畏)/
   시자비선근(施慈悲善根)/ 재계(齋戒)/ 참괴(慚愧)/
   애민중생(哀愍衆生)/ 효순(孝順)/ 보살수행의 초점

제3장 만행중선(萬行衆善)의 이치론(理致論)

Ⅰ. 여러 측면에서 본집(本集)을 짓는 이유 ……………235
1. 개설 ● 235
2. 만행문(萬行門)을 시설한 이유 ● 236
3. 만행으로 정진을 삼는 이유 ● 237
4. 중선(衆善)을 시위(施爲)하는 이유 ● 238
5. 유위(有爲)를 빌리는 이유 ● 242
6. 수행을 빌리는 이유 ● 243
7. 연기법을 빌리는 이유 ● 244
   오교(五敎)의 가르침을 약설/
   원돈양교(圓頓兩敎)의 연기에 대한 견해/
   권실(權實)을 함께 거두어 버릴 수 없음
8. 만선(萬善)을 빌려 원돈(圓頓)을 이루는 이유 ● 247
9. 유작(有作)의 만행을 기술하는 이유 ● 250
10. 사상(事相)의 과보를 설하는 이유 ● 250
11. 구경위(究竟位)의 중행장엄(衆行莊嚴) ● 251
12. 만행이 반야로 돌아감 ● 252
    중행산선(衆行散善)을 널리 설한 이유/ 육도만행은 반야가 주가 됨
13. 만행인연(萬行因緣)을 문답으로 베푼 이유 ● 254

Ⅱ. 선법(善法)의 체상(體相) ……………258
1. 선법의 종류 ● 258

  2. 특히 사선(事善)의 필요성 ● 258
  3. 선법은 불과(佛果)를 이루는 인연 ● 259

Ⅲ. 패괴법(敗壞法)을 경계 ·· 261
  1. 중생계의 무상(無常)을 경계 ● 261
  2. 보리심을 장애하는 두 가지 ● 262
  3. 수행분상(修行分上)의 경책 — 방일 ● 264
  4. 전도지견(顚倒知見)을 경계 ● 265
  5. 집착함을 경계 ● 267
  6. 선성(先聖)의 수행방법 ● 269

Ⅳ. 돈점(頓漸)의 요간(料簡) ··· 272
  1. 네 가지의 요간(料簡) ● 272
  2. 따로 돈오점수(頓悟漸修)를 나타냄 ● 273

Ⅴ. 불법(佛法)을 선양하는 이유 ································ 275
  1. 유·불·도(儒·佛·道) 삼교의 차이 ● 275
  2. 정법구전(正法久傳)의 방편 ● 276

Ⅵ. 사상수행(事相修行)의 필요성 ································ 280

Ⅶ. 자비교화의 이유 ·· 282

Ⅷ. 수행상의 전도지견(顚倒知見) ································ 284

1. 외도(外道)의 전도지견 • 284
　　2. 내교(內敎)의 전도지견 • 284
Ⅸ. 제법의 체성(體性) ················· 288
　　1. 제법은 체성이 없음 • 288
　　2. 인연생멸(因緣生滅)임을 밝힘 • 289
　　3. 중생의 실제과보 ─ 전도 • 291
　　　상전도(想顚倒)/ 견전도(見顚倒)

　　4. 구경청정(究竟淸淨) • 293
　　5. 구경원만(究竟圓滿) • 293

Ⅹ. 수행의 보응 ························ 295

Ⅺ. 업보순환(業報循環)의 절차 ············ 297
　　1. 업보의 순환을 약설 • 297
　　2. 업은 삼세에 통함 • 298
　　　성현의 밀화(密化)/ 과보의 무정성(無定性)/
　　　선근정진력(善根精進力)의 보응

Ⅻ. 수선대치(修善對治) ················· 302
　　1. 재가인의 기악대치(棄惡對治) • 302
　　2. 재가인의 순수선행(純粹善行)과 과보 • 303

ⅩⅢ. 진속제행(眞俗齊行)의 관계 ············ 305

제4장 결론

I. 만선(萬善)의 종지(宗旨) ·············· 309
   1. 일체이사(一切理事)는 마음이 근본 ● 309
   2. 조도(助道)에는 정직이 으뜸 ● 312
   3. 근본은 무유정법(無有定法) ● 312
   4. 깨달아 드는 방편 ● 312
   5. 만법유식(萬法唯識) ● 314

II. 본집의 종(宗)과 섭(攝) ·············· 316

III. 본집종지(本集宗旨)의 근거 ·············· 317
   1. 명목(名目) ● 317
   2. 본집의 수행에 해당하는 근기와 이익 ● 321

IV. 발원 및 부촉(付囑) ·············· 323

V. 총송(總頌) ·············· 324

   부록:유심결(唯心訣) ·············· 329
   역자 제언 ● 357

해 설

1. 본집(本集)의 내용과 구성의 대략

만선동귀집(萬善同歸集)은 천태덕소국사(天台德韶國師)의 법제자며 법안문익(法眼文益)의 법손인 북송초 영명연수선사(永明延壽禪師 ; AD 904~975)께서 널리 후학을 위해 찬술하신 수많은 법문 가운데의 하나이다.

한마디로 본집 내용의 대의를 요약해 본다면 본문 첫머리에서도 '중선소귀(衆善所歸) 개종실상(皆宗實相)'이라 명시하였듯 짓되 지음 없는 제선만행(諸善萬行)이 모두 실상(實相)에 귀착하는 뜻[回萬善向菩提]을 상서(詳敍)한 것이라 할 수 있다.

저자는 그 당시 선교양가(禪敎兩家)의 고질적인 폐단을 보다 못해 실다운 수행의 새로운 활로를 열기 위한 의도로 본집을 저술하게 되었는데 곧 선자(禪者)들은 오직 이(理)에만 집착하고 사(事)에는 미(迷)해 실제로 깨닫지 못했음에도 불구하고 마음만 높아 자기 분수에 알맞는 실수행을 소홀히 여겼고, 교가(敎家)에서는 오직 사(事)에만 집착하고 이(理)에는 미(迷)해 '선법(禪法)에는 실천수행할 만행(萬行)을 갖추지 못하였다.'는 그릇된 견해에 빠져 있기 때문이었다.

이제 총 114개의 문답으로 엮어진 본집을 전편에 걸쳐 그 구성을 살펴본다면 뒤에 명목(名目)을 열거해 설명을 가한 십의(十義)로 거

듭거듭 분과(分科)가 되어 있음을 알 수 있는데 그 십의란 곧
① 이사무애(理事無碍) ② 권실쌍행(權實雙行) ③ 이제병진(二諦並陣) ④ 성상융즉(性相融即) ⑤ 체용자재(體用自在) ⑥ 공유상성(空有相成) ⑦ 정조겸수(正助兼修) ⑧ 동이일제(同異一際) ⑨ 수성불이(修性不二) ⑩ 인과무차(因果無差)이다.
  이 가운데서도 전편에 걸쳐 특히 이사무애(理事無碍)를 근본사상으로 하여 주로 전개하였다.
  먼저 그 제1장은 개론에 해당하는 부분으로 수행자가 반드시 의지해야 할 바의 종지(宗旨)를 서술하였다. 특히 화엄(華嚴)의 원지(圓旨)에다 근거를 두어 이사(理事)의 관계와 그 걸림 없는 체성(體性)과 공능(功能[用])을 밝히고 이에 의지하여 발심할 것과 이 발심에 의해 온갖 만행(萬行)으로 조도(助道)를 삼아야 할 필요성과 아울러 만행이 실상을 어기지 않는 까닭 등을 두루 경론(經論)을 끌어 인증하였다.
  또한 제불여래(諸佛如來)의 일대시교(一代時教)를 고래로 많은 종(宗)으로 나누어 오나 그 대략을 상종(相宗)과 공종(空宗)과 성종(性宗)으로 교판(教判)하고, 여기서는 특히 성종(性宗)을 들어 공유쌍망(空有雙亡)의 설에 의하여 모든 덕본(德本)을 심는 것이 곧 보살행이 된다 하고 일체의 선행을 장려하는 데 필요한 소유(所由)를 설명하였다.
  다음 제2장은 만행의 실제사적인 면을 상술한 본론에 해당하는 부분으로 대략 사상(事相)과 사행면(事行面)으로 설명을 전개하였다. 사상면(事相面)으로는 만행의 이사(理事)에 걸림 없는 도량을 세워 염불·전경(轉經)·예배·행도(行道)·지계·참회 등 경전상에 나타난 제수행방법의 구체적인 실상을 제시하였다.
  예컨대 정토는 유심(唯心)의 소현(所現)으로서 시방에 두루하여

생(生) 그것이 곧 무생(無生)이기 때문에 서방에 입상(立相)을 인정하여 왕생을 원할지라도 유심의 이치에 어기지 않는다. 또 유심인 정토와 무생인 왕생의 이치론적 근본사상과 실제로 몸이 연대(蓮臺)에 의탁하고 형상이 안양(安養)에 가서 나는 사상론(事相論)적 사상간의 모순된 의심에 대하여 필경 왕생의 가르침이 심외무별법(心外無別法)의 이치와 동일한 소유(所由)를 밝혀 보였고, 지음 없는 지음과 행함이 없는 변행(遍行)의 이치를 들어서 만선(萬善)이 모두 실상으로 돌아가는 뜻을 보인 등이다.

또한 덧붙여 수행자로서의 당연한 자세와 수행의 참뜻, 선악의 관계, 그리고 보리심의 참모습 등에 관하여서도 광범위하게 논하였다. 사행면(事行面)으로는 수행자의 실천덕목으로 먼저 삼보에 귀명(歸命)하는 의도와 공덕을 자세하게 극명(極明)하였는데 이것은 아마 천태지관(天台止觀)의 상행사상(常行思想)을 이은 것으로 보인다.

특히 일상 수행에 있어서 계행(戒行) 등을 염불보다 더욱 강조하여 소위 전형적인 정토종 제사(諸師)들의 설(說)과 그 취지를 달리하고 있는 것은 저자 자신이 선가(禪家)의 불심종의(佛心宗義)에 더욱 영향을 입은 까닭일 것이다. 그리고 이 장(章)의 하반부는 대략 보현행원품(普賢行願品) 중 십대행원(十大行願)의 줄거리를 뼈대로 한 내용에다 더욱 현실적인 면의 복덕행을 자세하게 설한 것이 특색이라 하겠다.

다음 제3장은 여태까지 논해온 만행의 사상(事相) 사행면(事行面)에 대해 낱낱이 그 근거가 되는 이치를 밝힌 장으로 역시 계속하여 본론에 해당한다.

이 장에서는 여러 측면에서 광범위하게 본집을 짓게 된 동기와 이유를 술회하였는 바 이치적인 면으로 만행을 시설(施設)한 뜻과 만행으로 정진을 삼는 이유, 무위(無爲)를 지향하면서 어째서 유위법(有

爲法)을 빌리는가의 문제, 어째서 수행이란 과정을 거쳐야 하며, 연기법을 따라야 하며, 또 어째서 만행으로 원돈(圓頓)을 이루는가 하는 등의 문제와 육도만행(六度萬行)이 오직 반야를 성취하는 데 그 목적이 있음 등을 광범위하게 다루었는 바 예컨대 보살은 무소득(無所得)에 주(住)하기 때문에 유(有)를 떠난다 해서 그것이 곧 공(空)에 긍좌(肯坐)한다는 뜻이 아니며 진(眞)을 안다 하여도 결코 속(俗)을 장애함이 없다. 그러므로 반드시 무위(無爲)의 이(理)에 주(住)하여 유위(有爲)의 제행(諸行)을 근수(勤修)할 것을 권한 것이다.

또 실제적인 면으론 선법(善法)의 체상(體相), 수행상 반드시 경계해야 할 여러 가지 패괴법(敗壞法)과 돈점(頓漸)의 문제, 불법을 선양하는 이유, 사상(事相) 수행과 자비교화의 필요성, 그리고 어떤 것이 뒤바뀐 견해인가에 대하여 낱낱이 설명하고 제법의 체성(體性)은 따로 고정된 성(性)이 없고 오직 인연생멸의 연기에 의한 것임을 밝혀 중생의 실제 과보가 모두 뒤바뀐 견해와 생각으로 인한 것이며 필경에는 청정원만한 일승진여(一乘眞如)의 본체임을 총히 불심의 견지에서 고찰하였는데 소위 그 당시 침공체적자(沈空滯寂者)의 유(流)에 떨어지지 않은 저자의 면목이 잘 드러나있다 할 수 있다. 그리고 덧붙여 수행의 보응(報應) 문제로 삼세(三世)에 통한 과보의 무정성(無定性)과 재가인의 수선대치(修善對治)에 관해서도 언급하였다.

끝으로 제4장은 결론으로 본집의 실제적 종지와 이치적 종지를 상서(詳叙)하였다.

실제적 종지면(宗旨面)으로는 수도에는 마음이 근본이 됨과 조도(助道)의 방법으론 정직이 으뜸인 것을 밝혀 오직 '진실' 하나만이 필연적으로 마음의 실상문호(實相門戶)에 들 수 있음을 역설하고 방편에 따라 깨달아 들 뿐, 불법의 근본은 어디까지나 무유정법(無有定法)이요 일체만법은 오직 식(識)의 환영(幻影)임을 명시하였다. 그리고 이치적 종지면(宗旨面)으로는 본집의 종지는 어디에 근거한 것이며, 그 종지는 무엇인가 하는 등을 조목조목 밝혔는데 여기서 만선동귀(萬善同歸)라 제명(題名)을 붙인 소이(所以)에 더불어 이 제명에 대하여 열 가지로 설명할 수 있는 근거 명목을 제시하였다.

대개 이것은 화엄(華嚴)의 십현무진(十玄無盡) 원지사상(圓旨思想)에 의거하여 어느 곳에도 치우침 없는 중도무애(中道無碍)의 실상을 드러낸 것인데 특히 이사무애설(理事無碍說)을 그 대종(大宗)으로 하여 명확한 해석을 베풀고 있다.

곧 이(理)는 성(性)으로서 실(實)이기에 무위(無爲)요, 사(事)는 상(相)으로서 허(虛)이기에 유위(有爲)가 된다. 그러나 무릇 사(事)는 반드시 이(理)에 의해서 성립하고 이(理)는 또 사(事)에 의해서 나타나기 때문에 이(理)를 떠나서는 따로 사(事)가 없고 사(事)를 떠나서는 따로 이(理)가 없다는 것을 구명(究明)하고, 다시 이(理)를 달(達)할지라도 거기에만 막히지 말고 반드시 이(理)에 의한 사(事)에 나아가 만행(萬行)을 근수(勤修)해야 할 필요성을 역설한 것이다.

끝으로 덧붙여 본집에 의지해 수행할 합당한 근기와 그 이익을 말하고 발원과 부촉으로 저자 자신의 후학과 중생을 널리 위한 자내증(自內證)의 본회(本懷)를 간절하게 나타냈으며, 본집의 이치와 수행에 대한 대요(大要)를 거듭 총송(總頌)으로 드러내 완결하였다.

이상과 같이 대략 본집의 내용과 구성 전반을 고찰해 봄과 동시에 저자 당시의 시대적 특수한 배경을 투시해 볼 때 저자의 의도는 불가(佛家)의 보편적 병폐의 원인에 의한 절실한 요구에 부응하여 근본종지는 선가(禪家)의 돈오사상(頓悟思想)을 따르는 한편 그 수행방법에 있어선 좌선참구법(坐禪參究法)만을 주장하지 않고 선・교・정업(禪・敎・浄業) 등을 두루 망라한 수행방법을 치우침 없이 융합하여 반드시 복혜(福慧)를 동시에 갖춘 승계겸급(乘戒兼急)의 원융한 실천 수행을 제시, 널리 후학들에게 권장코자 하는 간곡한 마음에서 본집을 찬술하였음을 알 수 있다.

그러나 오늘날의 교단 상황을 볼 때 이분의 가르침은 그 시대뿐만 아니라 그 어느 시대에도 비할 수 없는 더욱 절박한 망매지갈(望梅之渴)의 감로라 아니할 수 없는 것이다.

본집은 그 뜻이 결코 자질구레한 만행을 열거하여 한갓 번거로운 유위(有爲)의 복덕만을 권장하려는 데 있지 않고, 오직 사실적 수행면에서 만행이 오직 일심을 증득하기 위한 조도(助道)의 매개체임을 드러내 보이려는 데 있는 것이다. 그래서 저자 자신도 술회하기를 '언구를 빌려 쓴 것은 다만 진심을 도와 나타내려 하는데 뜻이 있을 뿐'이라 하였던 바 이렇게 본다면 달마의 심전(心傳)이 본래 한 글자 없이도 삼장(三藏)을 두루 드러내 모자람이 없었듯 영명(永明)의 저술엔 비록 수만 마디로 나열하였으나 결코 한 글자의 자취도 찾을 수 없게 된다.

왜냐하면 바르게 깨달은즉 선(禪)이나 교(敎)의 유언(有言)이나 무언(無言)이 모두 옳겠지만, 미(迷)하여 집착한 즉 유언무언(有言無言)의 어떤 주장이든 모두가 치우친 변견(邊見)이 됨을 면치 못하기 때문이다.

본집은 내용의 구성상 논술로 보아 무방하겠으나 그러나 전문적인 논술로 인정하기에는 곤란한 것이 거의 평이한 문답과 인용의 형식만을 취하고 단항(段項)의 과목 배열이 불분명하기 때문이다. 그래서 번역에서는 역자 임의의 간편한 방법으로 단항(段項)의 과목을 나누어 보았다. 이는 이 시대 독자들의 관습상 조금이나마 대의를 파악해 나가는 데 도움이 될까 생각해서였다. 그래도 문맥과 어감에서 풍기는 어쩔 수 없는 고금의 시대적 차이와 거의가 딱딱한 경론구(經論句)의 인용으로 이루어진 경직성 등으로 하여 현시대의 독자들에게는 다소의 어려움이 없지 않을 것이다.

그러나 어느 시대를 막론하고 수행자는 그 수행의 최선의 길을 힘써 모색해야 할 것이고 또 그때의 현실을 가장 최대한으로 잘 살 수 있는 성의로운 자세를 가짐이 중요한 만큼, 그때와 지금의 어감의 생소한 차이는 있을 망정 그 속에 내재한 뜻은 추호도 고금의 격차가 없음을 살펴야 하리라 믿는다. 그물은 다만 대어(大魚)를 잡기 위한 도구일 뿐, 대어를 잡아 올린 다음에는 그물은 필요 없는 물건이 아니겠는가.

2. 저자의 생애와 사상

본집의 저자이신 항주(杭州) 혜일산(慧日山) 지각 선사(智覺禪師)는 법안종(法眼宗) 문익(文益)의 삼세법손(三世法孫)이며 천태덕소(天台德韶)의 법사(法嗣)로서 선종(禪宗) 홍성시대의 대표적인 종장(宗匠)이다. 사(師)의 휘(諱)는 연수(延壽)이며 자(字)는 중원(仲元) 호는 포일자(抱一子)라고 하였다. 당이 멸망해 가던 애제(哀帝)의 즉위 원년인 천우(天祐) 1년(AD 904)에 여항(餘杭:지금의 절강성 여항현)에서 단양 왕씨(丹陽 王氏)의 자(子)로 태어났다.

이분의 생애는 전등(傳燈)을 비롯하여 송고승(宋高僧) 제18 오등회원(五燈會元) 제10 불조통기(佛祖統紀) 제26 선림승보전(禪林僧寶傳) 제9 등에 비교적 상세히 기록되어 있는 바 다음은 여러 기록 가운데서 두루 비교 참고하여 발췌한 것이다.

그는 나면서부터 일찍이 남다른 데가 있어 부모님이 혹 다투시는 것을 보면 매양 말없이 높은 곳에 올라가 몸을 땅으로 던지므로 부모님들은 감히 더 다투지 못하고 말았다 한다.

어릴 적부터 불법에 마음을 두더니 20여 세부터는 비린 음식을 먹지 않았고 하루에 한 끼니만을 먹고 살았다. 언제나 즐겨『법화경』을 지송하였는데 일곱 줄을 동시에 보아서 60여 일 만에 모두 외우니 뭇 염소들이 감동하여 꿇어앉아 들었다고 한다.

28세 때 화정(華亭)의 진장(鎭將)이 되어 세무의 직책을 보았는데 매양 거두어 들인 공금으로 방생하는 데에다 써버려서 마침내 체포하여 목을 치려 하였으나 담담히 얼굴빛도 변하지 않는지라 전당(錢塘)의 문목왕(文穆王)이 기이하게 여겨 석방하고 그의 뜻을 좇아 드디어 출가함을 허락해 주었다.

출가 후 사명취암선사(四明翠巖禪師)를 스승으로 삼고 오직 대중 시봉하는 일에 힘쓰되 몸을 돌아보지 않았으며 한결같이 들채소와 누더기로 날을 보낼 뿐, 결코 비단옷을 몸에 걸치거나 두 음식을 함께 맛보는 일이 없었다. 그 이래 조석으로 천태산의 천주봉(天柱峰)에 올라가 선정을 익혀 구순(九旬)만에 공(功)을 이루니 새들이 그의 품 속에다 둥지를 치는 일도 있었다고 한다.

또 항상『법화경』을 읽고 법화참(法華懺)을 행하였는데 선관(禪觀)중 관음보살이 감로를 입에 부어줌을 감득하고는 그로부터 관음의 지변(智辯)을 증득하였다.

뒤에 천태의 덕소국사(德韶國師)를 좇아 교관(敎觀)을 이었는데 국사께서는 처음 그를 보자 곧 대기(大器)임을 엿보고 탄식하시며 현지(玄旨)를 전하였다.

그는 일찍이 "몸이 다하도록 항상 법화를 지송할 것과 세세생생 널리 중생을 이롭게 하리라."는 두 가지의 원을 세웠는데 처음 설두

산(雪竇山)에 머물 때부터 학자들이 구름처럼 모였고 그 후 충의왕 원년에 영은산(靈隱山)에 새로 지은 절의 제1세 주지가 되었다가 다시 영명(永明)의 대도량에 옮겨 사시니 언제나 대중이 무려 2천이 넘었다. 학자들이 참문(參問)하러 올 때는 바로 마음자리를 가리켜 종지를 삼았고 오직 깨달음으로 결택(決擇)을 삼게 해 주었다.

하루는 학자들이 참문하는 자리에서 게송을 읊으셨는데 다음과 같다.

'영명(永明)의 뜻을 알고 싶은가
문앞에 펼쳐진 호수(湖水)이니라.
햇살 비치니 맑게 빛나고
바람 부니 물결이 이네.'

영명의 도량에 머무신 지 15년에 1700여 인의 제자를 제도하였고 또 천태산에 들어가서는 칠중(七衆)에게 보살계를 설하여 만인을 제도하였다. 언제나 밤에는 귀신에게 밥을 나누어주고 아침에는 뭇 생명의 목숨을 놓아주니 그 수효를 헤아릴 수 없었다.

나날이 정진의 여가에 남는 힘으로 『법화경』 읽기를 만 삼천 부, 또한 종경록(宗鏡錄) 1백 권을 위시하여 시(詩)·게(偈)·부(賦)·영(詠) 등 천만 마디의 저술을 하였는데 모두 대장(大藏)에 기록되고 해외에까지 널리 전파되었다.

고려국의 국왕도 대사의 설법을 전해 듣고는 사신을 보내 제자의 예를 올리고 금실로 짠 가사와 수정염주 등을 받들어 올렸으며 그 나라의 승려 36인이 모두 수기를 받고서 앞뒤를 다투어 본국으로 돌아가 제각기 한 지방을 교화하였다.

조선선교고(朝鮮禪敎考:朴永善 輯)에 의거하면 고려의 선교(禪敎)는 본래 항주혜일(杭州慧日)의 종(宗)에서 나왔다 하고 자홍(慈弘)의 안(案)을 덧붙였는데 다음과 같이 그 내용을 간추려 실었다.

"송 태조 말년은 곧 고려 광종(光宗) 말년이다. 광종 무진(戊辰)에 승 혜거(惠居)가 국사가 되고 탄문(坦文)은 왕사가 되었는데 이 두 사람도 또한 36인 가운데의 한 사람인 것이다. 그렇다면 고려의 선종은 모두 항주혜일선사(杭州慧日禪師)로 부터 나왔다 할 수 있는 것이다."

나아가 다른 이가 감히 따를 수 없는 이분의 융성한 교화행들은 이분의 저술인 『자행록(自行錄)』에 자세히 기록되어 있는 바 평생 108건의 조목을 정해놓고 한결같고 빈틈없이 나날을 정진하신 것이다.

이 가운데는 상당(上堂)·설법·전계(傳戒)·방생·예배·발원·염불·전경(轉經)·저술·자비섭화(慈悲攝化) 등 대승보살의 일체 행원이 남김없이 포함되어 있거니와 그 조목조목이 오직 널리 중생의 도탈(度脫)을 위하는 간절한 염원이 담기지 않은 곳이 없어 그때의 사람들이 모두 '자씨(慈氏)의 하생'이라고 일컬었다 한다.

개보 8년(AD 975) 12월에 미질(微疾)을 보이더니 26일 진시에 향을 사루고 대중에게 부촉하신 뒤 앉으신 채로 고요히 입적하셨다. 이때 이분의 수명은 72세, 법랍은 47세였다.

3. 유통사실(流通事實)과 이본(異本)에 대하여

본집의 초간연대는 상고(詳考)할 길이 없으나 신수장경(新修藏經)에 실린 본집의 서문을 보면 성송(聖宋) 희녕(熙寧) 5년 7월에 심진(沈振)이 서(序)를 쓴 것으로 되어 있다. 이는 곧 서기 1072년에 해당한다.

이 서(序)에 따르면 "법혜원(法慧院)의 지여장주(智如藏主)라는 이가 큰뜻을 세워 자금을 모아 드디어 판에 새기게 되었다."고 되어 있는데 이로 미루어 본다면 이때의 것이 판본(版本)으로 성책(成册)이 된 최초의 것이 아닐까 추측되기도 하나 저술한 백 년의 뒤에야 판에 새겨져 성책(成册)이 되었다는 것은 자못 의심스럽지 않을 수 없다. 아마도 그 이전에 간행이 되었을 법도 하나 역자 과문의 탓인지 그 흔적을 찾아볼 수 없음이 안타깝다.

  속장경(續藏經)에 수록되어 있는 본(本)은 청나라 세종(世宗) 헌황제(憲皇帝)의 서문이 앞에 있는데 이때의 연대는 서기 1733년에 해당한다.

  이에 의하면 황제[雍正] 자신이 영명선사(永明 禪師)의 저술을 보고는 크게 계합되는 바가 있어 특히 원묘정수지각선사(圓妙淨修智覺禪師)라 호를 더하여 봉하고 아울러 스님께서 교화를 드날렸던 항주(杭州) 정자사(淨慈寺)의 탑원(塔院)을 중수하며 또 스님의 법상(法相)을 다시 장엄하는 한편 황제 손수 편집한 옹정어록(雍正語錄) 속에 스님의 저술을 모두 서(序)하여 편입하였으며 따로 본집을 단행본으로 간행하여 크게 유포한다고 하였다.

  그러나 그때의 단행본도 지금 찾아볼 수 없고 다만 옹정어록(雍正語錄) 가운데 종경록(宗鏡錄)의 서문·유심결(唯心訣)·심부(心賦) 등과 함께 본집이 촬요(撮要)의 형식으로 실려 있는 것을 볼 수 있다. 속장경에는 본집 전문이 이때의 서문과 함께 선종부(禪宗部) 제1권에 실려 있다.

  역자가 번역의 대본으로 사용한 것은 우리나라에서 간행된 단행본으로 대정(大正) 8년(서기 1919) 4월에 신사(信士) 김병룡(金秉龍)의 발원으로 서울 신문관(新文館)에서 발행한 것인데 우리나라의 간행본으로는 지금껏 남아 있는 유일의 본이 아닌가 한다.

활자 인쇄에 한장본으로 꾸며진 이 책은 장경본이 3권 1책으로 되어 있는데 반해 이 책은 6권 1책으로 편집되어 있는 바 이것은 아마도 이 책(冊)의 이전에 성행했던 목판본의 체제를 그대로 따른 증거일 것이다. 이 본은 앞에 서문이 없는 것이 특색이며 뒤에 유심결(唯心訣)을 부(附)하였고 끝에 간략한 간행연기가 실려 있다.

오늘날과 같이 수행의 개념이 어지러워지고 구체적 지시가 아쉬운 때에 이 책은 반드시 대대로 수행해 나갈 모든 사람들에게 올바른 견해에 도움이 되고 일용행리처(日用行履處)의 실제를 친근하게 제시해 주는 자양제(滋養劑)가 되며, 깊이 읽고 수행에 임한다면 반드시 커다란 이익이 있을 것을 믿으면서 널리 보급시키고 싶은 생각에 천식(淺識)을 돌아보지 않고 감히 번역을 시도해 본 것이다.

따라서 영명스님의 본뜻을 그르치지 않았나 염려스러우며 부디 불조(佛祖)께서 지시한 바 정법으로 인도하는 길잡이가 되고 정법구전(正法久傳)의 한 방편의 일조(一助)가 될 수만 있다면 더 바랄 것이 없겠다. 이 법문을 번역함에 있어 잘못된 곳이 많을 줄 생각되며 눈 밝은 여러분들의 많은 질책을 바란다.

1981년 4월 회일(晦日)
역자 謹識

제1장

개론

I. 총서(總序)

1. 본집(本集)의 종지(宗旨)

대저 지금부터 이야기하려 하는 온갖 선법(善法)은 모두가 실상(實相)[1]을 그 바탕[宗旨]으로 하여 돌아가는 것이다. 비유하면 허공이 일체를 두루 싸 용납하며 대지에서 온갖 만물이 발생하는 것과 같다.

그러므로 오직 이같은 이치에만 계합하면 그 나머지 만덕(萬德)은 저절로 갖추어 지리니, 왜냐하면 (이 마음의 실상이란) 진제(眞際)[2]를 움직이지 않은 채 항상 만행(萬行)을 일으키고 인연생멸법을 어기지 않은 채 항상 법계의 참모습을 드러내기 때문이다.

또한 언제나 고요한 진리 속에 있으나 만 가지로 씀에 장애되지 않

---

1) 實相: 實은 허망하지 않음을 뜻하고 相은 곧 無相을 말한다. 이는 만유의 본체를 가리키는 말인 바 혹 法性·眞如·法身·眞際 등이라 하는 것이 다 이 實相의 다른 명칭으로 그 體는 동일한 것이다. 『열반경』에서는 "모양이 없는 모양을 이름해 실상이라 한다."하였고 「돈오입도요문론」에서는 "自性이 空寂하여 한 모양도 얻을 게 없음을 곧 실상이라 하며 또한 여래의 妙色身相이라 하는 것이다." 하였다.
2) 眞際: 진언의 邊際란 말이니 곧 至極이란 뜻. 空寂하여 평등한 眞性을 가리킨다.

고, 차별이 치성한 속(俗)에 있어도 역시 조금도 진리를 어기지 않아서, 있고 없는 모든 상대적인 것이 가지런하고 평등하므로 '만법이 오직 마음'이라고 하는 것이다.

그러므로 수행하는 이들은 마땅히 육도(六度)와 만행(萬行)[3]을 널리 구해 원만히 행할 것이요, 부디 어리석음만을 지키며 우두커니 앉아 참된 수행의 길을 막아서는 안되리라.

2. 종지(宗旨)를 원교(圓敎)의 이사(理事)에 의거함

그러면 장차 만행을 어디에 의거하여 구할 것인가.

만일 원만한 만행을 두루 일으키려고 한다면 반드시 이(理)와 사(事)[1]에 의지해야 한다. 왜냐하면 이와 사에 걸림이 없다면 참된 도가 그 가운데 있는지라, 비로소 나와 남을 함께 이익케 할 수 있으며 또한 동체(同體)의 대비(大悲)가 원만해져서 처음부터 끝까지 한결같고 다함 없는 행을 이룰 수 있기 때문이다.

이 이와 사란 그 뜻이 그윽하여 분별심으로 궁리해서는 도무지 밝혀내기가 어렵다. 그러나 텅 빈 마음으로 자세히 추궁하여 본다면 또한 어렵지도 않아 결코 하나인 것도 서로 다른 것도 아니다. 그러므로 실다운 성품의 이치와 텅 비어 모양이 없는 사상(事相)이 그 힘과 씀이 서로 사무치고 펴고 거둠이 한때라, 본체는 두루하여 차별이 없거니와 다만 그 자취에 있어선 능(能)과 소(所)를 섭(攝)하므로 흡사

---

3) 육도만행: 생사의 이 언덕을 건너 열반의 저 언덕에 도달하는 대승보살의 여섯 가지 행법. 곧 보시·지계·인욕·정진·선정·지혜를 이름. 만행(萬行)은 육도에 기준한 일체의 행법을 말한다.

차별되어 보일 따름인 것이다.

참으로 사(事)는 이(理)를 인하여 성립되나 이(理)를 감추지 않은 채 사(事)를 이루며, 이(理)는 사(事)를 인해 드러나되 사를 없애지 않은 채 이를 드러내나니, 그 공능(功能)으로 말하면 서로 의지해 도우나 제각기 성립하고 서로 섭수하되 함께 공적(空寂)하며, 숨거나 드러날 때는 같이 일어나고 때로는 걸림없이 가지런히 나타나기도 한다.

또한 서로를 부정하여 서로를 빼앗되[相非相奪] 곧 유(有)나 공(空)도 아니며, 서로를 긍정하여 서로를 이루되[相即相成] 상(常)이나 단(斷)도 아니다. 그러므로 만일 사변(事邊)을 떠나 이치만을 찾는다면 성문의 어리석음에 떨어질 것이고, 또한 이치를 버리고 사변(事邊)에만 맴돈다면 범부의 집착과 같을 것이다.

실로 이(理)를 떠나서는 따로 사(事)가 없으니 물결 전체가 곧 물인 것과 같고 그러나 이는 엄연히 사가 아니니 물의 움직임과 젖는 성질은 다른 것과 같으며, 사도 또한 이가 아니니 능과 소가 각각 다름과 같고 또한 온통 이인 것도 온통 사인 것도 아니니 진(眞)이나 속(俗)이 본래 함께 없기 때문이며, 그러면서도 온통 이이기도 하고 온통 사이기도 하나니 그래서 언제나 이제(二諦)가 성립되는 것이다.

쌍(雙)으로 비추인즉 모든 것이 거짓이라 완연하게 삼라만상이 환화(幻化)로 존재하고, 쌍으로 가린즉 공적(空寂)해서 민연(泯然)함이 꿈속의 자취와 같다. 그러나 결코 공적함도 거짓됨도 아니기 때문에 중도(中道)가 훤출하게 밝나니, 이 중도의 이치란 본래 인연에 동

---

1) 理事: 理는 진리 또는 도리로서 체에 해당하고 事는 事相 또는 事行으로서 用에 해당한다. 이것을 眞俗에 배당하여 理를 眞諦, 事를 俗諦라고 한다. 석문귀경의에 이르기를 "도에 드는 문이 많으나 총괄하면 理事에 지나지 않으니 理란 도리로서 聖心의 遠懷를 통하고 事란 事局으로서 凡情의 延度를 헤아리는 것이다."고 하였다.

(動)하는 것이 아니거늘 어찌 이체(理體)가 이지러지는 일이 있겠는가.

그러므로 보살은 얻을 바 없는 법으로 방편을 삼아 유(有)를 섭(攝)하되 공(空)을 어기지 않고 실제에 의지하여 교화(敎化)의 문을 일으키는 것이다. 진리를 체달(體達)하여 속(俗)에 걸림없이 항상 지혜의 횃불을 밝히므로 심광(心光)이 어둡지 않고, 자문(慈門)의 구름을 펴시어 기꺼이 고해(苦海)의 물결 위를 행하시므로 드디어 속진(俗塵)에 함께 하여도 걸림없이 인연따라 자재(自在)하시니 하는 일마다 모두 불사(佛事) 아님이 없다. 그러므로 『반야경』에서 "일심(一心)에 만행(萬行)을 구족하였다"고 한 것이다.

『화엄경』에는 해탈장자(解脫長者)가 선재(善財)에게 말하기를 "내가 만일 안락세계(安樂世界)의 아미타불을 뵙고저 하면 뜻대로 곧 뵈올 수 있다."하고 또 "이와 같이 시방의 제불(諸佛)을 뵙는 것도 또한 이 자심(自心)을 말미암는 것이니, 선남자야, 마땅히 알라. 보살이 모든 불법(佛法)을 닦아 익히며 불찰(佛刹)을 깨끗하게 하며 묘행(妙行)을 쌓아 익히며 중생을 조복하며 큰 서원을 발하는 등 이러한 일체만행도 모두 이 자심으로 하는 것이다.

그러므로 선남자야, 마땅히 선법(善法)으로 자심을 도와 일으키며 법수(法水)로 자심을 윤택하게 하며 경계에 임해 자심을 맑게 다스리며 정진으로 자심을 견고하게 하며 지혜로 자심을 명리(明利)케 하며 불자재혜(佛自在慧)로 자심을 개발하며 불평등(佛平等)으로 자심을 광대케 하며 불십력(佛十力)[2]으로 자심을 비춰 살펴야 할 것이다."

---

2) 佛十力: 여래만이 가지고 있는 열 가지의 心力. ① 物의 도리와 도리 아님을 아는 지혜의 힘 · ② 일체중생의 삼세인과업보를 두루 아는 지혜의 힘 · ③ 모든 선정과

고 하였다.

　이 대목을 고덕[淸凉]은 해설하여 말하기를 "마음이란 만법을 두루 싸는 것이기 때문이라."하고 또 이르기를 "일념(一念)으로 부처를 관하는 것만이 자심을 말미암는 것이 아니라 보살의 만행(萬行)과 불과(佛果)의 체용(體用)도 또한 이 마음을 떠나서 있는 것이 아니다."고 하였다.

　이것은 망집(妄執)으로 아는 이들의 오류를 바로 잡기 위해서 하신 말이니 이를테면 어떤 이가 잘못된 생각으로 말하기를 "만법이 모두 그대로 마음이라 하였다. 그렇다면 그것에 맡기는 것이 곧 부처일텐데 이제 분주히 만행을 행한다면 어찌 헛된 수고로움이라 하지 않겠는가." 하기에 그래서 다시 밝히기를 "마음이 곧 부처이긴 하지만 오랫동안 진로(塵勞)에 묻혀 있었는지라 그러므로 만행으로 증수(增修)하여 밝게 사무치게 하려는 것이다. 다만 만행이 마음을 연유한다고 말한 것이지 닦지 않는 것이 옳다고는 결코 말하지 않았다. 또 만법이 곧 마음속 일이라면 닦는 것인들 어찌 마음에 장애가 되겠는가."라고 한 것이다.

　여덟 가지 해탈과 세 가지 삼매를 아는 지혜의 힘・④ 모든 근기의 뛰어나고 못난 것을 아는 지혜의 힘・⑤ 일체중생의 갖가지 지해(知解)를 다 아는 지혜의 힘・⑥ 세간중생의 갖가지 경계가 같지 않으나 이를 다 여실하게 아는 지혜의 힘・⑦ 예컨대 오계 십선 등의 행은 인간 천상에 나고 팔정도의 無漏法은 열반에 이르는 등 각각 그 行因의 소치를 아는 지혜의 힘・⑧ 천안으로 중생의 생사 및 선악업연 등을 보되 아무런 장애도 없는 지혜의 힘・⑨ 중생의 숙명과 無漏 涅槃 등을 두루 아는 지혜의 힘・⑩ 일체의 妄惑과 나머지 습기를 길이 끊어 나지 않게 할 줄 아는 지혜의 힘.

3. 두루 만행(萬行) 닦기를 권함

문   조사께서는 "선악을 모두 헤아려 생각치 않으면 자연히 심체(心體)에 들어가리라."하였고 『열반경』에는 "모든 현상이 덧없으니 곧 생멸하는 법이기 때문이다."고 하였다.
　어째서 수행하기를 권해 짐짓 불조(佛祖)의 가르침을 어기려고 하는가.

답   조사의 뜻은 근본의 종지에 의거한 것이며, 경교(經敎)의 문구(文句)는 집착을 타파하라고 가르친 것이다.
　만일 선종의 돈교(頓敎)[1]로 논한다면 형상을 없애고 모든 반연을 떠났으므로 공(空)과 유(有)가 함께 없고 체(體)와 용(用)이 쌍으로 적멸하거니와 화엄의 원지(圓旨)로 말한다면〔공유(空有)와 체용(體用)에〕각각 동시에 덕(德)을 갖춘지라 이(理)와 행(行)을 가지런히 펴고 지(智)와 비(悲)로 함께 건지는 것이다.
　그러므로 문수(文殊)는 이(理)로써 행(行)을 증명하는지라 차별의 뜻이 이지러지지 않고 보현(普賢)은 행(行)으로써 이(理)를 장엄하는지라 근본의 문을 폐함이 없는 것이다.
　그것은 곧 본(本)과 말(末)이 하나요, 범(凡)과 성(聖)이 한 근원이라 속(俗)을 파괴하지 않은 채 진(眞)을 표하고 진을 떠나지 않은

---

1) 頓敎 : 頓說之敎法이란 말이니 上根頓悟의 기틀을 대하여 바로 大法을 직설하는 것이다. 이것은 천태의 化儀四敎의 一에서 세운 이름으로 곧 『화엄경』이 일체 경 가운데서 보살의 大機를 대하여 설해졌으므로 頓說이라 하였다.
　그러나 本集의 내용에선 敎家의 頓圓에 대한 말이 아니고 禪家의 頓悟思想을 가리킨 말인 듯하다.

채 속을 성립하기 때문이요, 지혜 눈을 갖추어 생사의 물결에 침몰치 않으나 또한 대비심을 운용(運用)하여 열반에도 막혀 있지 않나니, 그것은 삼계의 유(有)로서 곧 보리의 대용(大用)을 삼으며 번뇌해에 처하면서 곧 열반의 나루에 통하기 때문이다.

그러므로 만선(萬善)은 곧 보살의 성위(聖位)에 드는 양식이며 만행(萬行)은 또한 제불(諸佛)께서 도업(道業)을 돕는 계단으로 삼는 것인 바 만일 눈만 있고 다리가 없다면 어찌 맑고 시원한 연못에 도달하겠으며 실(實)만 얻고 권(權)을 잃어버린다면 어찌 자재한 경지에 오를 수 있겠는가.

이와 같이 방편과 반야가 새의 양 나래와 같이 늘 서로 도우므로 진공(眞空)과 묘유(妙有)가 언제나 함께 이루어지는 것이니, 『법화경』에서 "삼승(三乘)을 모아 일불승(一佛乘)으로 돌아가게 한다."는 것은 곧 만선(萬善)이 모두 보리(菩提)로 향한다는 말이요, 『대품경』에서 '일체(一切)가 무이(無二)'라고 한 것은 곧 온갖 만행이 함께 모두 일체종지(一切種智)로 돌아간다는 말이다.

『화엄경』에 이르기를 "제7 원행지(遠行地)에서는 마땅히 열 가지 방편혜(方便慧)의 위 없는 도를 닦아야 한다. 그것은 곧 첫째, 비록 잘 공(空) 무상(無相) 무원(無願) 삼매를 닦았으나 자비심으로 중생을 버리지 말며

둘째, 비록 제불의 평등법을 얻었으나 늘 제불께 공양하기를 즐겨 하며

셋째, 비록 공(空)을 관찰하는 지혜문에 들어갔으나 부지런히 복덕을 수습(修習)해 모으며

넷째, 비록 삼계를 멀리 떠났지만 또한 삼계를 장엄하며

다섯째, 비록 필경에 모든 번뇌의 불꽃이 적멸하여 졌으나 또한 일체중생을 위하여 탐진치의 번뇌염(煩惱焰)이 기멸(起滅)함을 보이며

여섯째, 비록 제법이 환(幻)과 같고 꿈과 같고 그림자나 메아리나 불꽃, 허깨비, 물 속의 달, 거울 속의 모양과 같아서 자성(自性)이 둘이 없는 줄 알지만 또한 마음을 따라 무량한 차별의 업을 지으며

일곱째, 비록 일체세계가 마치 허공과 같은 줄 알지만 능히 깨끗한 묘행(妙行)으로 불토를 장엄하며

여덟째, 비록 제불의 법신은 그 본성이 몸이 없는 줄 알지만 상호(相好)로서 그 몸을 장엄하며

아홉째, 비록 제불의 음성의 성품이 공적(空寂)하여 말로서 설명할 수 없는 줄 알지만 일체중생을 따라서 갖가지 차별의 청정한 음성을 내며

열째, 비록 제법을 따라서 삼세(三世)가 오직 일념임을 깨달아 알지만 또한 중생의 의해분별(意解分別)을 따라 갖가지 모양으로 한량없는 세월토록 온갖 만행을 닦아 폐하지 않는 것이다."하였다.

또 『유마경』에는 "보살이란 비록 공(空)을 행하지만 또한 갖가지 덕(德)의 근본을 심으며, 비록 무상(無相)을 행하지만 또한 중생을 건지며, 비록 무작(無作)을 행하지만 또한 몸 받음을 나타내 보이며, 비록 무기(無起)를 행하지만 또한 온갖 선행을 일으키는 것이다."고 하였다.

또 어떤 이가 고덕(古德)에게 "만행이 오직 무념(無念)[2]에 귀착된

---

2) 이 無念을 묻는 부분에 대해서는 본집과 종경록 37권 끝부분에 문구상 약간의 차이가 있다. 역자의 생각으로는 동일한 내용에 종경록의 기재부분이 더욱 이해하는데 도움이 되겠으므로 이 부분만은 종경록의 글귀대로 옮겼다. 따라서 본집과 종경록의 본문을 참고로 적어 둔다. ① (同歸集) 問, 萬行統惟無念 今見善見惡 願離願成 疲役身心 豈當爲道 答, 此離念而求無念 尙未得 眞無念 況念無念而無碍乎 又無念但是行之一 豈知一念頓圓云云. ② (宗鏡錄三十七末) 問言 夫妙行者 統惟無念

다고 하지만 이제 일상에 선(善)을 보고 악(惡)을 보매 떠나기를 바라고 이루기를 바라는 마음이 생겨서 오히려 신심(身心)을 피로하게만 하니 어떻게 해야 마땅히 도에 어거지질 않겠습니까."하고 물음에 "그와 같은 견해는 생각을 떠나야겠다는 생각으로 무념이 되기를 구하는 것이라 참된 무념을 얻을 수 없다. 더구나 염(念)과 무념에 걸림이 없는 것이겠는가. 그리고 이 무념이라는 것도 다만 만행 가운데 하나일 따름인데 그러한 견해로선 일념돈원(一念頓圓)을 이루지 못한다. 왜냐하면 이 일념돈원의 참된 뜻은 생각을 헤아려서 알 것이 아닐 뿐 아니라 또한 정(情)을 잊는 것만으로도 계합(契合)했다 할 수 없기 때문이다."고 하였다.

이상에 인용한 것과 같이 부처님의 참된 뜻이 분명하거늘 어찌 빈 뱃속에 마음만 높고 작은 것으로 만족함을 삼아 개구리가 바다의 넓음을 싫어하거나 반딧불로 햇빛을 가리려 하는 어리석은 짓을 하겠는가.

今見善見惡 願離願成 疲役身心 豈當爲道 答 若斯見者 離念求於無念 尙未得於眞無念也 況念無念之無碍耶 又無念但是行之一也 豈成一念頓圓 此一念頓圓之旨 非意解所知 豈忘情可以契會云云.

Ⅱ. 논지(論旨)의 근거

문 의지하는 데가 없이 만 가지가 다 끊어져[泯絶無寄] 경(境)과 지(智)가 함께 공적(空寂)함은 곧 불조(佛祖)가 널리 귀의하는 곳이며 현성(賢聖)을 이루는 요긴한 길목이다. 만일 무엇이든 지음이 있는 것을 논한다면 마음과 경계가 완연히 벌어져 나타날 것이니, 그렇다면 어떠한 교문(敎文)에 의거해서 널리 만선(萬善)을 진술할 것인가?

답 예로부터 부처님의 일대시교(一代時敎)를 여러 종파로 나누어 오지만 그러나 그 대략을 가려보면 삼종(三宗)에 벗어나지 않으니, 곧 상종(相宗)과 공종(空宗)과 성종(性宗)이다.

상종은 시(是-제법의 현상을 긍정하는 입장)를 주장하고 공종은 비(非-제법의 현상을 부정하는 입장)를 주장하였는데, 성종만은 오직 직지(直指)를 논하였으니 곧 조계의 견성성불법과 같은 것이다.

요사이 견성은 두고라도 정종(正宗)에도 어두운 이들이 흔히 시비에 집착하여 분주하게 서로 다투기만 일삼는 것은 거의가 불조의 밀의(密意)를 깨닫지 못하고 다만 언전(言詮)에만 따라 맴돌기 때문이다. 교(敎)가운데 혹 시(是)를 설한 것은 곧 성품에 의해 상(相)을 설한 것이요, 혹 비(非)를 말한 것은 곧 상을 파하고 성품을 나타낸 것이다. 그러나 성종의 일문(一門)만은 직지(直指)하여 바로 나타냈을 뿐 시비를 말하지 아니했다. 또 더러는 비심(非心)이니 비불(非佛)이니 비리비사(非理非事)에만 치우쳐서 다 끊어진 언설로 현종(玄宗)을 삼는 이들도 있다. 이 또한 다만 차전(遮詮)[1]의 병을 다스리는 방편인 것을 알지 못하고서 이를 오인하고 집착해 표적처럼 삼아 도리어 표전(表詮)[1]의 직지지교(直指之敎)를 믿지 않는 이들이다. 이런 이들은 거의가 실지(實地)를 잃어버리고 진심(眞心)을 매각해 버리는 것이 마치 어리석은 사람이 닭을 봉황이라 소중히 여기며 어린 아이가 못에서 돌을 주워 보배구슬이라고 애지중지하는 것과 같다. 다만 천근(淺近)한 정식(情識)에만 맡겨 깊고 세밀한 뜻은 찾으려 하지 않으며 또한 본래 공적(空寂)한 바의 방편에도 미(迷)한 이들이니 어찌 참으로 돌아갈 줄 안다 하겠는가.

---

1) 遮詮・表詮: 遮는 그 그른 바를 물리치는 것이고 表는 그 옳은 바를 나타내는 것이다. 詮이란 사리를 갖추어 설명한 것을 이른다. 예컨대 경전에서 진여의 妙性을 설할 때 불생불멸 無因無果 無相無爲 非凡非聖 등이라 한 것은 곧 遮詮이며 知見 覺照 卽聖 昭昭靈靈 등이라 한 것은 곧 표전이 되는 것이다. 禪源諸詮三에 이르기를 "마치 소금을 말할 때에 싱겁지 않다고 하면 遮詮이고 짜다고 표현하면 表詮인 것이다. 敎에서 매양 離四句 絶百非라 한 것은 遮詮이고 바로 一眞을 드러낸 것은 모두가 표전인 것이다." 하였다. 空宗은 차전으로 宗을 삼고 相宗은 표전만으로 宗을 삼거니와 性宗은 遮表二門을 다 갖추었으므로 圓頓이라 하는 것이다.

Ⅲ. 만행을 일으키는 이유

문 제불여래의 삼승교전(三乘敎典)은 오직 해탈법문의 한맛뿐이거늘 어찌하여 여기서는 널리 세간의 생멸연기를 말하는가. 마음으로 헤아린다면 단박에 잃어 진여를 따르지 못하게 되고 생각을 움직이면 이내 어긋나서 도리어 법체(法體)를 어기게 될 것이다.

답 만일 일상일미(一相一味)만을 논한다면 이것은 곧 삼승의 권교(權敎)이다. 실상의 이치대로 말한다면 일미 뿐만 아니라 일체인연이 모두 허물이 되는 것이다.

이제 여기서 논하려는 것은 오직 원종(圓宗)[1]을 나타내려 함이니 낱낱 연기(緣起)가 모두 법계의 실다운 덕(德)으로 본래 이루어진 것도 파괴된 것도 아니며 단(斷)도 상(常)도 아니어서 일체의 신변시위(神變施爲)가 모두 곧 법이 '이와 같은 [如是]' 까닭이요 신력(神力)을 빌려서 된 것이 아니기 때문이다.

참으로 이와 같이만 계합해 얻는다면 어떠한 법이든 모두가 연

---

1) 圓宗: 원래는 耆闍寺의 凜法師가 세운 六宗敎의 제육인 『화엄경』의 설한 바 圓融具德의 법문을 가리켜 원종이라 하였으나 천태종이 홍성함으로 부터 圓頓一實의 종지를 고취하였으므로 드디어 천태종의 별칭이 되었다.

(緣)으로 생기는 것이요 또한 성품이 일으키는 공덕 아닌 것이 없다. 그래서 『화엄경』에 이르기를 "이 화장세계해(華藏世界海) 가운데서는 산이든 강이든 내지 수풀이나 티끌 먼지 등 어떤 것을 불문하고 낱낱이 그 모두를 곧 진여법계라고 일컫나니 왜냐하면 낱낱이 다 가이없는 덕을 갖추고 있기 때문이다."고 하신 것이다.

Ⅳ. 입지발심(立志發心)

1. 이사(理事)를 갖춘 발심과 수행방편(修行方便)

문 경에 이르기를 "다만 범부가 그 일을 탐착한다."하였고 또 "범부의 상(相)을 취하여 마땅함을 따라 설하였거니와 만일 이치의 근본만 얻는다면 만행(萬行)은 저절로 그와 함께 원만해질 것이다."고 하였거늘 어찌 사(事)의 자취만을 구해서 짐짓 조작을 일으키려 하는가.

답 그것은 곧 탐착하고 집취(執取)함을 파하려고 한 말이며 인연사상(因緣事相)의 법에는 간섭한 것이 아니다. 『정명경(淨名經)』에 이르기를 "다만 그 병(病)은 제거할지언정 그 법은 제거치 않는다."하였다.

『금강삼매경』에는 "두 가지로 드는 길이 있으니 첫째는 이치로 드는 것이요, 둘째는 사행(事行)으로 드는 것이다."하였는데 이치란 곧 행(行)을 인도하는 것이며 행은 또한 이치를 원만히 하는 것이다. 또 보리는 행(行)으로 무행(無行)에 드는 것이니 행이란 일체선법(一切善法)을 반연하는 것이며 나아가 무행에 들어서는 일체선법조차도 얻지 않는 것이다. 그러하거늘 어찌 이치에만 막혀 행을 덜어버리며 또한 행에만 집착하여 이치를 어기겠는가.

마명 조사(馬鳴祖師)의「기신론(起信論)」을 인용하리라.

"신근(信根)을 이루는 발심(發心)에 세 가지가 있다. 첫째는 직심(直心)이니 진여(眞如)의 법을 바르게 생각하기 때문이요, 둘째는 심심(深心)이니 모든 착한 행실을 즐겨 모으기 때문이며, 셋째는 대비심(大悲心)이니 일체중생의 고통을 건지려 하기 때문이다."하였고 또 논 가운데서 "위에서는 법계가 일상(一相)이며 또한 법체(法體)가 둘이 없다 하였다. 그렇다면 오직 진여법만을 전념할 것이지 무엇 때문에 다시 온갖 선법행(善法行)을 빌려서 배움을 구하라고 하는가."라는 질문에 답하기를 "비유컨대 대마니(大摩尼)보배가 본성은 밝고 깨끗하나 처음에는 광물질 속에 묻혀 있을 적의 때가 끼어 있는지라 비록 그 속에 보성(寶性)이 있는 줄은 알아도 사람이 갖가지 방법으로 갈고 닦지 않는다면 마침내 깨끗한 보배로 사용할 수 없을 것이다. 그와 같이 중생의 진여법도 본체의 성품은 공적(空寂)하고 청정하지만 한량없는 번뇌의 땟물이 끼어 있어서 비록 그것이 진여인 줄 알기는 하면서도 갖가지 방편으로 도와 닦지 않는다면 또한 마침내 청정함을 얻을 수 없는 것이다. 더러운 때가 한량이 없어 일체법[1]에 두루한 까닭에 온갖 선행(善行)을 닦아 익혀서 깨끗하게 고치는 법을 삼을 따름이니, 이와 같이 사람이 온갖 선법(善法)을 닦아 행하면 그 모두가 자연히 진여법에 순하여 돌아가게 되기 때문이다.

다시 네 가지의 방편을 간략히 말하겠다.

첫째, 근본을 행하는 방편—이른바 일체법의 본성이 생겨나는 일이 없음을 관찰하여 허망한 견해를 떠나 생사에 머물지 않되, 또한 일체법이 인연으로 화합하여 그 결과를 잃지 않음을 관찰하여 대비

---

1) 本集의 대본과 新修藏 續藏本이 共히 徧字 밑에 '一切法故' 四字가 없다. 그러나 起信論 본문에는 '徧一切法故修一切善行云云'이라 되어 있으므로 번역엔 기신론 본문대로 따랐다.

심을 일으키고 온갖 복덕을 닦으며 중생을 교화하여 열반에도 머물지 않는 것이니, 이것은 법의 성품이 머무름이 없음을 따라 실천하는 까닭이다.

둘째, 능히 그치는 방편－이른바 허물을 부끄러이 여겨 뉘우치고 일체의 악한 법을 그쳐 다시는 자라나지 못하게 하는 방편이니, 곧 법의 성품은 모든 허물을 떠났음을 따라 실천하는 까닭이다.

셋째, 선법(善法)을 일으켜 자라나게 하는 방편－이른바 부지런히 삼보(三寶)에 예배하고 공양하고 찬탄하며 따르고 기뻐하는 마음으로 제불께 권청하는 것이다. 곧 삼보를 공경하는 마음이 두터우므로 믿음이 더욱 자라나서 능히 위없는 깨달음을 구하게 되며 또한 불법승의 힘이 보호[護念]하여 주심을 인해서 업장을 소멸하고 선근(善根)에서 물러나지 않게 되나니, 법의 성품이 모든 가려진 장애를 떠난 것임을 따라 실천하는 까닭이다.

넷째, 평등한 대원력(大願力)을 발하는 방편－이른바 원을 발해 미래세가 다하도록 일체 중생을 교화하되 끝내는 모두가 무여열반(無餘涅槃)에 들게 하는 것이니, 곧 법의 성품은 끊어짐이 없음을 따라 실천하는 까닭이며, 또한 법의 성품이 광대한지라 일체중생에게 두루 평등하여 한결같나니, 이는 곧 이것이다 저것이다 라는 따위를 분별하지 않고 필경에는 모두가 적멸(寂滅)한 까닭인 것이다."고 하였다.

또 어떤 이가 우두융 대사(牛頭融大師)에게 물었다. "제법이 필경에 공적(空寂)한 것이라면 보살은 육도만행(六度萬行)을 행할 수 있는 것입니까, 없는 것입니까?"

대사께서 답하였다. "그것은 곧 삼승인(三乘人)의 두 가지 견해에 떨어진 생각이다. 만일 마음이 본래 공적한 것임을 관찰하면 그것이 곧 실혜(實慧)요 또한 참된 법신을 보는 것이다. 그러나 법신이란 공적(空寂)에도 머물지 않으므로 이르기를 '각지(覺知)를 운용(運用)하는 것이 곧 방편혜(方便慧)요 방편혜도 또한 얻을 수 없는 것을 곧 실혜(實慧)라'고 한 것이다. 또 이것이 항상 서로 떠나지 않아 앞생각과 뒷생각이 모두 이 두 가지 지혜로 말미암아 발(發)하는 까닭에 '지도(智度)는 보살의 어머니요 방편은 그 아버지가 되나니 일체의 중도사(衆導師)가 이로부터 출생(出生)치 않음이 없다.'고 한 것이다."

2. 발심수행(發心修行)의 필요성

어떤 이가 선덕(先德)에게 묻기를 "마음이 곧 부처라면 무엇 때문에 다시 수행을 합니까"라고 하였는데 그 선덕께서는 "다못 그러하기 때문에 수행하는 것이다. 마치 금의 성분이 들어 있지 않는 쇠라면 아무리 오랫동안 단련하여도 금을 이루어 쓸 수는 없는 것과 같다."고 대답하였다. 또 현수 국사(賢首國師)는 이르기를 "부처의 삼신(三身)과 십바라밀(十波羅蜜)과 내지 보살의 이타행 등 일체 것이 아울러 모두 자법(自法)에 의하여 행하는 것이다.

다시 말하면 중생신(衆生身) 가운데엔 진여체대(眞如體大)가 갖추어져 있어 오늘 수행하여 법신(法身)을 인출하며 진여상대(眞如相大)가 갖추어져 있어 오늘 수행하여 보신(報身)을 인출하며 진여용대(眞如用大)가 있어 오늘 수행하여 화신(化身)을 인출하는 것이다. 또한 마음 가운데에 있는 진여법성(眞如法性)은 간탐심이 없으므로 오늘 수행하여 법성의 간탐 없는 마음을 따라 단바라밀(檀波羅蜜) 등을 인출하는 것이다."고 하였다. 이러므로 삼지겁(三祇劫)의 수도가 일찍이 마음 밖에서는 한 법도 행할 수 없고 아울러 한 가지의 행실도 얻을 수 없는 것임을 알 것이다. 왜냐하면 다만 곧 자심(自心)으로 자신의 정행성(淨行性)을 인출하여 수행을 일으키기 때문이니 그러므로 알라. 마니구슬이 진흙에 묻혀 있고서는 비를 내릴 수 없으며 오랜 거울이 잔뜩 먼지가 끼어 있고서는 비칠 수 없다. 비록 심성(心性)이 뚜렷하게 밝아 본래 구족하지만 만일 온갖 선행(善行)으로 나타내고 만행(萬行)으로 갈고 닦으며 방편으로 끌어내어 그 묘용(妙用)을 이루지 않는다면 실로 영원히 번뇌에 묻히고 정식(情識)의 깊은 바다에 빠져서 허망한 생사만을 되풀이할 뿐 깨끗한 보리를 끝내 장애하고 말 것이다. 이와 같이 옛 조사의 가르침이 이(理)와 사(事)에 나아가 밝고 분명하신지라 그대들은 부디 치우친 생각에 집착하여 분별의 미혹된 견해에 빠지지 말기 바란다.

3. 만행(萬行)을 방편 삼아 취입(趣入)하는 까닭

문 선(善)이 비록 악(惡)보다는 나은 것이나 생각을 궁리해 헤아린즉 진리에는 어기어지므로 도(道)의 입장에서 말한다면 모두가 해탈법이라고 할 수 없는 것이다. 어찌 널리 권해서 올바른 수행을 막겠는가. 이미 인연법을 거친다면 참으로 도에 장애가 되지 않을까 염려스럽다.

답 실로 세간이나 출세간이 모두 오직 최상의 선(善)으로서 근본을 삼나니 처음에도 곧 선(善)을 인하여 들어가거니와, 뒤에서도 또한 선(善)을 빌려서 그 이름을 돕는 것이다. 그러므로 이 선법(善法)이란 참으로 생사바다를 건너는 배요, 열반성으로 향하는 큰길이며, 인천(人天)의 바탕이요, 불조(佛祖)의 울타리인 것이니, 번뇌에 얽매여 있을 때[凡夫]나 벗어났을 적[聖果]을 불문하고 이 선법(善法)만은 잠시도 폐할 수 없다. 십선(十善) 그 자체가 무슨 허물이 있겠는가. 사람이 넓힘에 따라 있는 것이다.

왜냐하면 만일 이것을 탐착하여 수행한즉 헛된 유루(有漏)의 하늘에 나는 과(果)가 생기거니와 다만 수행하되 탐착하지만 않는다면 능히 무위도(無爲道)에 들 수 있기 때문이다. 또한 작은 마음으로 이것을 쓴다면 이승(二乘)에 떨어지지만 큰 뜻을 발한다면 곧 보살의 계단에 오를 것이며, 나아가 구경(究竟)에 이르도록 원만하게 닦으면 마침내 불과(佛果)를 이룰 것이니, 그러므로 상선(上善) 그 자체는 막히고 걸리는 인(因)에 관련이 없다. 다만 행하는 사람에 따라서 스스로 얻거나 잃는 허물을 이루게 되는 것인 줄 알아야 할 것이다.

그래서 『화엄경』에 이르기를 "십불선업도(十不善業道)는 지옥 아귀 축생의 몸을 받는 원인이 되고 십선업도(十善業道)는 곧 인천(人天)이나 내지 유정처(有頂處)에 몸을 받는 원인이 된다. 그리고 상품(上品)의 십선업도는 수습(修習)하는 데 따라 증득하는 차이가 있다. 예컨대 저마다 지혜롭게 닦아 익히되 마음이 비좁거나 삼계를 두려워하거나 대비심이 빠졌거나 다른 이의 소리를 듣고 깨달아 안 사람이라면 성문승(聖聞乘)을 이룰 것이며, 또 청정하게 닦아 다스리되 다른 이의 가르침을 따르지 않고 스스로 깨달으며 대비의 방편이 구족하지는 못하면서도 깊고 깊은 인연법을 깨달아 알면 독각승(獨覺乘)을 이룰 것이며, 또 청정하게 닦아 다스리되 마음이 한량없이 넓어 대비로 애민(哀愍)하는 마음이 구족하며 방편으로 거두어 대원(大願)을 발하며 중생을 버리지 않고 또한 제불의 큰 지혜를 구하며 보살의 온갖 지위(地位)를 깨끗하게 다스려 일체의 제도(諸度)를 빠짐없이 닦으면 곧 보살의 광대한 행원(行願)을 이룰 것이다. 그리고 더 나아가 상상십선업도(上上十善業道)는 온갖 종자가 본래 청정하여 끝내는 능히 십력사무외(十力四無畏)[1]를 완성하는 것이므로 반드시 모든 불법(佛法)을 다 성취하게 되는 것이다.

이러므로 내가 이제 평등하게 십선(十善)을 행하고 마땅히 일체를 갖추어 깨끗하게 하거니와 또한 보살이라면 누구나 이와 같이 선근(善根)을 쌓아 모으며 선근을 성취하고 자라나게 하며 선근을 생각하고 또한 생각을 매어두며 선근을 분별하고 좋아하여 즐기며 선근을 실천하여 평안히 머물 것이니, 보살마하살이 이와 같이 온갖 선근을 쌓아 모은다면 이로 하여 얻은 결과에 의해서 보살행을 닦으므로 생각 가운데 한량없는 부처님을 뵈옵고 그 감응하심과 같이 공양하여 받들어 섬기는 것이다." 하였고 또 이르기를 "비록 짓는 바가 없지만 언제나 선근(善根)에 머문다." 하며 또 "비록 모든 법이 의지할 데 없는 줄 알지만 설하는 선법을 의지해서 벗어남을 얻는 것이다."고 하였다.

「대지도론(大智度論)」에서 이르기를 "부처님께서는 일찍이 '나도 또한 과거세에는 악인이나 조그마한 벌레가 된 적도 있었으나 끝없이 선근을 쌓은 결과로 마침내 부처를 이룬 것이다.'고 하셨는데 저 십팔불공법(十八不共法)[2] 가운데 하나라도 빠짐이 없으려 하는 것은 선법(善法)의 은혜를 아시기 때문이니 다시 말하면 언제나 모든 선법을 모으는 일에 조금도 빠지지[缺減] 않으려 애쓰며 또 온갖 선법(善法)을 닦아 모으는 일에 마음으로 싫어함이 없기 때문에 빠지지 않으려 애쓰는 것이다.

---

1) 十力四無畏 : 十力은 佛十力의 준말이니 앞의 주(P.34) 참조. 四無畏는 化他의 마음에 怯弱心이 없음을 뜻한다. 부처님의 四無畏와 보살의 四無畏가 있다. 一, 佛四無畏: 一切智無所畏・漏盡無所畏・說障道無所畏・說盡苦道無所畏. 二, 菩薩四無畏: 總持不忘說法無畏・盡知法藥及知衆生根欲性心說法無畏・善能問答說法無畏・能斷物疑說法無畏.

어느 때 눈먼 장로 비구(長老比丘) 한 분이 떨어진 승가리(僧伽梨)의 깃을 기우려고 사람들을 향해 말하기를 '누군가 복덕을 즐겨 지을 분이 있는가. 나를 위해 바느질을 좀 하여주면 고맙겠소.' 하였는데 그 때에 부처님께서 그의 앞에 나아가 말씀하기를 '나는 언제나 복덕을 즐겨하여 싫어하지 않는 사람이니 바늘을 가지고 오너라. 그대를 위하여 떨어진 옷을 기워주리라.' 하였다. 이때 이 비구는 빛나는 부처님의 광명을 느끼며 또한 부처님의 음성을 알아 듣고 황망히 일어나 사뢰기를 '부처님께서는 한량없는 공덕의 바다이시며 또한 빈 곳 없이 가득하신 분입니다. 그런데 어찌하여 다시 이러한 일을 싫어하지 않으십니까' 하고 여쭈었다.

부처님께서 비구에게 말씀하기를 '공덕의 과보(果報)란 매우 깊은지라 나만큼 그 은혜를 아는 이가 없다. 내가 비록 공덕이 가득하여 그 바닥까지 다하였지만 또한 본래 마음으로부터 싫어하지 않으려 했기 때문에 부처를 이루었으며 그러므로 지금도 오히려 쉬지 않나니, 비록 다시 얻을 공덕이 없을지라도 나의 하고자 하는 마음은 또한 이같이 쉬지 않는 것이다.' 이렇게 말씀하심에 모든 하늘과 사람들이 놀라 깨닫고 '부처님께서도 공덕을 오히려 싫어함이 없으시거늘 하물며 나머지의 사람이랴.' 하였다.

이와 같이 부처님께서 그 비구를 위하여 법을 설하시니 이 때에 비

---

2) 十八不共法: 부처님께서만 홀로 능하여 그 나머지 二乘菩薩은 같을 수 없으므로 不共法이라 한다. ① 身無失 ② 口無失 ③ 念無失 ④ 無異相 ⑤ 無不定心 ⑥ 無不知己捨 ⑦ 欲無減 [부처님은 뭇 善根을 남김없이 다 갖추사 언제나 일체중생을 건지고자 하여 싫어함이 없다. 이를 欲無減이라 한다.] ⑧ 精進無減 ⑨ 念無減 ⑩ 慧無減 ⑪ 解脫無減 ⑫ 解脫知見無減 ⑬ 一切身業隨智慧行 ⑭ 一切口業隨智慧行 ⑮ 一切意業隨智慧行 ⑯ 智慧知過去世無碍 ⑰ 智慧知未來世無碍 ⑱ 智慧知現在世無碍.

구는 곧 육안(肉眼)이 밝아지고 아울러 혜안(慧眼)을 성취하였다." 하고 또 이르기를 "만일 중생을 성취하지 못하고 불국토를 깨끗하게 하지 못한다면 위없는 도를 이루지 못한다. 왜냐하면 인연을 갖추지 못하고선 아뇩다라삼먁삼보리를 얻을 수 없기 때문이다. 이 인연이란 이른바 온갖 선법(善法)이니, 처음 뜻을 내므로 부터 단바라밀(檀波羅蜜)을 행함과 아울러 십팔불공(十八不共)의 이같은 온갖 행법(行法) 가운데서 헤아리고 분별함이 없는 까닭이다"고 하였다.

문 여래의 법신(法身)은 담연(湛然)하여 청정한대 일체중생은 다만 객진번뇌(客塵煩惱)에 덮여서 그 청정한 법신이 나타나지 못하는 것이다. 그렇다면 이제 온갖 반연만 쉬어버린다면 그대로 정수(定水)가 맑고 깨끗하여질텐데 어찌 뭇 선법을 구해 밖으로 좇아 분주하게 치달으며 도리어 참된 수행을 등져 수고로움만 이루려 하는가.

답 무심(無心)하여 고요히 나타남은 곧 이해하는 원인이요[了因]³⁾ 복덕으로 장엄함은 그를 따라 구하는 원인이 된다[緣因]⁴⁾이 두 가지 인(因)이 함께 갖추어져야 비로소 불체(佛體)가 이루어지는 것이니 이것은 모든 대승경전에 갖추어 밝힌 이치이다.

『정명경(淨名經)』에 이르기를 "불신(佛身)이란 곧 법신(法身)을 말한다. 한량 없는 공덕의 지혜로부터 나는 것이며 자비희사(慈悲喜捨)로부터 나는 것이며 보시·지계·인욕·유화(柔和)·근행정진

---

3) 了因 : 生因에 대하여 了因이라 한다. 종자를 生因이라면 水土 등은 了因이 된다. 因明大疏에 이르기를 "마치 종자에서 싹이 나오고 잎을 피우는 온갖 用을 포함하므로 生因이라 하고 등불로 물건을 비칠 때 능히 그 나타나는 결과가 등불에 모두 포함되어 있으므로 了因이라 한다."고 했다.

4) 緣因 : 正因에 대하여 緣因이라 한다. 緣은 緣하여 돕는다는 뜻이 있으니 곧 일체의 功德善本이다. 了因을 도와서 正因의 性을 개발하므로 緣因이라 한다.

(勤行精進)・선정・해탈삼매・다문지혜(多聞智慧) 등 모든 바라밀로부터 나는 것이며 내지 온갖 악한 법을 끊고 모든 착한 법을 닦아 모음으로부터 여래의 몸은 출생하는 것이다."하였고, 또 이르기를 "복덕을 갖추었기 때문에 무위(無爲)에도 머물지 않고 지혜를 갖추었으므로 유위(有爲)를 다하지도 않으며, 크게 자비하시기 때문에 무위에도 머물지 않고 본원(本願)을 원만히 하므로 유위를 다하지도 않는다."고 하였다.

 그러하거늘 이제 스스로 원전(圓詮)을 등지고 부처님의 말씀을 바르게 받들어 행하지 않아 '열반'의 밧줄에 얽매이고 '해탈'의 구덩이에만 빠지려고 한다면 높은 언덕에다 연꽃을 심고 씨앗을 공중에다 심어서 보리(菩提)의 꽃과 열매를 구하려고 하나 어떻게 이루어 얻을 수 있겠는가. 그러므로 "무위(無爲)의 정위(正位)에만 들어있는 자는 불법(佛法)을 내지 못한다."하였고 또 "비유컨대 큰 바다에 들어가지 않으면 값진 구슬을 얻을 수 없는 것과 같이 번뇌의 큰바다에 들어가지 않으면 능히 일체지(一切智)의 보배구슬을 얻을 수 없는 것이다."고 한 것이다.

4. 만행(萬行)이 실상(實相)을 어기지 않는 까닭

문 법에 들어가는 것은 '얻을 것 없음[無得]'으로 문을 삼으며 도(道)를 실천하는 것은 '함이 없음[無爲]'으로 선도(先導)를 삼는다. 그런데 만일 온갖 선법(善法)을 일으켜 '얻을 것이 있다는 마음[有得心]'을 낸다면 이것은 첫째 올바른 종지(宗旨)를 어기는 것이고 다음은 실행(實行)을 무너뜨리는 짓이라 하지 않겠는가.

답 '진리란' 얻을 것이 없기에 또한 얻지 못할 게 없으며 함이 없기에 또한 하지 못할 것이 없다. 함이 없는 것이라고 어찌 함이 있는 가운데서 벗어나겠으며, 얻음이 없는 법이라고 어찌 얻음의 밖에 따로 나가 있겠는가. 이미 얻을 것과 얻을 것 없음이 온전히 다르지 않다면, 함과 함이 없음도 마찬가지로 나뉘어진 것이 아니니, 그렇다면 실로 다른 것이라고도 할 수 없고 같은 것이라고도 할 수 없는 것이다. 누가 '진리를' 하나라거니 둘이라거니 또는 같다거니 다르다거니 말할 수 있겠는가. 참으로 천만의 차별일지라도 아무런 장애가 없는 것이다.

그래서 『화엄경』의 「이세간품(離世間品)」에 이르기를 "일체법의 모양 없는 그대로가 곧 모양이요 모양 그대로가 곧 모양 없음이며, 분별 없음이 곧 분별이요 분별 그대로가 곧 분별 없음이며, 또 없는 그대로가 곧 있는 것이요 있는 그대로가 곧 없는 것이며, 지음 없음이 곧 지음이요 지음 그대로가 곧 지음 없음이며, 설(說)함 없음이 곧 설함이요 설하는 그대로가 곧 설함없음이니, 이러한 이치를 아는 것을 불가사의라 한다.

또 마음과 보리가 평등하며 보리와 마음이 함께 평등하며 마음과 보리 및 중생이 함께 평등한 줄 알되, 또한 뒤바뀐 마음과 뒤바뀐 생각과 뒤바뀐 견해를 내지 않음을 불가사의라 한다.

또 저 생각생각 가운데에 멸진정(滅盡定)에 들어서 온갖 루(漏)가 다하였으나 마침내 실제(實際)를 집착하여 증득하지 않고 또한 유루(有漏)의 선근도 그치지 않아 비록 일체법이 무루(無漏)인 줄 알지만[1] 누(漏)가 다한 것으로 알고 또한 누(漏)가 멸한 것으로 알며, 비록 불법(佛法)이 곧 세간법이요 세간법이 곧 불법인 줄 알지만 저 불법

---

1) 本集대본과 新修 續藏本 等 共히 '雖知一切法'의 '知'字가 缺했다. 그러나 『화엄경』本文에는 知字가 들어 있으므로 그에 따랐다.

가운데서 세간법을 분별하지 않고 세간법 가운데서 불법을 분별하지 않나니[2] 일체법이 모두 법계에 들되 드는 바가 없는 까닭이라, 이와 같이 일체법이 둘도 없고 또한 변역(變易)함도 없는 줄 아는 것을 불가사의라 하는 것이다."고 하였다.

문 일체중생이 해탈함을 얻지 못하는 것은 모두가 거짓명상[假名相]을 잘못 인식했기 때문에 망(妄)을 따라서 윤회하는 것이다. 그러므로 『능엄경』에서는 "오직 담연(湛然)함으로써 허망한 생멸을 항복받아 원각(元覺)으로 돌이키고, 원래명각(元來明覺)인 생멸 없는 성품을 얻어서 인지(因地)의 마음을 삼은 뒤에 과지(果地)의 수증(修證)을 성취한다."고 하였는데 한결같이 거짓된 명상(名相)만 따르도록 지말(枝末)[3]의 선법(善法)만을 논해서 갈수록 허망심만 더하게 한다면 초심(初心)에 무슨 이익이 되겠는가.

답 명자(名字)의 성품이 공적(空寂)하므로 모두가 실상이 되는 것이니 다만 연기(緣起)에 따를 뿐 있고 없는 분별에는 떨어지지 않는 것이다.

『법구경』에서 설하시기를 "그대는 또한 모든 부처님의 명자(名字)를 관찰해 보라. 명자가 실제로 있는 것이라면 사람들과 함께 밥을 이야기하는 것만으로도 마땅히 배가 불러야 하리라. 그러나 또 본래 없는 것이라고도 못할 것이니 만일 없는 것이라면 곧 정광여래(定光如來)께서는 나에게 수기(授記)하지 못하였을 것이고 또한 그대의

---

2) 本集대본과 續藏本에는 '分別無法'이라고 되어 있으나 新修本과 『화엄경』「離世間品」菩薩十種不可思議章에 共히 '分別佛法'이라 表記되어 있다. 따라서 無字는 佛字의 誤植이 分明하다.

3) 원문은 散善: 근본의 無漏法에 대하여 枝末的인 막연하고 조리없는 善法.

이름도 지어준 이가 없었을 것이며 아울러 나도 부처를 이루지 못했을 것이기 때문이다. 그러므로 알라. 문자구(文字句)의 의지(義旨)가 이미 본래부터 그러한지라 나도 또한 그와 같이 온갖 법을 동시에 갖추어 나타내나니, 실로 명자(名字)의 성품이 공적(空寂)하여 있고 없는 등의 분별 가운데에 있지 않는 까닭이다."하였다.

또 『화엄경』에서는 "비유컨대 제법(諸法)이 자성(自性)을 분별하지 않고 음성도 분별하지 않되, 또한 자성을 버리지 않으며 이름도 멸하지 않는 것과 같아서 보살도 또한 이와 같이 행문(行門)을 버리지 않고 세간을 수순(隨順)하되 이 두 가지에 다 집착하지 않는다. 그러므로 실제(實際)를 움직이지 않은 채 행문(行門)을 건립하며 거짓 이름[假名相]을 버리지 않은 채 자성을 뚜렷이 통달하는 것이다."고 하였다.

문   그렇다면 어찌하여 뜻에 맡겨 그러히[任運騰騰] 무심(無心)으로 도에 합하지 않고 애써 만행을 구해 마음의 기관(機關)을 움직이려 하는가.

답   대개 고덕(古德)들께서 불과(佛果)를 나눔에는 세 가지로 들 수 있다. 하나는 말을 잊고 행을 끊음이니 홀로 법신(法身)이 지음이 없음을 밝히는 과(果)요, 둘은 점수(漸修)를 따라 행함이니 위(位)가 삼지겁(三祇劫)이 지나야 가득해 지는 과(果)이다.

그러나 셋은 처음부터 이지(理智)로 좇아 단박에 자재(自在)하고 원융(圓融)한 과(果)이니, 이것은 곧 상상근인(上上根人)의 원만히 수행하고 원만히 증득하는 것으로 비록 한 생각에 갖추어졌지만 만행을 베품에 방애(妨碍)스럽잖고 비록 만행을 베풀지만 또한 한 생각을 떠나지 않은 것이다. 이와 같이 정식(情識)을 잊고 가만히 계합한다면 온갖 차별이 모두 곧 한 문[一門]일 것이니, 더디고 빠른 것이 오직 기틀의 둔하고 예리함에 있고 법에는 본래 전후의 차별이 없기 때문이다.

제2장

만행중선의 사상론

Ⅰ. 건립만선도량(建立萬善道場)

1. 이(理)와 사(事)의 도량

문 눈에 부딪치는 것이 다 보리(菩提)요 듣고 놓는 것이 모두 도(道)라 하였다. 그렇다면 굳이 따로 사상도량(事相道場)을 세워서 생각을 부리고 형상을 수고롭게 하는 것이 어찌 묘지(妙旨)에 어울린다 하겠는가.

답 도량에 두 가지가 있으니 곧 이(理)도량과 사(事)도량이다. 이(理)도량이란 것은 온 세계에 언제나 두루하며, 사(事)도량이란 것은 지위(地位)마다 깨끗하게 꾸미고 장엄하는 것을 이른다. 그러나[원돈(圓頓)의 의지(義旨)로 밝힌다면] 사(事)를 인해 이(理)를 드러내고 또한 이(理)를 빌려 사(事)를 나투는 것이다. 다시 말하면 사허(事虛)는 이(理)를 모음으로 이치 아닌 사가 없고 이실(理實)은 연(緣)에 응하므로 사에 장애되는 이(理)가 없다. 그러므로 사(事)에 즉(卽)하여 이(理)를 밝히매 반드시 장엄(莊嚴)을 빌리며 속(俗)으로 좇아 진(眞)에 들매 오직 만행을 건립하는 데 의지하는 것이다. 수행하는 이들은 반드시 이와 같은 이치로서 귀경(歸敬)의 근본을 삼고 또한 책발(策發)의 문을 삼아야 할 것이니, 왜냐하면 형상을 보고 마음을 장엄하는 것이 모두 자타(自他)를 겸하여 이롭게 하는 것이기 때문이다.

지관(止觀)에 이르기를 "원교(圓敎)에서의 초심인(初心人)은 이치로 관행(觀行)하는 것이 참되기는 하나 아직 무생법인(無生法忍)[1]을 이루지 못한 이는 또한 반드시 깨끗한 곳에 장엄한 도량을 건립하여 밤낮으로 부지런히 오참법(五懺法)[2]을 수행할 것이니, 참으로 육근(六根)의 죄를 모두 참회하고서 관행(觀行)에 든다면 승계(乘戒)[3]가 함께 급진(急進)하고 이(理)와 사(事)에 모두 빠짐이 없기 때문이다. 더구나 부처님께서 위신력(威神力)으로 가피(加被)하신다면 참된 광명이 훤출하게 밝아 바로 초주(初住)에 이르러 모두가 일생보처(一生補處)에 오르는 것이랴." 하였고 또 상도의(上都儀)에는 "대저 삼보(三寶)에 귀명(歸命)한다는 것은 그 요(要)가 형상(形相)을 세우고 거기에 마음을 머물러 경계로 삼아 가짐을 가리킨다. 왜냐하면 형상도 없고 생각도 떠나면 밝지 못하기 때문이다."하였다.

이와 같이 부처님께서는 미리 아시거니와 범부는 마음에 얽어매여도 오히려 얻지 못할 것인데 하물며 형상을 여의고 이겠는가. 마치 기술에 통달치도 못한 사람이 공중에다 집을 지으려는 것과 같은 것이다.

---

1) 無生法忍: 生滅을 멀리 떠난 眞如實相의 理體를 이른 말. 참된 지혜로 이같은 理致에 安住하여 動치 않음을 뜻한다. 初地 또는 七, 八, 九地보살이 얻은 깨달음. 智度論 七三에 이르기를 '無生忍이란 나아가 微細한 법도 가히 얻을 수 없거든 하물며 나머지 것이랴, 그래서 무생이라 하였다. 또 이 無生法을 얻으면 온갖 業行을 짓거나 일으키지 않나니 이를 無生法忍이라 한다. 따라서 이 法忍을 얻은 보살을 阿鞞跋致라 하는 것이다.'고 하였다.

2) 五懺法: 懺悔・勸請・隨喜・廻向・發願이니 止觀에서 세운 初心行者의 日常修行法.

3) 乘戒: 乘이란 實相을 開悟하는 지혜를 말하며 戒란 身口意의 惡業을 淨除하는 制法을 말한다. 수행 분상의 理(乘) 事(戒) 兼急이니 急은 急進으로서 쉬지 않고 부지런히 나아간다는 뜻이다.

그러므로 보상(寶相)에 의지하는 등 삼관(三觀)[4]을 반드시 얻어 의심치 말 것이니 부처님께서 이르시기를 "내가 멸도(滅度)한 뒤엔 형상 관하기를 나와 다름 없이 하라." 하였고 또 「대지도론(大智度論)」에서는 "보살은 오직 세 가지 일을 싫어하지 않나니 이른바 부처님께 공양(供養) 올리는 일과 정법(正法) 듣는 일과 스님네 공급(供給)하는 일이다"고 하였다.

어떤 이가 천태지자선사(天台智者禪師)에게 묻기를 "세간에 공(空)을 수행한다는 사람이 있어 그 치공(痴空)에만 집착하고 수다라(修多羅)의 뜻과는 합하지 않아 이와 같이 마음을 관찰하라는 말을 들으면 도리어 따져 말하기를 '만일 관찰하는 마음이 곧 법신과 한가지라면 마땅히 부딪치는 곳마다 평등해야 할 것인데 어찌하여 경전이나 성상(聖像)에는 공경심을 내고 종이나 나무에는 교만심을 내는가. 그와 같이 공경하고 교만한 것이 다르므로 곧 평등이라 할 수 없으니, 평등이 아니므로 그런 말은 법신의 뜻이라 할 수 없다.' 하니 마땅히 어떻게 대치(對治)해야 하겠습니까." 하므로 대사께서 답하시기를 "나의 범부위(凡夫位) 가운데서는 이와 같이 상(相)을 관할 따름이니, 이른바 이와 같이 실상(實相)을 열어 나타내기 위해 경상(經像)을 공경하되 하여금 지혜에만 얽매이지 않게 하며 한량없는 사람들에게 착한 법을 행하게 하고 악한 것을 물리치게 하되 오직 방편에만 얽매이지 않게 하는 것이다. 어찌 그대들이 한 곳에만 집착하여 얽매여 있는 마음과 견해가 같겠는가. 나아가 널리 법회를 일으켜서 단(壇)을 차리는 위의(威儀)를 세우고 손으로 가지(加持)[5]를 맺어

---

4) 三觀: 일반적으로 天台에서 成立한 三種修行觀法인 空·假·中道觀을 말하나 이 대목에서는 바로 뒤에 나오는 「大智度論」의 菩薩三事無厭觀을 말하는 듯하다.

뛰어난 일을 장엄하여 드디어는 도량에서 한 발자국도 옮기지 않고 제불께서 위가(威加)로 나타나사 증명하여 주심을 얻는 것이 모두 대성(大聖)께서 자비를 베풀어 요긴한 법규(法規)를 보이시는 것이다. 혹 향화(香火)의 모양을 보는 것은 계덕(戒德)이 거듭 깨끗해진 증명이며 혹 보현보살의 진신(眞身)을 뵙는 것은 죄의 근원이 마침내 청정해진 영험이라, 이로 인하여 법사(法事)가 원만히 갖추어지고 불도(佛道)가 멀리까지 융성해지는 것이니 이러한 감통(感通)을 드러내는 일들이 낱낱이 모두가 돌아가 의지할 근거가 있기 때문이다."라고 하였다.

이러므로 모름지기 지나간 성현들의 자취와 진리를 기록한 경전(經典)들을 깊이 존중할 것이요, 부디 허망된 생각과 뒤바뀐 소견으로 덕(德)과 선(善)을 파괴하여 그릇된 바퀴에 떨어지거나, 유(有)를 버리고 공(空)에만 얽매여 삿된 그물에 던져지는 일이 없도록 해야 할 것이다.

2. 이사무애도량(理事無碍道場)

문 『금강반야경』에 설하기를 "만일 모양[色]으로 나를 보거나 음

---

5) 加持: 加는 加被, 持는 攝持의 뜻이니 부처님의 큰 자비가 중생에게 베풀어지고 중생의 信心이 부처님의 마음에 감명되어 서로 어울리는 일이다. 부처님께서는 三密의 加持力이 있어 중생의 三業을 붙들어 보호하심. 또 기도하는 자가 佛力의 加護를 빌매 그 가호를 믿는 자는 佛力의 가호를 받으므로 기도하는 일을 通稱 加持라고도 한다. 따라서 손으로 加持를 맺는다 함은 密敎에서의 行法인 바 손으로 비밀한 結印을 맺어 부처님의 加被를 祈求하는 일을 뜻한다.

성으로서 나를 구하면 이 사람은 삿된 도를 행하는지라 마침내 참된 여래(如來)를 보지 못할 것이다."하였다. 그렇다면 상(相)을 세우고 형체(形體)를 표(表)하는 것으로서 어떻게 불사(佛事)라 말할 수 있겠는가.

답 경계에 집착함을 쉬어 온갖 일을 없앰[泯滅]은 곧 파상종(破相宗)의 주장이요, 나타난 이치만을 바로 논함은 곧 대승시교(大乘始敎)의 주장이니, 이것은 다 유(有)와 무(無)가 가지런히 행하고 체(體)와 용(用)이 서로 사무침을 얻지 못한 것이다. 만일 원문(圓門)의 걸림없는 지취(旨趣)를 잡아 말한다면 성(性)과 상(相)이 융통하여 한 티끌만을 들어도 법계를 온통 싸는 것이다.

『화엄경』에 이르기를 "청정한 자문(慈門)의 진찰수(塵刹數)여. 모두가 여래의 일묘상(一妙相)에서 나왔도다. 낱낱 모든 상이 그렇지 않음이 없는지라 이러므로 보는 자가 싫어함이 없도다."하였고 또 『법화경』에는 "그대가 일체 지혜와 십력(十力) 등 불법을 증득하면 삼십이상(三十二相)을 갖추게 될 것이니 이것이 곧 참된 적멸(寂滅)인 것이다." 하였으며 『대열반경』에는 "색법(色法)이 아닌 것은 곧 성문(聲聞) 연각(緣覺)의 해탈이요, 색법이라야 바야흐로 제불여래(諸佛如來)의 해탈인 것이다."하였는데 이것이 어찌 범부가 꽉 막힌 경계를 고집해서 실색(實色)을 삼고 이승(二乘)이 치우쳐 회단(灰斷)의 바탕을 증득해서 진형(眞形)을 짓는 것과 같겠는가.

이러므로 육근(六根)이 대하는 곳마다 모두 여래를 뵈오며 만상을 평등하게 보매 법계가 원명(圓明)할 것이니, 어찌 형상과 그림자가 소멸함을 기다려서만이 비로소 현묘(玄妙)한 지취(旨趣)를 이룬다 하리오.

Ⅱ. 자력과 타력은 둘이 아님

문 '마음이 곧 부처'라 하였는데 어찌 굳이 밖으로 구하겠는가. 만일 바깥의 육진(六塵)경계를 인정한다면 자법(自法)은 곧 숨어버릴 것이다.

답 제불의 법문이 또한 한결같지만은 않아서 모두가 자력(自力)과 타력(他力), 자상(自相)과 공상(共相) 등을 동시에 설하였다. 이것은 십현문(十玄門)[1]으로 두루 거두어 들이며 육상의(六相儀)[2]로 융통하

---

1) 十玄門: 화엄종에서 세운 十玄緣起無碍法門이니 곧 四種法界 가운데 事事無碍法界의 相을 말한다. 이 뜻을 통달해야만 華嚴大經의 深玄한 大海에 들어갈 수 있으므로 玄門이라 하였다. 온갖 法이 낱낱이 별개로 고립된 존재가 아니고 낱낱이 하나를 취하면 어느 것이든 모두 불가분의 관계가 얽혀 있어 서로서로 반연이 되어 저를 일으키게 됨을 열 가지의 側面에서 관찰하여 분류한 것. 智儼이 杜順의 뜻을 이어 세운 것을 舊十玄, 賢首法藏이 五敎章에서 이것을 계승한 것을 新十玄이라 하여 차례가 약간씩 틀린다. 智儼의 十玄門 名稱을 들면 다음과 같다. ① 同時具足相應門 ② 一多相容不同門 ③ 諸法相卽自在門 ④ 因陀羅網境界門 ⑤ 微細相容安立門 ⑥ 秘密隱顯俱成門 ⑦ 諸藏純雜具德門 ⑧ 十世隔法異成門 ⑨ 唯心廻轉善成門 ⑩ 托事顯法生解門.

2) 六相儀: 『화엄경』初地十大願中 第四願의 글에서 나온 말로 諸法의 體性중 낱낱

시기 때문이니, 곧 반연을 따라 나눈 것 같으나 성품을 잡아 항상 합하는 것이다.

마음으로 부터 경계를 나타내매 경계 그대로가 곧 마음이요, 소(所)를 섭하여 능(能)에 돌아가매 타(他)가 곧 자(自)인 것이니, 그러므로 고덕이 이르기를 "만일 마음과 경계가 둘이라고 고집하여도 차[遮詮]와 언[言詮]은 둘이 아니니 마음 밖에 따로 육진경계(六塵境界)가 없는 까닭이요, 만일 하나라고 고집해도 차(遮)와 언(言)은 또한 하나인 것도 아니니 왜냐하면 반연(攀緣)함이 없지 않은 까닭이다."하였고 또 『정명경(淨名經)』에는 "제불의 위신력(威神力)으로 건립하였다."고 한 것이다.

지자 대사(智者大師)가 이르기를 "대개 한결같이 무생(無生)을 관찰하는 사람은 다만 내심(內心)의 이익됨만을 믿고 바깥으로 제불의 위신가피지력(威神加被之力)은 믿지 않으려 한다. 그러나 경에 이르기를 '내(內)도 아니고 외(外)도 아니로되 또한 곧 내(內)도 되고 외(外)도 된다'고 하였으니, 곧 내(內)이므로 제불의 해탈을 자심행(自

事相마다 六相이 圓融하여 있음을 말한다. 이 六相이 원융하여 있으므로 곧 諸法의 一眞法界가 無盡緣起일 수 있는 것이다. ① 總相: 만유의 모든 法을 한 體로 잡아 관찰하는 평등적 부분, 마치 가옥의 전체를 보아 한 집이라 함과 같은 것. ② 別相: 부분적으로 관찰하는 차별적 부분, 마치 가옥을 조성한 기둥, 문틀 등을 낱낱이 떼어서 보는 것. ③ 同相: 낱낱 차별이 同一한 목적을 향하여 서로 협력 조화하는 통일적 부분, 마치 기둥 들보 등의 각 부분이 협력하여 한 집을 이룸과 같은 것. ④ 異相: 낱낱이 자기의 본위를 지켜 彼此의 고유한 상태를 잃지 않고 서로 다른 점이 있는 것, 마치 기둥은 세로로 들보는 가로로 놓여 제각기 다른 본분을 지킴과 같음. ⑤ 成相: 낱낱이 서로 의지하여 同一體의 관계를 이룬 것, 마치 기둥 들보 등이 서로 의지하여 한 집을 이룸과 같은 것. ⑥ 壞相: 낱낱이 一體의 관계를 가졌으므로 어느 것이든 하나만 흩어져도 전체가 함께 허물어짐.

心行) 가운데서 구하며 또 곧 외(外)이므로 제불께서 반드시 호념(護念)하시는 것이다. 그런데 어찌 굳이 안에만 치우치고 밖의 이익됨은 믿지 않으려 하는가."라고 하시니, 이는 곧 인연을 도와 닦아 나가는 문이 모두가 온갖 반연의 소생(所生)이요, 하나도 독립함이 없기 때문이다.

만일 자력(自力)이 충분히 갖추어져 있다면 곧 반연[助力]을 빌리지 않아도 될 것이다. 그러나 능히 자력(自力)으로 감당치 못한다면 반드시 다른 이의 힘을 빌려야 한다.

비유하면 어떤 사람이 관난중(官難中)에 처하여서 스스로의 힘으로 풀려날 수가 없다면 반드시 힘있는 사람의 구원을 빌리는 것과 같으며 또 무거운 물건을 운반할 적에 자기의 힘으로만 감당할 수 없을 때엔 반드시 여러 사람의 힘을 빌려야 비로소 움직일 수 있는 것과 같다.

그러므로 다만 스스로가 가만히 안으로 자기의 실덕(實德)을 헤아려 볼 것이요, 마침내 나의 집착된 소견만을 고집하여 다른 이까지 방해하여서는 안 되리라.

또 혹 치우쳐 말하기를 '내력(內力)만이 곧 자성(自性)이라.'던지 '외력(外力)은 곧 타성(他性)을 이룬다.'하며 또는 '기감(機感)이 서로 투합(投合)함을 곧 공상(共相)이라.'하던지 '비인비연(非因非緣)이라서 곧 인성(因性)이 없다.'고 한다면 이것은 모두가 집착함에 막혀 얽매인 소견이요, 원성(圓成)에는 들지 못한 견해들이다. 왜냐하면 참으로 진심(眞心)을 깨닫고 본다면 곧 어디에고 얽매여 집착할 것이 없기 때문이다.

III. 만행시위(萬行施爲)의 수행실제(修行實際)

1. 염불(念佛)

음성(音聲)의 실상(實相)

문 경에는 이르기를 "몸의 실상을 관찰하듯 부처를 관찰함도 또한 그러하여 한 생각도 내지 않으면 천진(天眞)하여 단박에 깨끗하리라."하였는데 어찌하여 다른 부처님의 명호를 부르며 널리 그밖의 경전을 외워서 다시 윤회에 오르내리고 생멸에 왔다갔다 하겠는가. 이미 선정(禪定)을 방해하고 다만 음성(音聲)만 따르는 것이라, 물이 움직이면 구슬은 더욱 흐려지거니 어떻게 근본에 명합(冥合)할 수 있으리오.

답 대저 소리란 온갖 뜻을 간직하는 곳간이며 말이란 것도 모든 해탈의 문이 되나니, 일체가 소리로서 나아가매 소리가 곧 법계가 되는 것이다. 경에 이르기를 "낱낱 모든 법 가운데 낱낱이 모두 일체법을 포함하여 있다."고 하였으니, 이러므로 한마디의 언음(言音) 가운데도 둘러쌈이 제한이 없어서 시방계가 다 구족하며 또한 겸하여 삼제(三諦)의 이치가 두루 원만한 줄 알 수 있을 것이다.

그렇다면 어찌하여 이것은 부정하고 저것만 소중히 여겨 모양을 떠나서만 진(眞)을 구하려 하고, 움직이고 고요한 바다의 근원은 궁구하지 않고 도리어 '말이 없는 것만이 옳다.'는 실책(失策)에 이르겠는가.

경에 이르기를 "한 생각 처음 일어날 때에 처음이라는 상(相)이 없는 것을 곧 참된 호념(護念)이라 한다."고 하였으니 반드시 생각을 쉬고 음성을 없애야만 비로소 실상(實相)에 명통(冥通)하는 것은 아니다. 이러므로 장엄문(莊嚴門) 안에는 온갖 만행이 원만히 갖추어 있고 진여해(眞如海) 안에는 한 터럭이라도 버리지 않는 것이다.

칭명염불(稱名念佛)

존호(尊號)를 염(念)하는 가르침은 경전에 널리 밝혀져 있거니와 실로 한번만이라도 염하면 진사겁(塵沙劫)의 죄를 소멸하고 십념(十念)을 갖추면 몸이 정토에 나서 영원히 위급한 환난을 구제하는 것이다. 업장이 녹고 원액(冤厄)을 소멸하여 길이 고통의 나루를 헤어날 뿐만 아니라 이 인연을 의탁(依托)한다면 마침내는 각해(覺海)에 도달하고야 마는 것이다.

그러므로 경에도 "만일 어떤 사람이 산란한 마음으로 탑묘중(塔廟中)에 들어가서 단 한번 '나무불(南無佛)'을 일컬을지라도 모두가 그 인연으로 마침내는 불도(佛道)를 이루게 된다."하였고 또 "부처님의 명호(名號)를 받들어 지니는 이는 누구나 제불(諸佛)께서 호념(護念)하여 주신다."고 한 것이다.

『보적경(寶積經)』에서는 "높은 소리로 염불하면 마군들이 모두 두려워 흩어진다."하였고 『문수반야경(文殊般若經)』에서는 "수행하는 이가 스스로 우둔해서 능히 관찰하지 못한다면 다만 생각과 소리만 계속 이어지게 하라. 그래도 반드시 불국토에 왕생할 수 있으리라."하였으며 「지론(智論)」에서는 "비유컨대 어떤 사람이 태어날 때부터 곧 날마다 천리 길을 일천 년 동안 다녀서 그 안에 칠보를 가득히 채워 부처님께 공양한다 해도 어떤 이가 이 뒤의 악세(惡世)에서 단

한번 부처님의 명호를 일컬어 염하는 것만 같지 못하니 왜냐하면 이 사람의 복이 저 앞의 사람보다 더욱 뛰어나기 때문이다."하였다.

또 『대품경(大品經)』에서는 "만일 어떤 사람이 산란한 마음으로라도 염불을 한다면 곧 고액(苦厄)이 없어지고 그 복이 다함 없는데 이를 것이다."하였고 『증일아함경(增一阿含經)』에는 "한 염부제의 온갖 중생을 사사(四事)로 이바지한다면 공덕이 한량이 없으리라.

그러나 만일 어떤 이가 착한 마음이 계속하여 부처님의 명호를 잠시 동안만이라도 염한다면 그의 공덕됨은 위의 비유를 훨씬 지나서 생각할 수도 없고 헤아릴 수도 없을 것이다."하였으며 또 『화엄경』에는 "자재(自在)한 마음이 염불문에 머무르면 자기 마음에 있는 즐기고 싶은 것을 가히 따름을 알 것이니 온갖 부처님께서 언제나 그 모습을 나타내시기 때문이다."고 하였다.

또 비석 화상(飛錫和尙)의 「염불삼매보왕론(念佛三昧寶王論)」에는 "큰 바다에서 목욕한 사람은 이미 온갖 냇물을 다 쓴 것과 같이 부처님의 명호를 염하는 사람은 반드시 온갖 삼매를 한꺼번에 이루는 것이다. 또 마치 수청주(水淸珠)를 탁한 물에다 넣으면 아무리 탁한 물이라도 맑아지지 않음이 없는 것처럼 어지러운 마음에다 염불을 던지면 아무리 어지러운 마음이라도 부처를 이루지 못함이 없는 것이다.

이미 이와 같이 계합되었다면 또한 마음이나 부처랄 것이 함께 없나니, 함께 없어짐[雙亡][1]은 곧 정(定)이요 함께 비추임[雙照][2]은 곧 혜(慧)다. 정혜(定慧)가 이렇게 균등하다면 다시 어떤 마음인들

---

1) 雙亡 : 혹은 雙泯, 雙遮라고도 하니 有無・迷悟・凡聖・心佛 등 일체 상대되는 생각이 雙方 共히 끊어짐[否定的 측면].
2) 雙照 : 一切 相對法을 現相 그대로 둠[긍정적 측면].

부처가 아니겠으며 어떤 부처인들 이 마음이 아니겠는가. 마음과 부처가 이미 그렇다면 어떤 경계, 어떤 반연일지라도 모두가 삼매 아님이 없는 것이다."고 하였으니, 누가 마음을 일으키고 생각을 움직여 높은 소리로 염불한다고 다시 근심하리오.

그러므로 『업보차별경(業報差別經)』에서는 고성(高聲)으로 염불하고 송경(誦經)하는 수행에 열 가지의 공덕을 말하였으니 이른바 "능히 졸음을 막고 하늘의 마군이 놀래 두려워하며, 음성이 시방에 가득 퍼지고, 삼악도의 고통이 멈추며, 다른 잡음이 섞여 들어오지 못하고, 마음이 산란하지 않게 되며, 용맹한 마음으로 정진하게 되고, 모든 부처님께서 함께 기뻐하시며, 항상 삼매가 현전(現前)하고, 반드시 정토에 나는 것이다."하였다.

「군의론(群疑論)」가운데서 묻되 "명자(名字)의 성품이 공적(空寂)하므로 능히 제법을 펴서 설명할 수 없는 것인데 이제 사람들에게 부처님의 명호를 일컫게 한다면 마치 말로만 밥을 이야기하여 배고픔을 충족(充足)시키려는 것과 무엇이 다르겠는가." 하였는데 답하기를 "만일 명자(名字)가 쓸 데가 없어서 법의 자체를 능히 펼 수가 없다면 또한 마땅히 불을 가져 오랬는데 물이나 다른 것을 가져 가겠느냐. 그러므로 알라. 그물을 쳐놓으면 헛되지 않아 반드시 고기나 토끼를 잡게 되는 것이다."하였다.

또한 범왕(梵王)이 부처님께 정법륜(正法輪)을 굴리시도록 간절히 권청(勸請)[3]하시매 대성(大聖)께서 드디어 기틀에 응하시어 미묘한

---

3) 부처님께서는 最初 成道後 三七日동안을 思惟하며 說法하기를 주저하시었다. 그것은 부처님의 깨달은 경지가 甚深微妙하여 世間의 一切相對에 얽매인 생각으로는 도저히 알아 듣지 못할 뿐 아니라 오히려 正法을 비방하는 허물까지 짓게 될 것이

법문을 펴시었다. 이로 해서 인천(人天)과 범성(凡聖)이 다 함께 올바른 말씀을 받들고 오도(五道)와 사생(四生)이 아울러 유훈(遺訓)을 준행(遵行)하게 된 것이다.

 이러므로 자세히 들어 읽고 외우면 분명히 이익됨이 매우 깊고, 또한 부처님의 명호를 일컬어 염하면 반드시 정토에 왕생하나니, 어찌 명자(名字)가 헛되고 거짓스러워 진리가 언설(言說) 속에는 없다고 말할 수 있겠는가.

 또 논(論) 가운데서 묻되 "무엇을 인하여 한번 염불한 힘이 능히 모든 업장을 끊는다 하는가."함에 답하기를 "마치 한 개의 전단향(栴檀香)이 능히 사십유순의 이란림(伊蘭林)을 뒤덮는 것과 같다. 또 비유하면 어떤 이가 사자의 힘줄로 거문고의 줄을 만들어 쓰면 그것을 한번 튕기는 소리에 나머지 줄은 모두 끊어지고 마는 것과 같으니, 만일 보리심 가운데서 염불삼매를 행한다면 온갖 번뇌업장이 단박에 단멸해 버리고 마는 것이다."하였다.

 『대집경(大集經)』에는 "혹 하룻밤이나 이레 동안만이라도 다른 업을 짓지 말고 지극한 마음으로 염불하여 보라. 작게 염하면 작게 보고 크게 염하면 크게 볼 것이다."고 하였다.

 또 『반야경(般若經)』에서는 문수보살이 부처님께 "어떻게 하면 아뇩보리를 빨리 증득할 수 있겠습니까."하고 여쭈었는데 부처님께서

므로 주저하신 것이다. 그러나 梵王이 이 뜻을 알고 부처님께 나아가 재삼 간절하게 권청하였다. '세존이시여, 원컨대 법을 설하옵소서. 세상에는 눈이 가려짐이 적은 사람들도 있사온 바 그들은 법을 듣는다면 필시 깨달음에 이를 것이옵니다.' 이리하여 부처님은 세상을 다시 한번 관찰하고 드디어 法 설할 것을 결심하신 후 최초 인연있는 이들을 찾아 떠나신 것이다. '내 이제 甘露의 문을 열 것이니 귀있는 자는 들으라. 낡은 믿음을 훌훌 떨쳐 버리고…'「相應部經典勸請品」.

"일행삼매(一行三昧)가 있으니 이 삼매에 들고자 하는 이는 마땅히 맑고 한적한 곳에 거처하면서 온갖 어지러운 뜻을 버리고 또한 어떠한 모양도 취하지 말라. 다만 한 부처님에게 생각을 모두어 한결같이 명자(名字)를 염할 것이니 부처님 계신 곳을 따라서 몸을 단정하게 바로 향하여 한 부처님만을 끊임없이 염하도록 하라. 그리하면 곧 생각 가운데 능히 과거 현재 미래의 모든 부처님께서 항상 법을 설하시어 지혜와 변재(辯才)가 마침내 끊임이 없음을 보게 될 것이다."라고 대답하시었다.

이러므로 알라. 부처님의 위신력이 가히 생각키 어려워 그 현통(玄通)함을 헤아릴 수 없음이 마치 돌이 쇠를 흡수함과 같고 물을 강하(江河)에 쏟아 붓는 것과 같은 것이다. 오직 자비선근(慈悲善根)의 힘이라야 능히 이와 같은 일을 볼 수 있나니, 지극한 마음으로 귀의하는 자는 참으로 신령스러운 감응(感應)이 환하게 밝을 것이다.

감응(感應)과 대치(對治)

문 "무릇 있는 바 온갖 모양이 모두 허망한 것이다."고 하였다. 이 말은 곧 좋은 경계가 있다고 그것을 취하면 단박에 마업(魔業)이 됨을 경계한 것이다. 어찌하여 모양에 집착하고 마음을 일으켜서 명감(冥感)하기를 바라겠는가.

답 수행력이 지극하면 자연히 성스러운 경지가 스스로 밝아지나니 왜냐하면 선연(善緣)으로 난 법이 그와 같기 때문이다. 또한 나아가 십지(十地)를 증득하면 지(地)마다 모두 상(相)이 현전(現前)하는데 이러므로 '뜻이 간절하면 가만히 가피(加被)를 느끼거니와 도(道)가 높으면 마(魔)도 치성하다.'고 하는 것이다.

예컨대 혹 선정(禪定)의 생각이 미묘하게 들다 보면 다른 모양으로도 변해 보이며, 혹 예송(禮誦)함에 뜻이 간절하다 보면 잠시 상서

스러운 모양들이 보이기도 하는 것 등이다. 그러나 이 모든 경계들이 오직 마음의 연진(緣塵)인 줄 깨닫는다면 보아도 보는 바가 없으려니와, 그렇지 않고 만일 이런 것들을 탐착해 취한다면 마음 밖에 따로 경계가 생겨서 곧 마사(魔事)를 이루고 마는 것이다.

그렇다고 또한 버리기에만 몰두한다면 좋은 공덕까지 버려서 닦아 나아갈 문이 없어지고 말 것이니, 그래서 「마하론(摩訶論)」에 이르기를 "진실과 거짓은 오직 스스로의 망심(妄心)에서 나타난 경계일 뿐 그것에 실다움은 없다. 왜냐하면 집착할 것이 없기 때문이다. 그러나 또한 진실과 거짓 그대로가 모두 진여요, 다 한결같은 법신(法身)이라 그밖에 따로 별다른 경계가 없다. 왜냐하면 그것은 따로 끊어 제거할 것이 없기 때문이다."하였고 또 「지론(智論)」에는 "버리지 않는 것은 제법 가운데 다 조도(助道)의 힘이 있는 까닭이며 수용(受用)치 않는 것은 제법의 실상(實相)이 필경 공적(空寂)하여 얻을 바가 없는 까닭이다."고 한 것이다.

제형상(諸形相)의 실상(實相)

태교(台教)에서 어떤 이가 "대승은 평등하거늘 무슨 형상의 차별을 논할 것인가."하고 의심한 물음에 "그것은 실로 그렇지가 않다. 다못 '평등'일 따름이니, 거울이 깨끗해짐을 따라 제업상(諸業相)이 나타남과 같이, 이제 지관(止觀)[1]으로 마음을 연마함에 마음이 점점 밝고 깨끗해져서 모든 선악이 스스로 비추일 따름이니, 그것이 마치

---

1) 止觀: 天台宗의 所立인 수행의 大要. 止는 停止, 모든 반연을 쉬고 그쳐 고요하게 마음을 거두어 한 곳에다 집중함. 觀은 觀達, 지혜로 觀照하여 眞如에 契合하는 것. 둘이 서로 의지하고 도와서 해탈의 한 길을 이룸으로 通稱 止觀이라 하여 定慧에다 그 기초를 둠.

거울을 깨끗이 닦으매 만상이 스스로 비추이는 것과 같다는 말이다."고 답하였다.

이러므로 있지 않되 있는지라[不有而有] 본성(本性) 없이 반연(攀緣)으로 생기며, 있되 있지 않는지라[有而不有] 반연으로 생기되 본성이 없는줄 알 것이다. 언제나 실제(實際)에 명합(冥合)하여 중도(中道)가 분명하면 기쁨이나 슬픔을 내지 않고 분별의 정이 끊어져 마음이 텅 비고 생각이 적정(寂靜)할 것이니, 거기에 무슨 득실(得失)의 미혹됨이 있겠는가.

2. 전경(轉經)

전경(轉經)의 공덕(功德)

또 경전을 읽고 외우며 대승을 수지(受持)하면 공덕이 매우 깊고 그 과보(果報) 또한 측량할 수 없으니 부처님께서도 이를 친히 비교해 말씀하기를 "마치 어떤 사람이 문수(文殊)와 같은 변재(辯才)로 사천하인(四天下人)을 교화하여 모두를 일생보처(一生補處)에 이르게 하더라도 그 공덕을 헤아린다면 『방등경전(方等經典)』에 향화로 공양하여 하등(下等)의 보(寶)를 얻음만 같지 못하다."하였다.

또 이 말씀을 아난(阿難)이 알아 듣지 못하고 의심하매 칠불(七佛)께서 현신(現身)하여 증명하시기를 "참으로 그러하니라. 설함과 같이 수행하면 상등보(上等寶)를 얻고 또 수지독송하면 중등보(中等寶)를 얻는다. 그리고 다만 향화로 공양만 하더라도 하등보(下等寶)를 얻는 것이다."고 하였다.

또 『법화경』에는 "사백만억의 헤아릴 수 없는 세계 중생을 교화하여 모두 아라한도(阿羅漢道)를 얻어 온갖 유루(有漏)가 다하게 하며 또 깊은 선정(禪定)에 자재함을 얻어서 팔해탈(八解脫)[1]을 구족하게 해준다 하더라도 그 공덕은 다만 오십 인이 이『법화경』의 한 게송을 듣고 그 공덕을 따라 기뻐하는 것의 백만억 분의 일에도 미치지 못할 것이다."하였고 또 어느 경에는 "어떤 사람이 경전을 독송하면 그 땅이 모두 금강으로 변하거니와 다만 육안(肉眼)의 중생이 스스로 보지 못할 따름이다."하였다.

『남산감통전(南山感通傳)』에는 "칠불의 금탑 가운데 은인(銀印)이 있어서 대승경전을 독송하는 이가 있으면 은인(銀印)을 그의 입에다 찍어 정법의 내용을 잃어버림이 없게 하신다."하였고 또『보현관경(普賢觀經)』에는 "만일 칠중(七衆)[2]의 계를 모두 범하고도 잠깐 사이에 헤아릴 수 없는 생사죄를 지은 중생의 죄를 없애주려 하거나 또는 문수(文殊)와 약왕(藥王) 등 온갖 보살과 그 시봉자(侍奉者) 등을 두루 뵙고저 한다면 마땅히 이『법화경』을 닦아 익히며 대승경전을 수지독송하고 대승의 일을 사유(思惟)해서 이와 같이 텅 빈 지혜로 마음에 서로 응하도록 하라."하였으며『대반야경』에는 "영악한 짐승들이 없는 한적하고 깨끗한 바위굴로 거처를 삼고 들은 바의 법을 부지런히 주야 육시에 더욱 찬송하되 음성을 고르게 하여 높고 낮음

---

1) 八解脫: 또는 八背捨라고도 하니 삼계의 번뇌를 등지고 멀리 떠나서 그 얽매임에서 벗어나는 여덟 가지 禪定을 이름. 天台疏中에 이르기를 '능히 心慮를 벗어나기 때문에 해탈이라 하고 또한 背捨라고도 하니, 背란 저 五欲樂을 등져 정결케 함이요, 捨는 집착하는 마음을 버리는 것을 뜻한다.'고 하였다. 그 여덟 가지란 ① 內有色想觀外色解脫 ② 內無色想觀外色解脫 ③ 淨解脫 ④ 空無邊處解脫 ⑤ 識無邊處解脫 ⑥ 無所有處解脫 ⑦ 非想非非想處解脫 ⑧ 滅受想定이다.
2) 七衆: 비구・비구니・식차마나・사미・사미니(以上出家五衆) 우바새・우바이(以上在家二衆)를 합하여 이른 말.

을 여의며 마음으로는 바깥 경계를 반연하지 말고 정법을 마음을 다해 기억해 지니도록 하라."하였다.

또 『현우경(賢愚經)』에는 "수행자가 불도를 이루려 한다면 마땅히 경법(經法)을 즐겨 받아서 독송하고 연설할 것이니, 속인(俗人)이 법을 설하여도 하늘과 귀신이 모두 와서 공손히 듣거든 하물며 출가한 사람일까보냐. 출가한 사람이 길에서 경전을 읽고 게송을 설하면 언제나 모든 하늘이 따라다니며 기쁜 마음으로 받들어 들을 것이니 그러므로 마땅히 부지런히 송경(誦經)하고 설법할 것이다."하였다.

이상의 인용들은 모두가 곧 금구(金口)의 정성스럽고 진실하신 말씀들이요, 중생의 허망심으로 맹랑하게 이른 말이 아니다. 이러므로 지극한 마음으로 독송하는 사람은 영험이 헛되지 않은지라 언제나 부처님께서 가만히 드리워 호념(護念)해 주심을 받을 것이니 혹은 '선재(善哉)로다'하고 칭찬도 하시고 손으로 이마도 쓸어 주시며 함께 여래의 옷을 덮어 섭수(攝受)하고 부촉(付囑)하여 위신력의 가피로 따라 기뻐하심은 물론, 또한 신왕(神王)이 보호하고 하늘의 선인(仙人)들이 모시며 금강신이 옹호해 따르고 제석신이 꽃비로 찬탄할 것이다.

복덕이 되는 인유(因由)를 성취함이 법계 허공의 크기와 같고 헤아릴 수 없는 공덕이 뛰어나서 나아가서는 항하의 모래와 같은 칠보로 인연[無緣大悲]을 베풀게 되는 것이다.

아울러 또한 신체가 영통(靈通)하여 무너지지 않으며 연꽃과 같은 혓바닥에 입에는 자단(紫檀)의 향내가 날 것이니 한 구절만 들어도 반드시 보리심에 나아가고 반 게송만을 외워도 공덕이 부처님과 같아지리라.

이와 같아서 만일 경전을 써서 펴낸다면 욕계천상(欲界天上)의 과보를 받고, 지니고 읽고 외우며 수행하는 사람을 공양하면 복덕됨이 부처님보다 더욱 지나리니 이를 일러서 '법위덕력(法威德力)의 생각으로 헤아리기 어려운 문'이라고 하는 것이다.

만 가지 상서(祥瑞)와 천 가지 영험이 이로 인하여 감통(感通)하며 또한 삼현(三賢)과 십성(十聖)도 이로부터 나는지라 끝없는 옛적부터 오늘날에 이르도록 아울러 범부로부터 성인에 이르기까지 모두가 삼업(三業)으로 공양하고 십종(十種)[3]으로 받아가져 참된 말씀을 받들어 전해 오면서 면면히 끊이지 않거늘 어찌 비방하는 마음만 일으켜서 올바른 법륜을 단절케 하겠는가.

전경수행(轉經修行)을 권하는 뜻

문 경전 가운데서는 다만 설함과 같이 수행하여서 깊이 올바른 뜻을 알고 부지런히 무념(無念)을 익혀서 묵연(黙然)히 현묘(玄妙)한 근본에 계합(契合)해 들어가는 것을 칭찬하였는데 어찌하여 널리 읽고 외우는 것으로만 수행하기를 권하는가.

---

3) 十種受持: 十種傳通 또는 十法行이라고도 하니 수행자가 마땅히 받들어 행해야 할 열 가지 行法. ① 書寫: 부처님의 설하신 經律論을 써서 널리 유통해 법륜이 단절치 않게 함. ② 공양: 부처님의 경전이 있는 곳을 마치 부처님의 탑묘가 있는 곳처럼 공경하고 존중히 공양함. ③ 施他: 들은 바 법을 널리 타인에게 연설하고 베풀어 經卷을 자기 개인만의 所用으로 하지 않고 다른 이들에게도 이익을 베풀어 줌. ④ 諦聽: 다른 이가 읽고 해설하는 一切經法을 듣고 깊이 愛樂하며 전심을 다하여 살피고 자세히 들음. ⑤ 披讀: 부처님의 설하신 바 경전을 때때로 언제나 펴서 보고 읽어 손에서 놓지 않음. ⑥ 受持: 부처님께서 설하신 바 교법을 스승으로 좇아 禀받고 수지하여 잊지 않도록 함. ⑦ 開演: 여래께서 설하신 바 정법을 때때로 언제나 연설하고 열어 보여 사람들에게 믿어 알도록 함. ⑧ 諷誦: 여래께서 설하신 바 일체의 道法을 널리 梵音으로 맑게 읊어 선양하여 사람들로 하여금 듣기에 즐겁게 함. ⑨ 思惟: 여래의 설하신 교법의 뜻을 사유하고 籌量하고 억념하여 잊지 말도록 함. ⑩ 修習: 여래의 설하신 교법에 의하여 정밀히 수습하여 道果를 이룸(「辯中邊論」中).

답 만일 상상근인(上上根人)이라면 큰 기틀이 익었으므로 아무런 장애도 없이 단박에 요달(了達)하여 단박에 닦을 것이니, 이와 같이 망념(妄念)이 나지 않는다면 무엇 때문에 구태여 조도법(助道法)을 구하겠는가. 그러나 무릇 미세한 망상은 부처님의 경지에 이르고 나서야 비로소 없어지는 것이다.

안반수의경서(安般守意經序)에 이르기를 "손가락 한번 튕기는 사이에 마음은 구백육십 번을 구르고 하루 낮밤 동안엔 십삼억 번의 번뇌가 있어 각각 번뇌마다 한 몸씩 있는 것이다. 그러나 마음이 스스로 알지 못하는 것이 마치 씨앗 뿌리는 사람과 같다."하였으니 이러므로 알라. 번뇌의 두터운 업장은 한꺼번에 맑히기란 참으로 어려운 것이다. 만일 만 가지 선법(善法)의 방편으로서 도와 열지 않는다면 자력(自力)으로만은 오히려 머물러 막히게 되리라.

또 복업(福業)으로 논한다 하여도 변행문(遍行門)[1] 가운데선 만행을 다 장엄해서 한 법도 버리지 않나니, 왜냐하면 모두가 능히 도업(道業)을 도와서 대보리(大菩提)를 출생시키기 때문이다. 그러므로 구족하게 열 가지로 수지하는 것이 아무런 장애가 될 까닭이 없다.

『법화경』에 이르기를 "이 때에 천세계의 헤아릴 수 없는 보살마하살들이 땅에서 솟아올라 부처님 전에 일심으로 합장하고 존안(尊顏)을 우러러 사뢰되 '세존이시여, 우리들은 부처님이 멸도하신 뒤에 세존의 분신(分身:化身)이 있던 모든 국토의 멸도(滅道)하신 곳마다 마땅히 이 경전을 설하겠습니다. 그 까닭은 우리들 스스로가 이와 같은 참되고 깨끗한 대법(大法)을 얻어서 수지 독송하고 해설하고 기록하여 공양[五種受持]하고 싶기 때문입니다.'고 하였는데 이로써 지위

---

1) 遍行門: 두루 一切萬行을 다 攝持하는 修行門. 곧 圓頓門의 별칭.

(地位)에 오른 보살도 남을 위해 해설할 뿐 아니라 오히려 스스로도 발원하고 부지런히 지송(持誦)하는 것을 알 수 있거늘 하물며 초심인 (初心人)으로서 받들어 본받지 않겠는가.

다만 먼저 신해(信解)를 구해서 깨달아 듣고 그런 뒤엔 곧 설하심과 같이 행하여 입으로 연설하며 마음으로 생각해 올바른 지혜를 여는데 힘쓸 것이다. 만일 깊은 종지를 한꺼번에 궁구하지 못하고 다만 글자나 말의 구절에만 맴돌아서 우선은 수행하는 이가 친히 밝히지는 못했다 하더라도 또한 선본(善本)을 훈습하는 것이 되어 반야의 위력이 앞과 뒤를 가만히 도우리니, 저 정법 가운데서는 티끌만한 마음을 낼지라도 모두가 최초의 인(因)이 되어서 마침내는 하나도 버리지 않기 때문이다.

실상전경(實相轉經)

문 참되게 경을 가지려면 마땅히 실상(實相)을 염해야 할 것이니 이미 그와 같아서 능(能)과 소(所)가 없다면 지송(持誦)하는 자는 어떤 사람이며, 또 만일 마음과 입의 하는 바를 구하여도 마침내 얻을 수 없다면 그 이치는 어느 곳에서 나올 수 있겠는가.

답 비록 능히 염(念)하는 사람[能念]과 외울 바의 진리[所誦]가 다 공적(空寂)함을 관찰하나 이 공(空)이란 것은 단멸공(斷滅空)이 아니기 때문에 능송(能誦)과 소지(所持)의 유위(有爲)란 것도 마침내 실유(實有)가 아니어서 공(空)도 유(有)도 아닌지라 중도(中道)의 이치가 언제나 훤출하게 밝은 것이다. 다만 없는 데만 집착하면 삿된 공[邪空]에 떨어지고 또한 있는 데만 빠지면 치우친 거짓 방편 [偏假]만을 이룰 것인 즉 이러므로 일심(一心)이 삼관(三觀)[1]이요,

---

1) 三觀: 天台의 空·假·中觀(P.131) 참조.

삼관이 곧 일심이니, 일(一)에 즉(卽)한 삼(三)이라 서로 다른 모양인 듯하나, 삼에 즉한 일이므로 그것의 본체는 다르지 않는 것이다.

그래서 합함도 흩어짐도 아니요, 종(縱)도 횡(橫)도 아닌지라 있다거나 없다는 따위에 얽매이지 않나니 옳거나 그른 분별엔들 어찌 빠지랴. 항상 삼제(三諦)에 합하고 일승(一乘)에 합하므로 만행의 도문(度門)이 결국에는 모두가 실상(實相)으로 돌아가게 되는 것이다.

만행(萬行)과 선정(禪定)

또 염송하는 일이 선정에 방해스러움이 있지 않은가고 의심하는 이들이 있는데 선정이란 곧 사변(四辯)[1]과 육통(六通)[2]의 근본이며 범부를 벗어나 성위(聖位)에 드는 인(因)이 되는지라, 잠시의 미세한 상념까지도 다 거두므로 상선(上善)이라고도 일컫는다. 그러나 반드시 혼침과 도거(掉擧)가 모두 녹아 없어질 때를 밝혀야 하는 것이다. 그래서 경에도 이르기를 "좌선이 혼매함에 빠지거든 반드시 떨치고 일어나 행도(行道~經行)[3]를 한다든가 또는 부처님을 염하며, 혹은 지극한 정성을 다하여 씻고 참회해서 두터운 업장을 제거하고 신심

---

1) 四辯: 갖추어서는 四無碍辯, 四無碍智, 또는 四無碍解라고도 한다. 意業을 잡아 말할 때엔 解, 智라 하고 口業을 잡아말할 때 辯이라 하는 것이다. 이는 불보살의 설법하시는 지혜로서 法無碍·義無碍·辭無碍·樂說無碍를 말한다.

2) 六通: 三乘聖者가 얻은 신통의 여섯 가지. 갖추어는 육신통이라 하니 神은 不可思議의 뜻이요, 通은 無碍自在의 뜻이다. 天眼通·天耳通·他心通·宿命通·神足通·漏盡通. 끝의 漏盡(一切煩惱를 남김없이 끊은 신통)은 오직 佛地라야 가능한 것이다.

3) 行道: ① 부처님을 공경하는 뜻으로 부처님을 향해서 오른쪽 방향으로 도는 일. ② 그 아는 바의 道를 행하는 것. 無量壽經下에 이르기를 '行道進德'이라 하였다. ③ 經行과 동일한 뜻으로 쓰임. 천천히 林下를 거닐며 覺觀思惟하는 것.

(身心)을 책발하도록 해야 한다."고 하였으니 참으로 한 가지의 수행문만을 집착해서 구경(究竟)을 삼아서는 안 되는 것이다.

또 자민삼장(慈愍三藏)이 이르기를 "성교(聖敎)에서 설하신 올바른 선정이라고 하는 것은 마음을 한 곳에 제어(制禦)해서 생각생각이 이어지게 하고 혼침과 산란을 떠나서 평등하게 마음을 지니는 것을 이른다. 그러나 만일 졸음이 덮여와 가리거든 곧 모름지기 부지런히 책발하라. 염불송경하고 예배행도하며 강경설법(講經說法)하고 교화중생하는 등 만행을 폐하지 말아서 닦은 바 행업(行業)을 오직 왕생하는 발원으로 회향할 것이니, 이와 같이 선정을 닦아 익힌다면 이것이 곧 부처님의 선정이며 성교(聖敎)의 지취(旨趣)와 합하는 것이며 또한 중생의 안목이라 할 수 있고 모든 부처님께서도 기꺼이 인가하실 것이다. 왜냐하면 일체의 불법이 평등하고 차별이 없어 모두가 일여(一如)로 승합(乘合)하며 나아가 끝내는 최정각을 이루게 되는 까닭이기 때문이다."고 하였다.

이와 같이 모두가 '부처를 염(念)하는 것은 곧 보리의 인(因)이 된다' 하였거늘 어찌하여 도리어 삿된 견해를 내겠는가. 그러므로 태교(台敎)에서는 네 가지의 삼매[4]를 행하고 소승에선 오관(五觀)의 대치(對治)[5]를 갖추며, 이와 같이 상행(常行) 반행(半行) 등 갖가지의

---

4) 四種三昧 : 삼매란 범어의 음역으로 定이라 번역함. 마음이 한 곳에 안정하여 움직이지 않으므로 定이라 함. 또는 正受라고도 하니 관하는 바의 法을 正受한다는 뜻. 四種三昧는 止觀의 수행법이니 일체행동 가운데 삼매에 드는 공부의 위의를 대략 넷으로 나눈 것. ① 常坐[一行三昧]. ② 常行[般舟三昧]. ③ 半行半坐. ④ 非行非坐[隨自意三昧].

5) 小乘五觀對治 : 五停心觀이라고도 하니 聲聞이 入道하는 처음에 五種의 觀法을 수행하여 五種의 과실을 마음에서 정지케 하는 對治法. ① 不淨觀[탐욕심을 다스림]. ② 慈悲觀[瞋恚心을 다스림]. ③ 因緣觀[愚痴心을 다스림]. ④ 界分別觀[我見을 다스림]. ⑤ 數息觀[散亂心을 다스림].

삼매가 있어서 마침내 한결같이 좌선만을 집착하지 않은 것이다.

『금강삼매경』에서는 "동(動)하지도 않고 선정에 들지도 않아 선(禪)한다는 생각을 내는 것도 떠난다."하였고 『법구경』에는 "어떤 삼매를 막론하고 배운다고 하면 이것은 곧 동(動)이지 선(禪)은 아니다. 마음이란 경계를 따라 나는 것이니, 무엇을 가지고 정(定)이라 이름하겠는가."고 하였다.

또 「기신론」에는 "만일 어떤 사람이든지 오직 지(止)만을 수습(修習)한다면 곧 마음이 침몰하거나 혹은 게으른 생각이 일어나서 어떤 선법(善法)이든 즐기지 않을 뿐 아니라 또한 대비심도 멀리 떠나게 될 것이다. (생략) 나아가 어느때 어느 곳에서건 온갖 선법을 자기의 능력껏 수학(修學)하여 게으르지 말 것이다. 생각을 지(止)에다 전념하여 좌선할 때 외에는 어느때를 막론하고 마땅히 지어야 할 것과 짓지 말아야 할 것을 잘 관찰하여 다닐 때나 머물 때나 앉고 일어나는 일체의 행 동안에 이와 같이 지(止)와 관(觀)을 아울러 치우치지 않게 행해야 한다."고 하였으니, 이러므로 만일 통달하면 선정(禪定)이나 산란(散亂)이 다 함께 입도(入道)할 수 있으려니와 반대로 막히고 장애된다는 생각을 일으키면 어떤 것이든 모두 그릇됨을 이루고 말 것이다.

남악(南嶽)의 법화참(法華懺)에 이르기를 "선정(禪定)을 잘 익히면 곧 제불의 삼매를 얻어서 육근(六根)의 성품이 청정해지리라. 보살이 법화를 수학(修學)하려 하면 마땅히 두 가지 행을 갖추어야 하나니 곧 유상행(有相行)과 무상행(無相行)이다. 무상안락행(無相安樂行)이란 매우 깊어 미묘한 선정(禪定)을 말하고 육정근(六情根)을 관찰하는 것은 곧 유상안락행(有相安樂行)이니 이것은 「권발품(勸發品)」에 의거한 것이다. 산란한 마음으로 법화를 외우면 선삼매(禪三昧)에 들지 못한다. 앉거나 서거나 일심으로 정성껏 법화의 문자를 염할 것이다. 이와 같이 수행하여 성취한 이라야 곧 보현(普賢)의 진신(眞身)을 볼 수 있기 때문이다."고 하였는데 이러므로 지자 대사(智者大師)께서 법화참을 닦으실 때에 「약왕분신품(藥王焚身品)」의 "이것이 참된 정진이며 곧 참된 법을 여래께 공양하는 것이다."고 하신 대목에 이르러 단박에 영산회상이 곧 이 자리를 떠나 있는 것이 아님을 깨달았던 것이다.

뿐만 아니라 신주(神呪)에 이르러서도 가만히 지닌다면 신령스러운 가피가 언제나 환하여 정법을 수호하고 사도(邪道)를 막으며 마군이 항복하고 외도가 물러나는 지라, 두터운 혼미의 큰 업장을 제어하고 오랜 세월의 허물을 소멸하며 헤아릴 수 없는 신통을 나타내고 생각할 수 없는 감응을 보이는 것이다. 이와 같이 드넓은 행업(行業)을 붙들어 가지면 나머지 재앙을 미리 없애고 법력(法力)의 난사(難思)함을 의지한다면 드디어 평안하게 입도(入道)함에 이를 수 있으리라.

이러므로 혹은 염불을 인하여 삼매를 증득하고 혹은 좌선으로 좇아 지혜문을 발(發)하며 혹은 송경(誦經)을 오로지 하여 법신(法身)을 보고 혹은 다만 행도(行道)로서 성인의 경지에 드는 것이 오직 득도(得道)하는 데 그 뜻이 있는 지라 마침내 한 가지의 일정한 문만을 고집하여 취하지 말아야 한다. 반드시 뜻을 오로지 한 정성만을 의지할 것이요 허망한 말들을 믿고 좇아서는 안되는 것이다.

3. 행도예배(行道禮拜)

행도예배의 참뜻

문 행도예배란 참된 수행법을 갖추지 못한 것이다. 그래서 조사께서는 객용(客舂)의 허물[1]을 세우시고 부처님께서는 일찍이 마우(馬

牛)에다 비유[2]하여 꾸짖으시었다.

    이를테면「지론(智論)」에서는 "수보리는 석실(石室)에서 법공(法空)을 요달해 깨닫고 나서야 비로소 부처님께 예배하였다."하였고『사십이장경(四十二章經)』에는 "마음으로 도를 행한다면 구태여 행도(行道)를 따로 쓸 게 있겠느냐."고 하신 등이 그것이다. 이와 같이 부처님의 전지(詮旨)가 환하거늘 어찌 어기지 않는다고 할 수 있겠는가.

답 만일 행도예배할 때 은중(殷重)한 마음을 내지 않는다면 이미 관혜(觀慧)도 없는지라 아울러 정밀하지도 못할 것이다. 이런 이들은 비록 몸은 도량에 있으나 마음은 다른 경계를 반연해서 유위(有爲)의 상(相)에 집착하고 성(性)의 공적(空寂)함을 미하여 '내가 능히 이렇게 짓는다'는 마음을 일으키며 또한 아울러 아만심(我慢心)을 내어서 자타(自他)가 평등하고 능소(能所)가 허현(虛玄)함을 요달치 못하고 말 것이다.

    만일 이와 같은 등의 어리석음에 빠진다면 깊이 물음에서의 책망이 마땅할 것이니 남전 대사(南泉大師)가 이르기를 "미묘한 정법신(淨法身)은 삼십이상을 갖추었으나 다만 마음으로 나누어 헤아림을

---

1) 客春의 허물: 能禮所禮가 空한 참뜻을 알지 못한채 꾸벅꾸벅 방아 찧듯 예배하나 그것이 자기의 방아가 아니고 품삯을 받고 찧는 남의 방아임을 꾸짖는 말이니 楚石琦禪師가 이르기를 "부질없이 품팔이 방아나 찧으면서 복이 되기를 바라며 업장을 참회한다 하니 참으로 道와는 십만팔천리 로다."하였고, 無相禪師는 示衆하여 이르기를 "너희들은 흙덩이로 만든 부처만 보면 흡사 방아를 찧듯 하고 일찍이 그 참뜻은 알려고 하지 않는구나."고 하였다.
2) 馬牛에다 비유:『사십이장경』에 이르기를 "沙門은 行道하되 밭가는 소처럼 하는 일이 없도록 해야 한다. 소는 몸으로는 비록 어쩌지 못해서 시키는 대로 행하나 마음으로는 행하지 않나니, 기꺼이 마음으로 도를 행한다면 무엇하러 구태여 行道의 위의를 쓰겠는가."라고 하였다.

허락하지 않나니, 만일 이와 같은 마음만 없다면 일체행처와 내지 탄지(彈指) 합장 등도 모두 곧 정인(正因)이라, 만선이 어떤 것이든 두루 무루(無漏)와 같아서 비로소 자재함을 얻을 수 있으리라."하였고 백장 화상(百丈和尙)은 "행도예배나 자비희사 등은 곧 사문(沙門)의 본사(本事)라 완연히 불칙(佛勅)에 의지해야 한다. 그러나 다만 집착하는 것만은 허락하지 않는다."고 하였다.

예배를 권하는 이유와 공덕

법화참(法華懺)에는 두 가지의 수행을 말하였는데 그 하나는 사중수(事中修)로서 이른바 예념행도(禮念行道) 등을 일심으로 지극히 행하면 산란한 생각이 없어지는 것이요, 그 둘은 이중수(理中修)로서 짓는 바의 마음과 심성(心性)이 둘이 아닌지라 일체가 모두 이 마음인 줄을 관하여 보되 또한 심상(心相)을 얻을 수 없음을 말한 것이다. 『보현관경(普賢觀經)』에는 이르기를 "만일 어떤 이가 있어 주야로 언제나 시방의 모든 부처님께 예배하고 대승의 경전을 읽으며 또한 제일의(第一義)의 매우 깊은 공법(空法)을 한 순간만이라도 생각한다면 실로 헤아릴 수 없는 겁(劫)의 생사죄를 멸제(滅除)할 것이다.

이와 같이 법답게 수행하는 이는 참으로 불자(佛子)며 제불(諸佛)로 좇아 난지라 시방의 부처님과 모든 보살이 그의 화상(和尙)이 되므로 이를 이름하여 '보살계를 구족한 자'라 하리니, 구태여 갈마(羯磨)를 애써 구하지 않아도 자연히 성취해서 마땅히 일체 인천의 공양을 받을 수 있기 때문이다."고 하였다.

또 이 행도하는 한 법은 서천(西天)에서 더욱 중히 여기나니, 수없이 돌고 나서야 바야흐로 정성껏 예배를 한다 하였다. 이것은 곧 경전에서 이른바 "언제 어느 때나 지극한 마음으로 행도하여 사은(四恩)을 갚을지니 이와 같이 하는 사람은 빠른 시일내에 입도(入道)하게 될 것이다."고 하신 말씀에 기인하는 것이다.

『요탑공덕경(繞塔功德經)』에서는 "용맹스럽게 정진하여 굳셈을 파괴할 수 없고 아울러 짓는 바마다 모두 속히 성취되는 것이 다 우요탑(右繞塔)을 말미암은 것이다. 또 미묘한 자금색신을 얻어 상호를 장엄하며 현세에 능히 인천사(人天師)가 됨도 역시 우요탑을 말미암은 것이다."하였으며 화엄참(華嚴懺)에서는 "행도를 하면 걸음마다 가이없는 세계를 지날 것이며 낱낱 도량마다 두루 나의 몸을 볼 것이다."고 하였다.

또 남산행도의(南山行道儀)에 이르기를 "대저 행도란 업장이 다할 때를 기한으로 삼는지라 날을 한정치 말 것이니 만일 업장이 다함을 논한다면 오직 불지(佛地)라야 곧 없어지기 때문이다. 그러므로 마음을 불타듯 밝게 가지고 형상을 날카로운 칼날 밟듯 우뚝하게 세울 것이다."하였고 또 "평소에 행도치 않는다면 업상(業相)이 나타날 인(因)이 없으리라."하였으며 또 "중생은 마치 큰 부잣집의 눈먼 아이와 같아서 비록 갖가지 보물을 갖고는 있으나 안타깝게도 보지 못하는 것이다."고 하였다.

그러므로 이제라도 행도의 공덕을 짓는다면 곧 온갖 때(垢)가 다 제거되어 마음이 단박에 청정해지리니, 마치 병들었던 눈이 밝게 열림과 같고 맑은 물과 깨끗한 거울에 갖가지 모양이 환히 비치는 것과 같으며, 또한 화주(火珠)를 해에다 비치매 대번에 불이 발하여 나오는 것과도 같으리라.

행도예배의 실상관조(實相觀照)

문 제법(諸法)의 실상(實相)은 선악의 분별이나 모양이 없거늘 어찌하여 나타남이 있다고 하는가.

답 비록 아(我)도 없고 지음도 없고 아울러 받는 자도 없으나 선악의 업(業)은 또한 없어지지 아니하나니, 그것은 제법(諸法)이란 본래 형상이 없으나 또한 온갖 형상을 나타내 보이기 때문이다. 그러므로 수행자는 행도할 때에 유상(有相)이나 무상(無相) 등에 얽매여 사념(思念)치 말라. 다만 간절한 정성을 다해 근본을 관하여 생각생각에 공(功)이 이루어지면 그 모양이 저절로 나타나리니, 그것은 마치 밀실(密室)에 놓인 그릇의 물이 비록 분별하는 마음은 없지만 온갖 모양들이 제 스스로 비추이고 있는 것과도 같은 것이다.

문 형상이 나타날 때에 진위(眞僞)를 어떻게 판단하며 또한 어떻게 취사(取捨)를 가릴 것인가.
답 이같이 가질 때는 허공을 가지듯 하며 버릴 때에는 허공을 버리듯이 하라.

문 오랫동안 수행하였으나 증득하지 못하는 사람은 왜 그런가.
답 경전의 말씀을 인용하리라. "중생의 마음은 거울과도 같으니 때가 끼어 있으면 모양이 비칠 수 없기 때문이다."

행념(行念)과 좌념(坐念)의 차이

문 논(論)에 행도염불(行道念佛)이란 말이 나오는데 앉아서 하는 염불과 비교하여 그 공덕이 어떠한가.
답 비유하면 거슬러 흐르는 물에서라도 돛대를 펴면 오히려 배가 갈 수 있는데 만일 순조로히 흐르는 물에다 돛대를 편다면 그 빠름을 가히 짐작할 수 있으리라. 앉아서 한 번만을 염하여도 오히려 80억 겁의 생사죄가 소멸된다 하였거든 행념(行念)의 공덕을 어찌 그 양(量)을 알아 헤아릴 수 있겠는가. 그러므로 게(偈)로서 읊기를 "행도오백편(行道五百遍)에 염불일천성(念佛一千聲)이라, 사업이 항상 이와 같다면 서방불(西方佛)을 스스로 이루리라."고 하신 것이다.

따로 예배의 뜻과 권하는 이유를 밝힘

또 예배는 참으로 무명심(無明心)을 굴복받아 깊이 나를 각지(覺地)에 던지는 것이다. 그러므로 공경에 이르는 지극함을 큰 나무가 넘어지듯 큰 산이 무너지듯이 해야 한다.

『업보차별경(業報差別經)』에 이르기를 "부처님 전에 한 번만이라도 예배하면 대번에 그 무릎 아래로부터 금강제(金剛際)에 이르기까지 한 티끌마다 한 전륜왕위가 되어서 열 가지의 뛰어난 공덕을 성취하게 될 것이다. 그 열 가지의 공덕이란 이른바 묘색신(妙色身)을 얻는 것, 말을 냄에 사람들이 다 믿는 것, 무리에 처하여 두렵지 않는 것, 부처님께서 호념(護念)하여 주시는 것, 큰 위의(威儀)를 갖추는 것, 온갖 사람들이 다 가까이 따르는 것, 하늘들이 우러러 공경하는 것, 큰 복보(福報)를 갖추는 것, 명(命)을 마친 뒤엔 왕생하는 것, 그리고 속히 열반을 증득하는 것을 말한다."하였다.

또 삼장늑나(三藏勒那)는 이르기를 "이른바 지혜를 발하여 청정하게 예배한다는 것은 참으로 부처님의 경계를 달(達)하고 혜심(慧心)이 명리(明利)해서 법계가 본래로 걸림이 없음을 요지(了知)하는 것이다. 나는 오랜 옛적부터 범속(凡俗)에만 순(順)함으로 말미암아 없는데도 있다는 뒤바뀐 생각을 내고 걸리지 않는 데도 걸린다는 그릇된 생각을 내었다. 그러나 이제 다행히 자심(自心)을 깨닫고 보니 훤출하게 비고 통하여 걸림이 없는지라, 그러므로 참다히 부처님께 예배를 행하노니 마음의 현량(現量)함을 따라서 일불(一佛)에 예(禮)하는 것이 곧 일체불에 예하는 것이요, 일체불에 예하는 것이 곧 일불에 예하는 것이라, 이것은 부처님의 법신이 체용(體用)에 두루하기 때문에 한 번 예배하는 것이 법계에 두루 통하는 것이다. 또한 갖가지

제2장 만행중선(萬行衆善)의 사상론(事相論) 91

향화(香火)로 공양하는 것도 예(例)가 이와 같으니 육도사생이 모두 함께 불상(佛想)을 짓기 때문이다"고 하였다.

또 문수보살은 이르기를 "마음이 생멸하지 않으므로 공경히 예배함에도 관(觀)할 바가 없나니, 오직 안으로는 평등을 행하고 밖으로 공경함을 닦아서 안과 밖이 함께 명합(冥合)하는 것이 곧 평등례(平等禮)인 것이다."하였고 또 법화참(法華懺)에서는 "예배할 때를 당해서 비록 능례(能禮)와 소례(所禮)를 얻을 수 없으나 그러나 법계의 낱낱 불전(佛前)에 그림자처럼 나타나서 모두 자신이 예배함을 보는 것이다."고 하였다.

이와 같이 간략히 조사의 가르침들을 인용하여 보았거니와 한결같이 이(理)와 사(事)를 분명하게 밝히셨다. 어찌 가히 부처님의 본뜻을 멸하여 금문(金文)을 헐며 편견에만 빠져서 원지(圓旨)를 손상하겠는가.

예념(禮念)의 실상(實相)

문 문수보살께서 이르기를 "마음이 허공과 같으므로 볼 바 없는 곳에 예배하노니, 심심(甚深)한 수다라여, 듣지도 않고 수지(受持)하지도 않는다."하였다. 그렇다면 어찌하여 상에 집착함을 가지고 부처님께 예배한다 하겠는가. 순문(徇文)에서도 "송경(誦經)은 대사(大士)의 성언(誠言)을 어기는 것이고 제불의 심지(深旨)를 잃어버리는 것이다."하지 않았는가.

답 이것은 비록 이치를 기준하여 말한 것이나 이(理) 또한 사(事)가 없으면 드러나지 않으므로 사(事)를 좇아 베푼 것이며, 사(事) 또한 이치가 없으면 원만할 수 없으므로 이(理)와 사(事)가 서로 이루어서 비로소 이와 같은 뜻을 나타낸 것이다.

"마음이 허공과 같으므로 볼 바 없는 곳에 공경히 예배한다."함은 이는 곧 능소(能所)의 견해를 파한 것이니 왜냐하면 '마음이 허공과 같다'함은 능례(能禮)의 견해를 짓지 않는 것이요, '볼 바가 없는 곳'이라 함은 곧 소례(所禮)가 없기 때문이다. 실로 이와 같이 예배한다면 어찌 한두 부처님만을 대하리요, 마음이 태허공과 같고 몸은 법계에 온통 두루하는 것이다. 또 '듣지도 않고 수지(受持)하지도 않는다.'고 한 것은 '불문(不聞)'은 관찰할 법의 뜻이 없다는 말이요, '불수지(不受持)'는 곧 기억할 문자가 없다는 뜻이니, 실로 이와 같이 경전을 수지하면 어찌 끊임이 있겠는가. 그러므로 설하는 자도 내어보일 것이 없고[無示] 듣는 자도 얻을 것이 없는 것이다[無得].

그러나 비록 이와 같이 이치에 기준하여 말할 수 있지만 이것은 단순히 사(事) 밖의 이(理)가 아니니 이미 사(事)를 떠나지 않았다면 곧 이치 가운데의 사이기 때문이다. 이것이 곧 바로 예배할 때 예[禮相]가 없고 가질 때를 당해서 지[持相]가 없다는 것이다. 어찌 말에만 의지하고 뜻에 의지하지 않겠는가. 부디 단멸(斷滅)한 편고(偏枯)

---

1) 六念法門: 六隨念이라고도 한다. ① 염불: 부처님은 十號를 구족하시고 대자대비한 광명을 놓으며 神通이 無量하여 중생의 고통을 두루 구제하시니 나도 어서 이를 증득하여 모든 중생에게 베풀고저 염원한다. ② 念法: 여래의 설하신 법은 큰 공덕이 있어서 중생에게 좋은 양식이 되니 나도 이를 증득하여 모든 중생에게 베풀기를 염원한다. ③ 念僧: 스님네는 여래의 제자로서 無漏法을 얻고 계정혜를 갖추어 세간의 좋은 복전이 되니 나도 이렇게 僧行을 가지겠노라고 염원한다. ④ 念戒: 모든 禁戒는 큰 세력이 있어서 중생의 온갖 惡念을 능히 제거하나니 나도 힘써 계를 호지하려고 염원한다. ⑤ 念施: 보시행은 큰 공덕이 있어서 중생의 慳貪重病을 제거하니 나도 무엇이든 베풀어 모든 중생을 섭수하려고 염원한다. ⑥ 念天: 欲·色·無色界의 하늘들이 자연히 밝고 맑은 쾌락을 받는 것은 일찍이 持戒하고 布施하는 등의 善根을 닦은 연유이니 나도 功德을 쌓아서 저 하늘에 나려고 염원한다. 사람이 만일 이 六念法을 닦으면 마음에 선정을 얻어 열반에 이르게 된다. 따라서 이것은 반드시 생각하고 닦아야 할 경계이므로 六念處라고도 한다.

제2장 만행중선(萬行衆善)의 사상론(事相論) 93

의 견해를 일으키지 말기 바란다.

조도법(助道法)의 용처(用處)
문 육념법문(六念法門)[1]과 십종관상(十種觀相)[2]이 비록 도업(道業)을 돕는다고 말하지만 모두가 상(想)을 연진(緣塵)에 굴리는 것이

---

2) 十種觀相: 相은 想의 通字다. 대지도론에서 이른 수행자가 평소에 관찰하여 濁念을 제거하고 淨念을 성취하게 되는 열 가지의 觀想法. ① 無常觀: 모든 중생과 및 모든 세계의 有爲法은 잠시도 멈추지 않고 옮기고 변하여 모두가 실로 무상한 것임을 관찰하면 지혜가 상응하여 生滅心을 끊게 된다. ② 無我觀: 일체제법은 필경 쭌寂하여 모든 것에 我가 없음을 관찰하면 지혜가 상응하여 我相이 멸하게 된다. ③ 苦觀: 五陰의 몸과 一切有爲法은 항상 온갖 고통의 핍박된 바임을 관찰하면 지혜가 상응하여 온갖 고통이 쉬어짐을 얻는다. ④ 食不淨觀: 모든 욕심은 다 不淨한 인연으로 좇아 난 것이니 마치 고기는 精血水道로 좇아 생긴 것이며, 더러운 고름과 벌레들이 들끓는 것이다. 또한 그것을 만지며 만드는 사람도 땀과 때와 갖가지 더러운 것이 음식에 섞이지 않을 수 없는 것임을 관찰한다면 지혜가 상응하여 不淨貪食을 끊게 된다. ⑤ 世間不可樂觀: 세간의 온갖 색욕이나 滋味나 호화스럽고 사치스러운 것들은 모두가 탐착심·해태심·染垢心·애착심 등의 나쁜 습관과 마음을 기르는 것임을 관찰하여 마음으로 싫어하고 즐겨 애착하지 않는다면 지혜가 상응하여 貪樂心을 끊게 된다. ⑥ 死觀: 이 몸이란 念念이 무상하여 찰나간에 生滅하고 옮겨가 잠시도 멈추지 않는 것임을 관찰하면 지혜가 상응하여 死相이 멸하게 된다. ⑦ 不淨觀: 이 몸이란 번뇌업으로 좇아 심어졌으니 부모의 不淨이 因이 되고 和合成就됨이 緣이 되어 안에는 三十六의 온갖 기관이 있고 밖으로는 아홉 구멍이 뚫려 항상 더러운 것이 흘러 나오니 모두가 오직 깨끗치 못한 투성이임을 관찰하면 지혜가 상응하여 塵垢를 멀리 떠나게 된다. ⑧ 斷觀: 有餘涅槃의 相을 觀하여 모든 結使[번뇌]를 끊고 무루도를 얻음이니 이렇게 관찰하면 지혜가 상응하여 능히 삼독심을 끊게 된다. ⑨ 離觀: 涅槃의 相을 관찰하여 모든 번뇌를 멀리하고 結使의 얽매임을 벗어나는 것이니 이렇게 관찰하면 지혜가 상응하여 애욕심을 떠나게 된다. ⑩ 盡相: 無餘涅槃의 相을 관찰하여 一切苦를 멸하고 모든 結使가 다하면 일체 번뇌가 다시는 일어나지 못하리니 이렇게 관찰하면 지혜가 상응하여 모든 漏가 다함을 얻는다.

라, 조금이라도 생각을 일으키면 [그것이 어떤 조도법(助道法)이라 하든지] 오히려 진리에는 어기게 될 것이다. 어찌 담박하게 생각을 맑히는 것만 같을까.

답 무념(無念)의 한 법은 모든 수행의 바탕이며 미(微)와 세(細)까지도 함께 잊음은 오직 불(佛)이라야 능히 맑힐 수 있는 것이다. 경에 이르기를 "삼현십성(三賢十聖)은 과보(果報)에 머물거니와 오직 부처님 한 분만이 정토에 거(居)하신다."하였는데 하물며 범부지(凡夫地)에 거하는 이들이랴.

그러므로 초심(初心)에 있어서는 반드시 조도(助道)의 문이 없으면 정도(正道)가 홀로 드러날 인유가 없는 것이다. 더구나 육념(六念)의 법은 능히 마환(魔幻)을 소멸하고 공덕을 증진해서 선근을 책발부호(策發扶護)하는 것이며, 십관(十觀)의 문은 탐착을 없애주고 탁념(濁念)을 맑혀서 가만히 진원(眞源)에 계합케 하는 것임에랴. 모두가 참으로 도에 드는 요긴한 길목이며 수선(修禪)의 미묘한 궤범을 다하는 것이다. 그러나 이것은 마치 지팡이가 위태로운 곳에서 넘어지지 않게 보호해 주듯, 배가 저 건너 언덕에 도달케 해주는 공(功)을 베풀어 주듯 하여 스스로 힘이 갖추어지고 공(功)이 다하면 배와 지팡이는 버리는 물건과 같은 것이다.

4. 지계(持戒)

계(戒)의 참뜻과 계덕(戒德)

문 『수능엄경』에 이르기를 "지범(持犯)은 다만 몸을 단속하기 위한 것이니 몸이 없다면 단속할 것도 없다."하였고 또 『법구경』에는 "계성(戒性)이란 허공과 같은지라 가진다면 도리어 미도(迷倒)가 될 것이다."하였다. 어찌 자재롭게 걸림없이 텅 빈 마음으로 실천하지 않고 굳이 괴롭게 사상(事相)을 고집해서 생각을 집착하고 몸을 구속하리오.

답 경전에서 그와 같이 말씀한 것은 오직 집착의 정식(情識)을 타파하기 위한 것이요, 계덕(戒德)을 부정하여 물리친 것은 아니다. 이를테면 자기는 계를 지니고 남이 계를 범함을 보았을 때 혹 비난하는 마음을 일으키는 이들을 보는데 이럴 경우 계가 방비(防非)가 되겠지만 그러나 동시에 방(防)으로 인하여 허물을 더하게 되나니, 이와 같은 유(類)를 실로 미도(迷倒)한 이라고 하는 것이다.

『정명경』에 이르기를 "깨끗한 행도 아니요 더러운 행도 아닌 것이 곧 보살행이니, 그러므로 지(持)와 범(犯)의 두 곳에 집착하지 않는 것이 곧 참된 지계가 되는 것이다."하였고 또 『대반야경(大般若經)』에는 "지계비구(持戒比丘)는 천당(天堂)에 오르지 못하고 파계한 비구는 지옥에 떨어지지 않나니, 왜냐하면 법계 가운데엔 지(持)니 범(犯)이니 하는 것이 없기 때문이다."하였는데 이 또한 집착을 파(破)하기 위한 것으로 다만 제법이 공적(空寂)함을 요달하고 사(事)와 이(理)를 동시에 가지면 몸과 마음이 함께 청정하리라.

또 만일 걸림없이 자재함으로 말한다면 오직 부처님 한 분만이 정계(淨戒)를 지니실 뿐 그 나머지는 모두를 파계자라 이름 하나니, 조그마한 습기(習氣)도 오히려 경계의 끄달림을 입거늘 현행(現行)이 어찌 반연의 속박으로 부터 도망하겠는가. 참으로 삼업(三業)은 수호하기 어렵고 게으름의 뿌리는 깊은 것이 마치 취한 코끼리에 고삐가 없고 어리석은 원숭이가 숲을 얻으며, 또한 광분하는 파도에 겨우 얹혀 있고 날아다니던 새가 그물에 잡힌 것과 같다.

만일 정수(定水)가 없다면 계향(戒香)이나 혜거(慧炬)가 조적(照寂)할 인유(因由)가 없을 것이니, 그러므로 보살은 품(禀)받은 계를 스승으로 삼고 불칙(佛勅)을 밝게 준수해서 비록 조그마한 죄라도 크게 두려운 마음을 내고 삼가 청결하여 범함이 없으며 가벼운 것이든 무거운 것이든 평등하게 가지시니, 이것은 세간의 비방을 쉬고 아울러 비방하는 마음 내는 이들을 염려하기 때문인 것이다.

지계(持戒)의 필요성

대저 계(戒)란 것은 만선(萬善)의 기초이니 드나듦에는 반드시 문을 말미암아야 하기 때문이다. 만일 계가 없다면 일체 선업공덕(善業功德)의 그 어떤 것이라도 생할 수가 없다. 그러므로『화엄경』에 이르기를 "계(戒)는 보리심을 개발하고 배움은 부지런히 공덕을 닦는 터전이니, 계와 및 학(學)에 항상 순행(順行)함은 일체 여래께서 칭찬하시는 바이다."하였고『살차니건자경(薩遮尼乾子經)』에는 "만일 계를 지니지 아니하면 내지 비루먹은 여우의 몸도 받지 못하거든 하물며 공덕법신(功德法身)을 얻겠는가."고 한 것이다.

또『월등삼매경(月燈三昧經)』에는 "비록 용모가 단정하고[1] 다문박식(多聞博識)하더라도 만일 계를 지니지 않는다면 금수(禽獸)와 다를 바 없고, 못나고 견문(見聞)이 적더라도 정성껏 청정한 계율을 지닌다면 이런 이를 승사(勝士)라고 이름한다."하였고,「지론(智論)」에는 "계행(戒行)이 없는 사람은 비록 산 속에서 고행하며 열매를 먹고 약을 복용하더라도 또한 금수와 다를 바 없으며, 고당대전(高堂大殿)에서 호의미식(好衣美食)을 하며 사는 이라도 계행이 깨끗한 이는 더욱 좋은 데 나거나 아울러 필경에는 도과(道果)를 증득할 것이다."하였으니, 이러므로 마땅히 큰 병(病)에 신음할 때도 오직 계로써 양

---

1) 원문은 色族. 곧 貴族. 色相이 수승하고 뛰어난 사람. 용모가 단정함을 일컬음.

약을 삼으며 크게 두려운 곳에 빠졌을지라도 오직 계로써 수호(守護)를 삼으며 임종시의 암명(暗冥)한 가운데서도 오직 계로써 등불을 삼고 악도(惡途)중에서도 오직 계로써 교량을 삼으며 사해수(死海水) 가운데서도 또한 오직 계로써 큰 배를 삼을 것이다.

또 요사이 말대종문중(末代宗門中)에서 대승을 배운다고 하는 이들이 더러는 계율을 가볍게 여겨서 '집지소행(執持小行)'이라 일컫고는 계급(戒急)을 잃고 마는 이들이 있는데 그러기 때문에 『대열반경』에 부처님께서 열반에 임하실 때에 항상 율(律)을 부호(扶護)하여 말씀하시기를 "승계(乘戒)를 함께 급히 하라."고 한 것이다. 그래서 특히 이 경전을 일러 속상주명(續常住命)의 중보(重寶)[2]라 하는 것인데 왜냐하면 만일 이와 같은 가르침이 없었다면 다만 수행하는 이들이 입으로만 해탈을 취할 뿐 온전한 실천수행이 없었을 것이니 그런즉 승계(乘戒)를 다 함께 잃어버리기 때문이다.

또 경에 이르기를 "시라(尸羅-持戒波羅蜜)가 청정치 아니하면 삼매가 드러나지 못한다. 그것은 정(定)으로부터 혜(慧)가 생기고 사(事)를 인하여 이(理)를 드러내기 때문이다. 만일 삼매를 소홀히 한다면 무엇을 인해 정지(正智)를 이루겠는가."하여 간곡하게 계를 인하여 정(定)을 얻고 정을 인하여 혜(慧)를 이루는 것임을 알게 하였으므로 '속상주명(續相住命)의 중보(重寶)'라 한 것이다. 어찌 부처님의 수명을 멸해서 올바른 율의(律儀)를 파괴하겠는가.

화합해(和合海) 안의 죽은 송장[3]이 되고 장자원(長子園) 가운데의

---

2) 常住不滅의 영원한 생명을 이어나가는 보배라는 말.
3) 和合海 안의 死屍 - 『화엄경』에 나오는 바다가 갖는 열 가지의 큰 德相 가운데 둘째 不受死屍의 덕이니, 온갖 더러운 종류의 물이라도 일단 바다로 흘러 들어오면 곧 정화되어 한 바닷물로 화합이 되나 다만 죽은(영원히 구제할 수 없는 썩은 물건) 것은 스스로가 조수에 밀려 나오고 만다.

독수(毒樹)⁴⁾를 지음은 참으로 온갖 성인들의 꾸짖는 바요, 모든 하늘의 멀리하는 바라, 선신(善神)이 가까이 하지 않고 악귀(惡鬼)도 그 자취를 쓸어버릴 것이며, 또한 국왕의 지경에 거(居)하여서는 살아서 적신(賊身)이 되고 염라의 향(鄕)에 처하여서는 죽어서 옥졸이 되리니, 모름지기 모든 지자(智者)들은 마땅히 잠시라도 깊게 생각해 볼 것이다.

5. 참회(懺悔)

특히 사참(事懺)을 밝힘

문 공(空)한 것이 곧 죄성(罪性)이요 업(業) 그대로가 본래 진여라 하였다. 형상만을 취한다면 허물만 더할 따름일 것이니 그렇다면 어떻게 참회해야 마땅한가.

답 만일 번뇌도(煩惱道)의 일만을 가지고 논한다면 곧 이치[물음에서 말한 理懺]는 버리는 것이 마땅하다. 고(苦)와 업(業)의 두 길에 모름지기 사참(事懺)을 행하여 몸을 던져 귀명하되 비오듯이 슬피 울며 정성을 다한다면 부처님의 가피하심을 감득(感得)하여 선근이 돈발(頓發)하리니, 마치 연꽃이 햇볕을 받아 활짝 피어나고 때묻은 거울이 닦아줌을 만나 깨끗이 빛나는 것과 같이 삼장(三障)¹⁾이 제거되면 십이인연이 멸하고 중죄가 소멸함에 마침내 오음(五陰)의 집이 텅 비는 것이다.

---

4) 대개 前條와 같은 뜻으로 長子園 가운데는 온갖 기화요초를 조화있게 심고 가꾸고 꽃피우나 다만 毒樹가 나면 온 동산을 황폐케 함으로 크기 전에 베어 없애버리게 된다.

그래서 『최승왕경(最勝王經)』에 이르기를 "일체지(一切智)·청정지(清淨智)·부사의지(不思議智)·부동지(不動智)·삼먁삼보리정변지(三藐三菩提正遍智) 등을 두루 구하여 이루려 하는 이는 반드시 먼저 참회를 행하여 업장을 멸제(滅除)해야 한다. 왜냐하면 일체의 모든 법이 마땅한 인연으로 좇아 나기 때문이다."하였고 또 "앞 마음이 죄를 일으킴은 마치 구름이 허공을 덮은 것과 같으나 뒷 마음이 죄를 멸함은 마치 횃불로 암흑을 파하는 것과 같으니, 모름지기 횃불이 멸하면 암흑이 되는 줄 알아서 반드시 항상 참회의 횃불을 밝혀야 한다."고 한 것이다.

『미륵소문본원경(彌勒所問本願經)』 가운데에 미륵 대사께서는 선권(善權)의 방편과 안락의 행으로 위없이 바르고 진실한 도를 얻으시고 주야 육시로 단정히 몸을 바로 하여 무릎을 꿇어 시방을 향해 게(偈)를 설하시기를 "내가 일체 허물을 참회하는 것은 온갖 도덕을 도와 일으키기 위함이라. 모든 부처님께 지성으로 귀명(歸命)하오니 일체 중생이 위없는 지혜를 이루게 하소서."라고 하였고 『대집경(大集經)』에는 "백년을 묵은 때묻은 옷도 하루 아침에 세탁하여 깨끗하게 할 수 있는 것과 같이 백겁중(百劫中)의 쌓인 모든 나쁜 업도 불법(佛法)의 힘으로 잘 사유수순(思惟隨順)하면 한날 한시에 모두 능히 소멸할 수가 있는 것이다."하고 또 "모든 복이 되는 일 가운데 참회가 가장 으뜸이니 대업장을 제거하여 대선리(大善利)를 획득하기 때문

---

1) 三障: 聖道를 장애하여 善心을 가리는 세 가지의 여건. ① 煩惱障: 탐진치 등의 번뇌가 치연하여 正道修行에 장애가 됨. ② 業障: 惡業의 장애, 言語 動作 또는 마음으로 악업을 지어 正道를 방해하는 장애. ③ 報障: 惡業으로 인해 받은 지옥·아귀·축생 따위의 과보 때문에 佛法을 들을 수 없는 장애(異熟障이라고도 함).

이다."한 대목에 논(論)하기를 "보살 전에 참회하여도 눈 가득히 대비심을 품으시거든, 하물며 대성(大聖)께서 이와 같이 대사법(大赦法) 세우심을 입지 않고 다만 죄악을 안고 생사법을 지켜 장겁(長劫)에 재앙을 받고만 있을 것인가."하였다.

또「파사론(婆沙論)」에 이르기를 "만일 어떤 이가 한때라도 시방 불전에 일체 중생을 대신하여 오참(五懺)[2]을 수행한다면 그 공덕이 형량(形量)이 있다면 삼천대천세계를 두루 덮고도 남을 것이다."하였고 또「고승전(高僧傳)」에 기록하기를 담책(曇策) 스님이란 분은 도량에서 참회를 행하시니 칠불(七佛)께서 현신(現身)하여 말씀하사되 '그대의 죄는 이미 다 소멸하였으니 현겁(賢劫)중에 부처를 이루어 호를 보명불(普明佛)이라 하리라.'는 수기(授記)를 받았고, 또 사대 선사(思大禪師)는 방등참법(方等懺法)[3]을 행하심에 꿈에 범승(梵僧) 49인의 명(命)으로 거듭 수계(受戒)함을 감득하고는 정진을 더욱 열심히 하여 드디어 삼생(三生)을 밝게 볼 수 있었으며, 또 지자대사(智者大師)는 대소산(大蘇山)에서 법화참(法華懺)[4]을 수행하여 선다라니(旋陀羅尼)[5]의 변재를 증득하였고, 사문도초(沙門道超)는 도량에서 참회를 수행하다가 홀로 웃으며 말하기를 '무가보주(無價寶珠)를 내가 이제야 얻었노라.'고 하였으며, 동도(東都)의 영 법사(英

---

2) 五懺: 앞의 주(P.62) 참조.
3) 方等懺法: 天台智者 大師께서 『大方等陀羅尼經』의 설한 내용에 의거하여 지은 修懺儀式. 갖추어는 '方等三昧行法'이라 하며 一卷이다.
4) 法華懺: 역시 天台智者 大師께서 『법화경』과 『普賢觀經』 및 모든 大乘經의 뜻에 의지하여 육근의 참회를 定한 修懺儀式. 갖추어는 法華三昧行法一卷.
5) 旋陀羅尼: 법화의 三陀羅尼중의 하나, 大乘의 法門을 얻어 두루 굴려 자재한 힘을 말한다. 嘉祥의 法華義疏에 이르기를 "旋陀羅尼란 저 大乘의 法門 가운데서 圓滿 具足하고 出沒無碍함을 말한다."고 하였다.

法師)는 『화엄경』을 강의하다가 선도(善導)의 도량에 들어가 문득 삼매에 노닐며 슬피 탄식하기를 '얼마나 많은 세월 동안 광음(光陰)을 헛보내고 신심을 부질없이 부렸던가.' 하였고, 또 혜성 대사(慧成大師)는 삼학(三學)을 모두 배우고도 '그대의 일생 학문으로 나의 손가락 하나를 태운다 할지라도 오히려 미지근한 기운조차 느낄 수 없으니 참으로 헛되게 공부하였도다.'라고 하신 사 대사(思大師)의 꾸짖으심을 입고는 관음도량에 들어가서 모든 중생의 어언(語言)을 이해하는 삼매를 증득해 보이셨다고 하셨다.

경에 이르기를 "주야 육시에 부지런히 상법(上法)의 참회를 행하는 이는 칠보로서 염부제(閻浮提)에 가득히 채워 부처님께 공양하는 것보다 그 공덕이 훨씬 뛰어나다." 하였고 또 "만나기 어렵다는 생각을 내지 않는다면 금생이나 말세토록 다만 형상만 수고로이 끼침을 보리라."고 하였으니, 마땅히 몸과 마음을 단정히 하고 엄숙하게 해서 눈물 흘리기를 비오듯 하며 허물을 뉘우쳐 흐느끼기를 마치 묘당(廟堂)에 들어가서는 엄부(嚴父)도 돌아보지 않음과 같이 할 것이다. 사 대사(思大師)가 방등참을 행하여 삼생(三生)을 밝게 보고 담책 스님이 도량에서 친히 부처님의 가피하심을 입으며, 지자 대사가 선다라니의 변재를 증득하고 도초사문이 무가보주를 획득했다는 등 이 모두가 실로 간절히 참문(懺門)에 몸을 던지고 지성으로 부처님 말씀에 귀명하였기 때문인 것이다.

이와 같이 깊고 그윽한 감응에 이르러서 대번에 성인의 계제(階梯 —계급)를 섭(攝)하게 되는 것이 오직 참회하는 한 법으로부터 시작하여 드디어 등각(等覺)에 오르는 것이므로 이르기를 "한푼의 무명(無明)이라 할 지라도 오히려 저 미미한 연기와 같아서 반드시 끝까지 씻어내야 한다."고 하였던 것이다.

이와 같이 법신 보살도 오히려 부지런히 참회를 행하거늘 하물며 업에 매인 몸이 더러움이 없겠는가. 그러므로 십팔불공법(十八不共法) 가운데도 삼업(三業)이 청정한 이는 오직 부처님 한 분뿐이라고 한 것이다. 남악 대사(南嶽大師)께서는 "육근(六根)을 참회하는 수행을 유상안락행(有相安樂行)이라 하고 법공(法空)을 바로 관찰함을 무상안락행(無相安樂行)이라 한다. 그러나 미묘함을 증득할 때에는 이 두 가지 행을 동시에 다 함께 버리는 것이다."고 하였다.

사참(事懺)을 밝히는 까닭

문 업(業)을 맺음이 곧 해탈의 참 근원이니 이는 더러운 허물이 삼제(三際)에 머물지 않기 때문이다. 어찌 생멸 없는 법을 깨달아서 업장이 한꺼번에 녹도록 하지 않고 지음을 따라 공(功)을 수고로이 하겠는가.

답 대저 죄성(罪性)은 체(體)가 없고 업도(業道)는 연(緣)을 좇는지라 물들지 않으나 물들어 습구(習垢)가 없지 않고 또한 물드나 물들지 않아 본래 항상 청정하나니, 업성(業性)도 이와 같아서 버리고 취하기가 더욱 어려운 것이다.

일체중생은 업이 삼세에 통하는지라 참된 지혜를 발하지 못해 이장(二障)[1]의 얽매임을 입고 묘정(妙定)을 이루지 못해 오개(五蓋)[2]

---

1) 二障: ① 煩惱障: 인간의 몸은 五蘊이 和合한 존재에 불과한 것인데 永久性이 있는 '나'라고 집착하는 煩惱. 唯識의 128종의 근본번뇌와 20종의 隨煩惱가 이에 속하는데 이는 중생의 몸과 마음을 번거롭게 하여 涅槃을 장애하고 생사에 流轉케 하므로 번뇌장이라 한다. ② 所知障: 智障이라고도 한다. 탐진치 등의 번뇌가 所知의 眞相을 그대로 알지 못하게 하므로 이들 번뇌를 소지장이라 하며 참된 지혜가 發顯함을 장애하는 점에서 智障이라 한다. 이에는 分別起와 俱生起가 있다.
2) 五蓋: 五障이라고도 하며 蓋는 덮어 가리움의 뜻이 있는 바 능히 心性을 가리어 善

의 덮인 바가 되었다. 그러나 불지(佛旨)는 오직 원승(圓乘)하시므로 모름지기 정처(淨處)에다 도량을 엄정하게 건립하여 간절하고 꾸준하게 정성을 다하며, 널리 유정(有情)을 대신하여 참회법을 부지런히 행하되 안으로는 오직 자력(自力)에 의지하고 밖으로는 온전히 부처님의 가호(加護)를 우러른다면, 드디어 업장이 다하고 지혜가 밝아짐이 마치 구름이 걷히매 달이 환히 비춰옴과 같으리라.

이러므로 내(內)도 외(外)도 아닌지라 능히 뉘우치고 참회하는 바가 함께 공(空)하거니와 또한 내(內)이며 또한 외(外)인지라 성품과 죄성(罪性)의 막힘과 허물이 완연한 것이다.

그래서 보살은 모두 지교(至敎)를 봉준(奉遵)하시어 먼저 '지은 죄과(罪過)를 뉘우칠 것'을 말씀하시고 과거에 연연함을 말하지 아니하시며, 또한 지위(地位)에 오른 이도 오히려 더러운 때를 씻어서 티끌을 제거하는 데 힘쓰거늘 어찌 도(道)를 손상하고 마음을 흐트린 채 도리어 허탄(虛誕)을 말하며 헛되게 두 손을 모두우고만 있으리오.

참회의 참뜻

문 『정명경』에 이르기를 "죄성(罪性)이란 내(內), 외(外), 중간(中間)에도 있지 않다."고 하였는데 이 말씀을 어찌 헛되다고 굳이 믿지 않아 정법륜을 비방하고 유소작(有所作)의 죄근(罪根)을 고집

法을 낼 수 없게 하는 다섯 가지의 장애. ① 貪欲蓋: 오욕에 집착하므로 심성을 가리움. ② 瞋恚蓋: 성내는 것으로 심성을 가리움. ③ 睡眠蓋: 마음이 흐리고 몸이 게을러지므로 심성을 가리움. ④ 掉悔蓋: 마음이 흔들리고 근심하므로 심성을 가리움. ⑤ 疑法: 법에 대하여 결단 없이 의심하고 미룸으로써 심성을 가리움.

하여 그 병통을 더욱 자라나게만 하겠는가.

답 부처님의 말씀은 참으로 진실한 것이다. 이(理)와 사(事)가 분명하여 능히 깊은 의심의 뿌리를 뽑고 두터운 미혹을 열으시나니, 이와 같이 깊이 믿는 이는 하나를 듣고도 천을 깨달아 설하신 대로 잘 수행하리라. 이미 앞에 지은 허물을 뉘우쳐 깨끗이 밝히고 이 뒤로 다시는 잘못을 짓지 않도록 힘써 걸음걸음마다 비추어 관찰하고 생각생각에 어김이 없으면 이에 곧 전세상의 습기(習氣)가 가벼워지고 선근(善根)은 깊고 두터워지리니, 승계(乘戒)를 함께 힘쓰매 이(理)와 행(行)이 아울러 따를 것인즉 이것이 곧 깊이 교문(敎門)을 달하고 굳게 부처님의 말씀을 가지는 것이라, 무엇 때문에 다시 사참(事懺)을 애써 구하겠는가, 저절로 허물이 나지 않을 것이다.

그러나 만일 업으로 물든 더러운 때[染垢]는 무겁고 깊으며 지혜도 거칠고 덕은 얕으면서도 다만 '죄성(罪性)이 안, 밖, 중간에도 있지 않노라'고 헛되이 생각만 한다면, 그 삼업(三業)의 현행(現行)을 관찰해 보니 온전히 근진(根塵)의 법내(法內)에 빠져 있는지라 흡사 맛있는 음식을 이야기하나 마침내 배고픔을 채우지 못하는 것과 같으며 또한 약방문을 생각만 하는 것으로 어찌 능히 병이 치유되겠는가. 만일 다만 그 말만 구하는 것으로 죄가 소멸되게 한다면 곧 일체의 업에 매인 사람도 짐짓 쉽게 해탈할 수 있을 것이거늘 어찌하여 이에 오랜 세월의 생사가 돌고 도는 불바퀴와도 같은가.

그러므로 알라. 업(業)의 바다가 아득하고 망망하매 반야의 배가 아니고서는 건널 수가 없으며 장(障)의 산은 높고 험준하매 금강의 혜(慧)가 아니고서는 무너뜨리기가 어려운 것이다. 이러한 정지(正智)에 의지하여 신심이 한결같고 이(理)와 사(事)를 함께 운용하면 바야흐로 고(苦)의 종자가 시들어 마르고 업(業)의 끄나풀이 영원히 끊어질 것이니, 그러기에 조사께서 이르시기를 "허공의 마음을 가지고 허공의 이치에 합하더라도 또한 허공이란 헤아림이 없어야 비로소 서로 갚을 것 없는 것을 갚은 것이다."하였고, 또 교(教)에서 이르기를 "정여의공(淨如意空)에 두 가지의 뜻이 있다. 첫째는 허망취(虛妄趣)를 떠남이니 마치 저 맑은 하늘에 구름 한 점 없음과 같고, 둘째는 경계에 부딪쳐 걸리고 막힘이 없음이니 마치 저 맑은 하늘이 장애를 내지 않는 것과 같은 것이다."고 하였다.

이와 같이 이미 마음과 경계가 확연하다면 죄구(罪垢)가 다시 어느 곳에서 생기리오, 참으로 능히 이와 같다면 비로소 교에 의지한다 이름할 수 있는지라 그렇다면 오히려 죄 없음도 보지 못할텐데 하물며 허물 있음이겠는가. 또 죄성(罪性)이 본래 깨끗함을 체성정(體性淨)이라 하고 반연할 것이 없는 이치에 계합함을 곧 방편정(方便淨)이라 하거니와 실로 이 방편정을 인해 체성이 깨끗함을 나타내고 또한 체성이 깨끗함을 인해 방편 또한 깨끗함을 이루는 것이니, 곧 방편정(方便淨)은 힘써 행하여 다스리는 것이요 체성정(體性淨)은 일념지간(一念之間)에 원조(圓照)하는 것이다.

본(本)과 말(末)이 서로 응하고 안과 밖이 서로 돕는지라, 그러므로 모름지기 이(理)와 사(事)가 서로 도와 보호하면 반드시 그 두 가지의 깨끗함을 이루고 정(正)과 조(助)를 겸하여 참회하면 곧 일심(一心)을 증득하고 말 것이다. 실로 이러하다면 설사 공언(空言)만을 염한다 하더라도 교(教)를 어긴다 할 수 없을 것이며 아울러 교를 불신(不信)한다 비방하지도 못할 것이니 그러면 오히려 누구에게 해야 하겠는가.

남산의 사분초(四分鈔)에 묻기를 "죄나 죄 아님을 다 얻을 수 없음을 계(戒)라 한다 하니 그 뜻이 무엇인가."답하기를 "삿된 견해와 더러운 마음을 일러 죄 없다고 말한 것이 아니다. 만일 깊이 모든 법의 모양에 나아가 공삼매(空三昧)를 행하면 혜안(慧眼)으로 제법의 실상(實相)을 관찰하게 되므로 죄 가히 얻을 것이 없다고 하는 것이다. 만일 육안으로 보는 것만을 이른다면 소나 양으로 다름이 없을 것이니 대승의 말씀을 지송(持誦)하는 자로서 어찌 이에 의거하겠는가."라고 하였다.

이러므로 이치로 고제(苦諦)를 관찰하고 사행(事行)으로 도와 보호하면 반드시 바람에 달리는 배와 같아서 빠르게 이르는 바가 있을 것이며, 불에다 기름을 붓는 것과 같아서 갈수록 광명이 환할 것이다. 어찌 한가지로 다만 공언(空言)만을 보전하여 온전히 가려내 증득함은 없고 남도 속이고 나도 빠져서 드디어는 지옥에 침몰하며 나고 죽는 윤회를 되풀이하여 정신을 한갓 업(業)의 그물에다가 던지고 말겠는가.

6. 정토(淨土)

유심정토(唯心淨土)

문 유심정토는 시방에 가득하거늘 어찌 굳이 몸을 연대(蓮臺)에 의탁하고 형상을 안양(安養)에 의지하겠는가. 또한 갖고 버린다는 분별의 생각을 일으켜 어떻게 나고 죽음이 없는 문에 도달하겠으며 좋아하고 싫어하는 정(情)으로 어떻게 만유(萬有)가 평등한 이치를 이루겠는가.

답 유심불토(唯心佛土)라는 것은 마음을 깨달아야 비로소 날 수 있는 곳이니, 『여래부사의경계경(如來不思議境界經)』에 이르기를 "삼세(三世)의 모든 부처님이 따로 있는 바가 없고 오직 자심(自心)에 의지한다. 보살은 이와 같이 모든 부처님과 모든 법이 오직 마음의 현상(現相)임을 분명히 알아서 수순인(隨順忍)[1]을 얻고는 혹은 초지

(初地)에도 들며 몸을 버리고는 묘희세계(妙喜世界)에도 나며 혹은 극락의 정토에도 나는 것이다."하였다.

그러므로 알라. 마음을 알면 바야흐로 유심(唯心)인 정토에 나거니와 경계에 집착하면 다못 반연하는 바의 경계 가운데만 떨어질 것이니, 이미 이와 같이 인과(因果)가 차이가 없는지라 곧 마음 밖에는 법이 없음을 알 수 있는 것이다.

원력정토(願力淨土)

그러나 이와 같은 '평등의 문'과 '무생(無生)의 뜻'을 비록 교에 의지해서 믿기는 하지만 당인(當人) 스스로를 살펴보아 역량(力量)은 미흡하고 관력(觀力)은 얕으며 마음도 또한 분주히 들뜬다면 반연하는 바의 경계는 강하고 무시겁래(無始劫來)로 사사로이 익혀 온 습기(習氣)는 무거운 것을 어떻게 하겠는가.

이러므로 이런 이들을 위해 제불께서 방편문(方便門)을 베푸시었으니, 간절한 원력과 가피(加被)의 힘으로 모름지기 불국(佛國)에 나서 인연따라 인력(因力)을 쉽게 이루고 속히 대승의 보살도를 행할 것을 권하신 것이다. 이를테면 「기신론(起信論)」에서 "중생이 처음 이 법을 배워 올바른 믿음을 구하려 하나 마음이 겁약(怯弱)하므로 이 사바세계에서 항상 부처님을 만나뵙고 친히 공양하지 못할까 근심하기를 '신심(信心)을 성취하기 어렵다.'하여 뜻이 물러나려 하는 이는 마땅히 알라. 여래께서 뛰어난 방편을 두어서 신심(信心)을 섭

---

1) 隨順忍.: 화엄의 「十忍品」에 나오는 보살이 무명번뇌를 끊고 온갖 법이 본래 寂然한 줄 깨달을 때 생기는 열 가지 安住心 가운데 第二忍.. 따라서 忍은 認의 뜻이 있다. 이 忍은 지혜로 온갖 법을 생각하고 관찰하여 진리에 기꺼이 따름을 말한다.

호(攝護)하셨나니, 뜻을 오로지 하여 부처님을 염하는 인연을 지으면 원(願)을 따라 타방불토(他方佛土)에 득생(得生)하여 항상 부처님을 친견하며 또한 악도를 기리 떠날 것이니, 이른바 수다라에 설하기를 '만일 어떤 사람이 오로지 서방 극락세계의 아미타불을 생각하며 닦은 바 선근(善根)을 회향하여 저 세상에 나기를 간절히 원한다면 뜻 따라 곧 왕생하게 되리라.'고 하신 것이다. 항상 부처님을 뵙는 까닭으로 마침내 물러남이 없으리니, 이와 같이 저 부처님의 진여법신을 관찰하여 부지런히 닦아 익힌다면 반드시 원생(願生)함을 얻어서 정정(正定)에 머물 수 있기 때문이다."고 한 것 등이다.

「왕생론(往生論)」에는 "지옥문에서도 뜻대로 노닐고저 하는 이는 먼저 저 국토에 나서 무생인(無生忍)을 얻은 뒤에 도리어 생사국(生死國)으로 와서 지옥을 교화하며 고통에 헤매는 중생을 구원할 것이니, 이와 같은 뛰어난 인연이 있으므로 누구나 정토에 나기를 원하는 것이다."하였고 「십의론(十疑論)」에는 "지혜 있는 이는 다투어 정토에 나기를 구하되 '나는 체(體) 가히 얻을 것 없는 것이 곧 참된 무생(無生)임'을 요달하나니, 이를 일러 마음이 깨끗함으로 곧 불토가 깨끗하다 함이요, 어리석은 이는 생(生)에 얽매여서 생을 들으면 곧 생의 알음알이를 짓고 무생(無生)을 들으면 곧 무생의 알음알이를 지어서 생이 곧 무생이며 무생이 곧 생인 줄 알지 못하나니, 이 이치를 깨닫지 못하기 때문에 시비(是非)의 모양을 내는 것이다. 이를 곧 법을 비방하는 사견인(邪見人)이라 한다."하였다.

또 「군의론(群疑論)」에서는 이렇게 말하였다. 묻기를 "제불의 국토도 또한 다 공(空)하였고 중생을 관찰한다 함도 제오대(第五大~空)와 같거늘 어찌 유상(有相)을 가지고 집착하여 여기를 버리고 저기에 나려 하는가."답하되 "제불의 법문이 이제(二諦)를 떠나지 아니한지라 진(眞)으로서 속(俗)에 모으니 속이 없으면 진이라 할 수 없고, 속으로서 진에 모으므로 만법이 모두 완연하게 그러한 것이다.

경에 이르기를 '일체법을 성취하되 모든 법의 모양을 떠난다' 하시니, 일체법을 성취한다 함은 곧 세제(世諦)의 모든 법이요, 모든 법의 모양을 떠난다 함은 곧 제일의제(第一義諦)의 무상(無相)을 이른 것이다. 또 경에 이르기를 '비록 제불국토 및 모든 중생이 공적한 줄 알지만 항상 정토행을 닦아서 모든 중생을 교화하는 것이다.' 하였는데 그대는 다만 원성실성(圓成實性)을 설하신 무상(無相)의 교(敎)와 변계소집(遍計所執)을 파한 필경공무(畢竟空無)의 글만 보았고 의타기성(依他起性)을 설한 인연의 교는 믿지 않으니, 이는 곧 인과를 믿지 않는 사람이 제법의 단멸상(斷滅相)을 말하는 것과 같구나."

또 「마하연론(摩訶衍論)」에서는 '보살은 모든 부처님을 떠나지 않는다.'함을 설명하되 "내가 아득한 과거 인지(因地)에 나쁜 친구를 만나 반야를 훼방하고 악도에 떨어져 무량겁을 지나도록 벗어나지 못했으나, 다시 어느 때에 좋은 스승의 가르침을 만나 염불삼매를 행하였더니 그때에 곧 모든 업장을 벗어버리고 비로소 해탈함을 얻은 것이다. 이와 같이 크나큰 이익이 있기 때문에 부처님을 떠나기를 원치 않노라."고 하였는데 그러므로 화엄게(華嚴偈)에 설하기를 "차라리 무량겁토록 온갖 고통을 갖추어 받을지언정 마침내 여래를 멀리하여 자재력(自在力)을 보지 못하는 일이 없도록 하겠노라."고 하신 것이다.

십념왕생(十念往生)의 헛되지 않음

문 평생을 악업만을 익혀서 진루(塵累)의 인(因)을 쌓음이 깊었는데 어찌 임종 때 다달아서 십념(十念)만으로 능히 모든 업장을 단박에 없앤다고 하는가.

답 『나선경』에서 왕이 나선 비구에게 묻기를 "사문들은 사람이 생전에 악업만을 지어 백세에 이르렀더라도 임종 때에 부처님을 염하면 죽은 뒤에 반드시 불국에 날 수 있다고들 말하는데 이 말을 어떻게 믿을 수 있는가."한데 나선이 답하기를 "마치 백 덩이의 큰 돌일지라도 배에다 실으면 배를 의지하였기 때문에 빠지지 않듯이 사람에게 비록 미리 지은 악업이 있으나 한 때에 부처님을 염하면 그 힘으로 지옥에는 빠지지 않습니다. 그러나 작은 돌일지라도 바로 물에다 던지면 곧 가라앉고 마는 것은 마치 사람이 악업을 짓고도 부처님을 염할 줄 모르고 바로 지옥에 빠져드는 것과 같습니다."하였다.

또「지도론(智度論)」에서 이르기를 "죽을 때에 임해서 잠깐의 마음이 어찌 평생의 행력(行力)보다 뛰어나다 하는가. 임종 때의 마음은 짧은 시간의 잠깐이지만 심력(心力)의 맹렬한 것이 불이나 독과도 같은지라 비록 작지만 능히 큰일을 짓는 것이다. 이때의 마음이란 결정코 용맹하고 굳세어 능히 백세의 행력(行力)을 이기므로 곧 이 마음을 대심(大心)이라 이름하는 것이며 아울러 제근(諸根)의 급한 것이 마치 사람이 적진중에 들어갔을 때 신명(身命)을 아끼지 않는 것과 같으므로 또한 굳세다고 하는 것이다."하였다.

그러므로 알라. 선악은 일정함이 없고 또한 인연의 체(體)는 공(空)하지만 자취는 오르내림이 있고 일은 우열(優劣)로 나뉘어지는 것이니 진금(眞金) 일 냥이 백 냥의 첩화(疊華)보다 낫고 조그마한 불씨가 만 길의 풀더미를 능히 태우는 것이다.

임종래영(臨終來迎)의 뜻

문 마음 밖에 법이 없고 또한 부처님은 거래(去來)하심이 없다 하거늘 어찌 부처님과 및 내영(來迎)의 일을 볼 수 있다 하는가.

답 오직 마음으로 부처님을 염하는 것이니 이와 같이 마음으로 관하면 만법을 모두 해섭(該攝)하기 때문이다. 그리하여 경계 그대로가 오직 마음인 것을 이미 요달했다면 요달한 그 마음이 곧 부처인 것이니, 그러므로 염하는 바를 따라 부처 아님이 없는 것이다.

『반주삼매경(般舟三昧經)』에 이르기를 "마치 사람이 꿈속에서 칠보나 친척・권속 등을 보고 기뻐하다가 깨어나서는 생각해 보아도 그 모든 것들이 어디서 왔는지 어느 곳에 있는지 도무지 알지 못하는 것처럼 부처님을 염하라."하시니 이 비유를 설명하자면 오직 마음의 지은 바라 유(有)에 즉하여 공(空)하므로 거래(去來)의 자취가 없으며, 또 환(幻)과 같아 실상이 없는지라 곧 심(心)과 불(佛)을 다 잊되 환상(幻相)은 없지 아니하므로 또한 심(心)과 불(佛)을 없애지 아니하여 공유(空有)에 다 장애되지 않는 것이 즉 거래가 없다는 것이다.

또 널리 봄에 방애(妨碍)롭지 않으나 보되 곧 봄이 없어서 항상 중도(中道)에 계합할 수 있나니, 이러므로 부처님은 실로 오심이 없으며 마음도 또한 감이 없는 것이다. 감응의 길이 서로 사귐에 오직 마음이 스스로가 볼 따름이니 마치 죄를 지은 중생이 스스로가 지옥의 모양을 느끼는 것과 같다.

「유식론(唯識論)」에 이르기를 "지옥의 옥졸 등이 보는 것처럼 일체를 지옥과 같이 보아 능히 핍해(逼害)하는 일을 지으므로 네 가지의 뜻이 모두 성립되는 것이다."하니 네 가지의 뜻이란 저 지옥 가운데도 또한 시간이 정해져 있고 일정한 처소가 정해져 있으나 몸과 작용만은 정해져 있지 않은 것이다. 그러므로 모두가 오직 식(識)의 죄인이 악업으로 인(因)하여 마음에 나타나는 것이요, 아울러 마음 밖에는 실로 동구철사(銅狗鐵蛇) 등의 일이 없나니 세간의 일체사법(一體事法)도 또한 이와 같은 것이다.

왕생을 권하는 까닭

자나(遮那~法身)의 불토에는 동서(東西)를 한정치 않고 다만 정해(正解)만 요연(了然)하다면 습루(習累)가 함께 다하고 여리(如理)와 여량(如量)의 지혜를 함께 갖추어서 친히 무생(無生)을 증득하게 된다. 이와 같이 이미 성(聖)의 계급을 거쳤다면 위(位)에 거하여 물러나지 않으므로 곧 생사고(生死苦)를 싫어함 없이 능히 육도(六道)에서 군생(群生)을 교화할 것이다.

그러나 신심(信心)을 처음 갖추었을 때는 아직 인력(忍力)이 원만치 못해서 침륜(沈淪)을 건지고자 하나 실로 구제(俱濟)키 어려울 것이다. 빠짐에서 구원해 줄 배도 없고 또한 높이 날려 하나 나래마저 연약한데[方便未具故] 병들어 누워서도 좋은 의사를 마다하며 강보(襁褓)에 싸인 어린애이면서도 어머님의 품속을 버리려 한다면 험난한 지경을 만나 반드시 죽음을 의심치 못함은 물론 다만 빠졌다는 생각에 허우적거릴 뿐 더구나 이타(利他)의 분(分)을 밝힘에는 어림도 없을 것이다.

그러므로 「지론(智論)」에서도 "비유컨대 어린아이가 만일 부모를 가까이하지 아니하면 자칫 구덩이에 떨어지거나 혹은 우물에도 빠지며 또는 물 불과 같은 어려운 난을 당하여 죽기 쉽다. 그러므로 어릴 때는 반드시 부모의 보살핌을 가까이 해야 하는데 차츰 성장하고 장대해지면 바야흐로 능히 부모를 대신하여 가업(家業)을 이을 수 있는 것이다. 그와 같이 초심보살(初心菩薩)도 반드시 정토에 나서 제불을 친근하고 법신을 증장하면 그때 가서야 바야흐로 부처님의 가업을 이어서 십력(十力)을 골고루 운용할 수 있는 것이니, 이러한 뛰어난 이익이 있기 때문에 정토에 나기를 원하는 것이다."고 하였다.

또 많은 경전들을 보노라면 대개 "안양(安養)에 난다고 하는 것은 인연이 굳세고 지위가 뛰어나서 복덕과 수명이 갖추어졌음을 이른 말이다."고 하였는데 이와 같아서 연화(蓮華)에 화생(化生)하면 부처님께서 친히 영접하여 문득 보살의 지위에 오르며 단박에 여래의 집에 태어나 길이 발치(跋致)의 문[1]에 처하고 모두가 보리(菩提)의 수기(授記)를 받아 몸엔 광명의 묘상(妙相)을 갖추며 보수(寶樹)의 향대(香臺)를 거닐면서 시방에 두루 공양하고 정신을 삼매에 평안히 하여 귀에 부딪침에 언제나 대승의 법을 들으며 또한 어깨를 지나침에 모두가 보처(補處)의 인(人)을 이웃하나니, 생각생각이 텅 비어 오묘하고 마음마음이 맑고 고요하여 번뇌의 불꽃이 소멸하였고 애욕의 샘이 영원히 마른지라 악취(惡趣)라는 이름도 오히려 들을 수 없거든 어찌 다시 윤회하는 일이 있겠는가.

그러므로 안국초(安國鈔)에선 극락세계의 이십사 종 즐거움을 노래하였으니 이른바 1) 보배난간으로 둘러 있고 2) 보배 그물로 하늘이 덮여 있으며 3) 거리마다 나무그늘이 시원하고 4) 욕지(浴池)마다 칠보(七寶)로 꾸며져 있으며 5) 연못마다 팔공덕수(八功德水)로 넘치고 6) 바닥에는 황금빛 모래 7) 계단마다 광명이 빛나고 8) 어딜 가나 드높은 누대(樓臺)요 9) 사방이 연화향기로 가득하며 10) 황금으로 빛나는 대지 11) 언제나 팔음(八音)으로 연주하는 음악 소리 12) 주야로 황홀한 꽃비 13) 맑은 새벽마다 더욱 수행할 마음이 나고 14) 온갖 백화(百花)로 꾸며진 장엄 15) 타방의 부처님께도 자재로이 공양할 수 있고 16) 본국(因行時의 땅)으로 경행(經行)할 수 있으며 17) 온갖 새들의 아름다운 지저귐 18) 어느 때나 법문을 듣고 19) 언제나 생각을 삼보에 두며 20) 영원히 삼악도(三惡道)의 두려움이 없고 21) 부처님의 온갖 신통변화를 친견하며 22) 보배 그물이 나무

---

1) 跋致之門: 阿毘跋致의 준말이니 물러남이 없는 地位.

마다 출렁이고 23) 온갖 나라의 음성이 한결같으며 24) 어떤 소리든 듣기만 하면 발심하는 즐거움 등이다.

또 「군의론(群疑論)」에서는 서른 가지의 이익됨을 말하였으니 이른바 1) 청정한 불토를 수용하며 2) 큰 법락(法樂)을 얻으며 3) 무량수 부처님을 친근함 4) 시방(十方)에 두루 온갖 부처님께 공양함 5) 부처님 계신 곳에서 법을 듣고 수기를 받으며 6) 복혜(福慧)와 자량(資糧)이 속히 원만함을 얻고 7) 속히 무상정등보리(無上正等菩提)를 증득하며 8) 모든 대인(大人)들과 함께 한 회상에 모임 9) 길이 물러나지 않음 10) 무량한 행원이 염념에 증익(增益)하고 11) 앵무(鸚鵡)와 사리(舍利) 새가 언제나 법음(法音)을 노래하며 12) 맑은 바람이 나무를 흔들면 온갖 음악소리가 울려퍼짐 13) 마니수(摩尼水)는 돌면서 널리 고공(苦空)을 설해 주고 14) 온갖 악기가 온갖 묘음(妙音)을 연주해 주며 15) 사십팔 원에는 영원히 삼도고(三途苦)가 끊어졌고 16) 황금빛으로 찬란한 몸매 17) 더러운 곳이 없는 형상 18) 오신통을 구족했고 19) 언제나 정취(定聚)에 머물며 20) 어떤 악함도 없음 21) 목숨이 영원함 22) 의식은 자연히 구족하고 23) 오직 온갖 즐거운 일 뿐 24) 삼십이상이 갖추어졌고 25) 여인의 몸은 없음 26) 팔난(八難)의 두려움도 없고 27) 소승도 없으며 28) 삼법인(三法印)[2]을

---

2) 三法印: 불교의 근본교의를 셋으로 표시한 것. 印은 印信 또는 標章이란 뜻으로 불변하는 진리라는 말. ① 諸行無常印: 온갖 物心의 현상은 모두 생멸변화하는 것인데 사람들은 이를 항상된 존재인 것처럼 생각하므로 이 그릇된 견해를 없애기 위하여 無常다고 말하는 것. ② 諸法無我印: 萬有의 모든 법은 인연에 의해 생긴 것으로서 실로 自我라는 실체가 없거늘 사람들은 我에 집착하는 그릇된 견해를 일으키므로 이를 없애기 위하여 無我라고 말하는 것. ③ 涅槃寂靜印: 생사윤회하는 고통을 벗어난 現想境인 열반적정의 眞相을 말하는 것. 이 삼법인으로서 부처님의 말씀과 魔軍의 말을 판정하는 印으로 삼는다.

누구나 얻고 29) 언제나 몸에서 광명이 뻗침 30) 나라연(那羅延)[3]의 힘을 얻는 이익 등이라 하였다.

　이상에 간략하게 이야기한 것들과 같이 법의 이익이 가이없고 성인의 경계는 헛되지 않아서 모두가 진실한 말씀이요, 낱낱이 속이는 것이 아니어니 그대들은 어찌하여 애하(愛河)의 물결 속에 허우적거려도 근심이 없으며, 화택(火宅)의 불꽃 안에서 타고 있어도 두려움이 없는가. 치망(癡網)의 빽빽함은 얕은 지혜의 칼날로는 휘두를 수가 없고 의근(疑根)의 심중(深重)함은 실로 들뜬 믿음으로는 뽑아 낼 수가 없는 것이다.

　그러나 그대들은 드디어 달게 여기는 마음으로 뜻을 굽히고 닥치는 재앙을 기꺼이 여겨서 청정한 세계는 물리치고 두렵고 두려운 세상을 도리어 연연하니, 물에 삶기고 불에 굽히는 누에고치가 재앙 속에 스스로 처하고 새장 속의 새와 항아리 안의 고기가 도리어 즐겁다고 하는구나.

　그러므로 알라. 불력(佛力)이 업력(業力)과 같지 않고 사인(邪因)은 정인(正因)에 나아가기 어려운데 또한 업신(業身)에서 벗어나려 하지 않은 채 마침내 삼장(三障)[4]에 얽혀 있으니, 이미 연대(蓮臺)의 화신(化身)을 사랑하지 않는지라 마땅히 태장(胎臟)을 빌려 다시 끝없는 윤회의 몸을 구하리라. 그와 같이 받은 육신임에 전신이 고통의 덩어리로 얽혀 있으니 이미 삼계에 침륜(沈淪)한지라 어찌 윤회를 면할 수 있겠는가.

---

3) 那羅延身 : 堅固身 또는 大力身이라 번역하니, 그 힘의 세기가 코끼리의 백만 배나 된다는 천상의 力士를 那羅延神이라 한다. 따라서 그 那羅延과 같이 기운이 센 몸.
4) 三障 : 앞의 주(P.98) 참조.

이제 팔고(八苦) 가운데 간략히 생사의 두 가지 괴로움만 들어 말해 보리라.

생고(生苦)란 아비의 정(精)과 어미의 혈(血)로 체(體)를 삼아 생숙(生熟)의 두 태장(胎臟)에서 마흔두 번의 변화를 거쳐 환질(幻質)을 이루거니와, 위로는 더러운 음식의 찌꺼기 등이 내려누르고 아래로는 악취를 풍기는 구덩이라, 혹 찬물을 마시면 빙하(氷河)의 물이 흘러 들어옴과 같고 뜨거운 것을 먹으면 화롯불을 쏟아붓듯 완연히 굴러 그 괴로운 미민(迷悶)을 다 갖추어 말할 수 없다.

또한 태어날 때 이르러서도 고통이 무량하니 손으로 끄집어내고 땅으로 떨어짐은 마치 살아있는 소의 가죽을 벗기듯 간난(艱難)이 닥칠 때는 산 거북의 껍질을 벗기듯 하여 원한을 품고 모신(母身)을 쥐어 뜯고 싶으나 겨우 훈훈한 바람이 부딪혀 옴에 어느덧 괴롭던 것도 그만 잊어버리고 어린아이의 치애(痴騃)가 되어 물불을 다 가리지 못하고 마는 것이다.

그리고는 장성하여 성인이 되어서는 애수(愛水)가 빈번히 흘러서 무명(無明)이 발생하고 점점 고아(苦芽)가 성숙하는지라, 아교와 같은 칠식(七識)5)으로 그만 구거(九居)6)에 갇힘이 불바퀴를 돌림에 순

---

5) 七識 : 唯識에서 우리의 心識을 8종으로 나눈 가운데 第七末那識 第六意識 前五識을 말한다. 또는 第七末那識만을 말하기도 하니 轉識・妄想識・相續識・無明識・智障識 등의 다른 이름으로도 부른다. 八識이 모두 思量하는 작용이 있으나 이 識만은 특별히 恒과 審의 두 가지 뜻을 함께 가지고 있다. 第八識을 所依로 하고 第八識의 見分을 반연하여 그것으로서 自內我라고 思量執着하며 모든 미망의 근본이 되는 識이다.

6) 九居 : 三界九居는 모두 중생들의 거처로서 九居는 九有情居의 약칭이다. ① 欲界의 人天 ② 梵衆天 ③ 極光頂天 ④ 徧淨天 ⑤ 無想天 ⑥ 空無邊處天 ⑦ 識無邊處天 ⑧ 無所有天 ⑨ 非想非非想處天.

환하여 그침이 없는 것과도 같이 되고 만다.

또 사고(死苦)란 것은 임종에 다달아서는 풍도(風刀)로 몸을 가르고 화대(火大)로 몸을 태우매 사지가 뒤틀리고 헛소리를 치며 혼백이 놀래고 두근거려 지독한 고통이 한꺼번에 생겨나니, 단박에 악업이 나타나면 천 가지 근심이 답답하고 만 가지 공포가 오직 두렵기만 한 것이다.

그러다가 목숨을 마치고 적연(寂然)히 홀로 가면 유도(幽途)가 컴컴하고 명로(冥路)는 아득한데 옛날의 원수로 더불어 교연(皎然)히 상대하니, 이때를 당하여 하늘을 부르고 땅을 두드리나 결코 벗어날 문이 없다. 업(業)의 깊고 얕음을 따라서 제취(諸趣)를 편력하니, 혹은 거꾸러져 지옥에도 나며 혹은 귀형(鬼形)을 쓰고 기갈을 못참는 울음소리가 장겁(長劫)에 뻗치고 죄고(罪苦)를 받아 온 몸이 갈기갈기 찢어지기도 한다.

실로 이십오유(二十五有)[7]를 벗어나지 못하면 선악의 업에서 달아날 수 없나니, 몸을 따라서 과보를 받음에 일찍이 조금도 어겨지지 않는지라 이와 같이 생사의 바다는 광활하고 업의 바다는 참으로 다하기 어려운 것이다.

성문(聲聞)도 오히려 태(胎)에서 나올 때는 매(昧)해 버리고 보살도 오히려 격음(隔陰)의 일에 혼미해 버리거니 하물며 생사에 얽매인 하천(下淺)의 범부이겠는가. 어찌하면 생사의 얽매임에서 풀려날 수

---

7) 二十五有: 有는 존재의 뜻으로 중생이 나서 변경하고 죽어 변경하는 迷의 존재를 25종으로 나눈 것. ① 四惡趣[地獄・餓鬼・畜生・修羅] ② 四洲[南贍浮洲・東勝身洲・西牛貨洲・北俱盧洲] ③ 六欲天[四王天・夜摩天・忉利天・兜率天・化樂天・他化自在天] ④ 色界[初禪天・梵王天・第二禪天・第三禪天・第四禪天・無想天・五那含天] ⑤ 無色界[空無邊處天・識無邊處天・無所有天・非想非非想天]. 이를 줄여서 三界와 六途라 한다.

있을까. 그러므로 『목련소문경(目連所聞經)』에 부처님께서 목련에게 이르기를 "비유컨대 길게 뻗친 강에 떠내려가는 초목이 있어 앞의 것은 뒤를 보지 못하고 뒤의 것은 앞을 보지 못한 채 흘러가나 대해(大海)에서는 마침내 모두가 만나게 되는 것과 같이, 세간도 또한 이와 같아서 비록 호귀(豪貴)하고 부락(富樂)하여 자재한 듯하나 마침내는 생노병사를 면하지 못하는 것이다.

다못 부처님의 경교(經敎)를 믿지 않으므로 해서 뒷세상에 다시 사람으로 났다 할지라도 또한 매우 곤극(困劇)하여 영영 천불국토에 날 기회를 잃게 되나니, 이러므로 내가 말하기를 무량수불의 국토가 가기도 쉽고 가지기도 쉽다 하지만 사람들은 왕생을 수행치 않고 도리어 구십육종의 사도(邪徒)들이나 섬기니 참으로 눈도 귀도 없는 사람들이구나."하였고 또 『대집월장경(大集月藏經)』에는 "나의 말법(末法) 때에 가서는 수없는 중생들이 행을 일으켜 도를 닦더라도 한 사람도 얻는 자가 없으리라."고 한 것이다.

그러나 이제 말법에 당하여 이러한 현재의 오탁악세(五濁惡世)에서는 다행히 오직 정토수행의 한 문이 있어 가히 통하여 길에 들 수 있나니 마땅히 알라. 자행(自行)만으론 원성(圓成)키 어려우나 타력은 쉬운지라 마치 열사(劣士)가 전륜왕의 세력에 붙여서 사천하(四天下)를 날아다니며, 범부의 몸이 선약(仙藥)의 공덕을 빌려서 삼도(三島)를 날아오르는 것과 같아서 속히 상응(相應)함을 얻으리니, 자비하신 분의 지취(旨趣)가 간곡하심을 모름지기 뼈속 깊이 새겨야 할 것이다.

정토(淨土)의 실상(實相)

문　방 거사(龐居士)가 이르기를 "사상(事上)의 불국(佛國)을 설한다면 거리가 이 곳에서 십만 리라, 대해(大海)가 아득하고 끝이없어서 움직이기 바쁘게 흑풍(黑風)이 일어나나니, 가는 자는 비록 천만이나 도달하는 자는 한둘도 어렵다. 그러나 가만히 앉아서도 홀연히 본래인(本來人)을 만나면 그러한 인연에 있지 않은 줄 알 것이다."고 하였는데 이 말씀을 어떻게 이해하여 왕생을 증득하겠는가.

답 종지(宗旨)를 잡아 근본을 살핀다면 유불(有佛)이니 유토(有土)라는 것도 오히려 설할 수 없다. 하물며 달(達)이니 부달(不達)을 말할 수 있겠는가. 그러므로 천진(天眞)을 스스로 갖춘다면 인연을 섭(攝)하거나 털끝만큼도 움직이지 않더라도 항상 진체(眞體)에 명합(冥合)할 수 있는 것이다.

그러나 만일 사상(事上)에서 논한다면 꼭 한 길뿐만이 아니니, 구품왕생(九品往生)을 상하(上下)가 모두 함께 달하며 혹은 화국(化國)에서 부처님의 모습을 뵙기도 하며, 혹은 보토(報土)에 나서 부처님의 진신(眞身)을 뵙기도 하며, 혹은 하루 저녁에 문득 상지(上地)에도 오르며, 혹은 오랜 세월을 지나서야 겨우 소승을 증하기도 하며, 혹은 이근(利根)도 있고 둔근(鈍根)도 있으며, 혹은 뜻이 안정한 이도 있고 산란한 이도 있으며, 혹은 깨달음이 더디거나 빠른 이도 있어서 근기가 같지 아니하며, 혹은 일찍 피고 늦게 피는 꽃도 있어서 시근(時根)의 다름을 고금(古今)에 갖추어 싣고, 범성이 함께 생(生)한 행상(行相)이 소연(昭然)하니 밝게 증명하여 스스로 시험할 것이다.

그러므로 석가세존(釋迦世尊)이 친히 문수(文殊)에게 수기하시기를 "그대는 반드시 아미타불의 국토에 나서 초지(初地)의 위(位)에 오르리라."하였고, 또『대집경(大集經)』에서는 미륵보살이 부처님께 묻기를 "이 세상에서는 얼마나 많은 불퇴전(不退轉)의 보살이 있어 저 국토에 가서 납니까."하니 부처님께서 대답하시기를 "이 사바세계에는 육십칠억의 불퇴전 보살이 있어 모두가 왕생하느니라."하였다.

또 지자 대사(智者大師)께서는 일생을 정토업(淨土業)을 닦다가 행한 바 복지(福智)를 모두 다 회향하고 임종 때에 다달아 문인들에게 십륙관(十六觀)의 이름[1]을 부르게 하고는 합장 찬탄하시기를 "사십팔원의 장엄정토(莊嚴淨土)여, 향대보수(香臺寶樹)에 도달키는 쉬우나 사람이 없도다. 화거(火車)의 모습이 분명함이여, 한 생각 개회(改悔)한 자도 오히려 왕생할 수 있거든 하물며 계정혜(戒定慧)로 훈습한 수행의 도력(道力)이랴. 마침내 허황되이 버리지 아니하나니 불범음성(佛梵音聲)이여. 끝내 사람을 속이지 아니하시도다."고 하였고 또 『칭찬정토경(稱讚淨土經)』에는 "시방항하사제불(十方恒河沙諸佛)이 넓고 긴 설상(舌相)을 드러내사 대천세계를 두루 덮으셨다."하였다. 실로 왕생을 증득함이 어찌 허구(虛構)하다 하겠는가.

정토(淨土)의 수행

문 『유마경』에 이르기를 "여덟 가지 법을 성취하여야 이 세계에서 허물이 없음을 행해서 정토에 날 것이니 어떤 것이 여덟 가지인가. 중생을 요익(饒益)케 하되 보답을 바라지 않으며, 온갖 중생을 대신하여 고뇌를 달게 받으며, 지은 바 공덕을 모두에게 베풀어 주며, 중생과 마음이 평등하여 겸하(謙下)하여 걸림이 없으며, 보살 보기를 부처님 뵙듯하며, 듣지 못한 바의 경전을 듣고도 의심치 않으며, 성문(聲聞)으로 더불어 서로 위배되지 않으며, 남이 공양함을 질투치 않고 자기의 이점을 높이지 않아서 그 가운데서 마음을 조복하며, 항상 자기의 허물을 살피고 남의 단점을 다투지 않아서 언제나

---

[1] 十六觀名: 觀無量壽經에서 말한 아미타불의 佛身과 극락의 국토를 觀想하는 16종의 방법. 곧 日觀・水觀・地相觀・寶樹觀・寶池觀・寶樓觀・華座觀・像觀・眞身觀・觀音觀・勢至觀・普觀・雜相觀・上輩觀・中輩觀・下輩觀.

한결같은 마음으로 모든 공덕을 구하는 것이다."고 하였거늘 어찌 조그마한 수행과 보잘것 없는 선행(善行)으로 왕생할 수 있겠는가.

답 이치가 모름지기 구족하여 이것은 대근(大根)에 속한 것이니 팔법(八法)에 흠이 없으면 상품(上品)을 이룰 것이다. 그러나 중하품(中下品)이라면 이 가운데서 다만 한 법만 갖추어도 되리니, 참으로 결정한 뜻만 옮기지 않으면 또한 하품(下品)은 얻으리라.

문 『관경(觀經)』에 십륙관문을 밝히되 "이 모두에 마음을 거두어 정(定)을 닦으며 부처님의 상호를 관찰하여 진실로 밝고 뚜렷함에 도달해야 바야흐로 정역(淨域)에 오를 것이다."하였는데 어찌 흐트러진 마음으로 능히 왕생할 수 있으랴.

답 구품경문(九品經文)에 스스로 오르고 내리는 차례가 밝혀져 있거니와 상과 하를 해섭(該攝)하면 이심(二心)에 벗어나지 않는다. 첫째는 정심(定心)이니 정(定)을 닦고 관(觀)을 익혀서 상품(上品)에 왕생하는 것이요, 다음은 전심(專心)이니 다만 명호(名號)를 염하고 중선(衆善)으로 도와 회향하고 발원하면 반드시 하품(下品)에라도 왕생하는 것이다.

그러므로 모름지기 일생을 귀명(歸命)해서 보(報)가 다하도록 정진수습(精進修習)하되 앉고 누움에 언제나 면(面)을 서쪽으로 향하고 행도예경(行道禮敬)과 염불발원(念佛發願)의 때를 당해서 간절하게 정성을 다하며 도무지 다른 생각이 없는 모습이 죽은 사람과 같고 감옥에 갇힌듯 하며 도적에게 쫓기고 수화(水火)에 핍박된 바와 같이 일심으로 구원해 주기를 구하되 '이 고륜(苦輪)을 벗어나 속히 무생(無生)을 증득하여 널리 함식(含識)을 건지고 삼보(三寶)를 이어서 맹세코 사은(四恩)을 갚아 지이다.'고 발원할지니, 이와 같이 뜻이 정성스러우면 반드시 헛되이 버리지 아니할 것이다.

혹 말과 행이 합하지 않고 믿음의 힘도 경미(輕微)하며 생각생각이 이어지는 마음은 없고 자주자주 뜻이 끊어지는 이러한 해태심으로 임종에 왕생하기를 바란다면 참으로 다만 업장의 가린 바가 되어서 선우(善友)를 만나지도 못하며 또한 풍화(風火)가 핍박할 때를 당해 정념(正念)도 이루지 못하리라. 왜냐하면 지금의 이 인(因)이 임종의 과(果)이기 때문이니, 인(因)이 실다워야 과(果)도 헛되지 않는 것이다. 즉 소리가 고르면 메아리도 순조롭고 자세가 곧으면 그림자도 단정한 것과도 같다.

그러므로 임종 때의 십념(十念)을 이루고자 한다면 미리 나룻터[임종때의 배 대일 곳이니 즉 결과]부터 잘 판단하도록 하라. 평소의 수행공덕을 모아서 이때에 회향하기 때문에 생각생각이 이지러지지 않아서 곧 허둥대는 근심이 없는 것이다.

대저 선악의 두 바퀴와 고락(苦樂)의 두 보답은 모두가 삼업(三業)으로 지은 것이며 사연(四緣)[1]으로 난 것이며 육인(六因)[2]으로 이루어졌고 오과(五果)[3]의 섭(攝)한 것이니, 만일 한번 마음에 진에사음

---

1) 四緣: 物・心의 온갖 현상이 생기는데 대하여 그 緣을 넷으로 구분한 것.[因明論] ① 因緣: 직접 自果를 因으로 하고 그 因을 緣으로 하므로 인연이라 함. ② 等無間緣: 心과 心所만이 앞의 생각이 없어지면서 길을 터놓아 뒷생각을 끌어내는 것. ③ 所緣緣: 마음이 작용하는 對境을 所緣이라 하고 그 所緣은 또 마음에 대해 緣이 되어서 활동을 일으킴. ④ 增上緣: 有力增上緣과 無力增上緣의 두 가지가 있는데 앞의 것은 다른 법이 생기는데 힘을 주는 緣이고 뒤의 것은 다른 법이 생기는 것을 장애하지 않는 緣을 말한다.

2) 六因: 한없는 옛적부터의 妄想習因을 六種으로 나눈 것. 當有因・相屬因・相因・能作因・顯了因・觀待因. 또는 能作因・相應因・俱有因・異熟因・同流因・遍行因으로 분류하기도 함.

3) 五果: 원인에 대한 결과를 五種으로 분류한 것. ① 異熟果: 異熟因으로 받는 과보. 善惡의 因으로 그 果를 對望하여 시간을 隔하고 性類를 다르게 성숙한 果. 唯識의

(瞋恚邪淫)을 생각하면 곧 지옥업이요, 간탐불실(慳貪不實)하면 곧 아귀업이며, 우치암폐(愚痴暗蔽)하면 곧 축생업이요, 아만공고(我慢貢高)하면 곧 수라업이며, 오계를 굳게 지니면 곧 인업(人業)이요, 십선(十善)을 닦으면 곧 천업(天業)이며, 인공(人空)을 깨달으면 곧 성문업이요, 반연(攀緣)하는 성품이 여읜 것을 알면 곧 연각업(緣覺業)이며, 육도(六度)를 고루 수행하면 곧 보살업이요, 자비가 온 누리에 평등하면 곧 불업(佛業)이다.

이와 같이 마음이 청정하면 곧 향대보수(香臺寶樹)의 정찰(淨刹)에 화생(化生)하거니와 마음이 더러우면 곧 구릉갱감(丘陵坑坎)의 예토(穢土)에 몸을 받는 것이다. 모두가 지은 대로 받는 과보(果報)며 능히 증상(增上)을 감득(感得)하는 연(緣)이라, 그러므로 자기의 심원(心源)을 떠나서는 다시 다른 체(體)가 없는 것이니, 곧 『유마경』에서 이른바 "정토를 얻고자 할진댄 마땅히 그 마음을 깨끗이 해야 할지니, 그 마음의 깨끗함을 따라서 곧 불토(佛土)도 깨끗해 지는 것이다."고 함과, 또 "마음이 더러우면 곧 중생이 더러우려니와 마음이 깨끗함으로 중생도 깨끗한 것이다."고 함과, 또 『화엄경』에서 이른

總報・別報를 모두 말한다. ② 等流果: 六因중에서 同流因 遍行因으로 생기는 결과. 인간관계에서 因이 善하면 果도 善하고 因이 惡하면 果도 惡한 것처럼 원인과 같은 결과를 말함. ③ 離繫果: 번뇌의 얽매임을 떠난 데서 얻는 擇滅無爲니 곧 열반의 진리. 이 진리는 道力으로 정하는 것. 불생불멸하는 것이므로 六因, 四緣의 원인에 의하여 나는 것이 아니요, 번뇌에 덮인 것을 聖道의 智力으로서 除去해 버리고 얻는 果이므로 離繫果라 한다. ④ 士用果: 士用이라 함은 士夫의 作用이란 뜻으로 사람의 努力에 의하여 어떤 사업을 成功함과 같이 相應因・俱有因의 動用에 의하여 얻는 결과를 말함. ⑤ 增上果: 어떤 有爲法이 생길 때 자기 이외 다른 일체법이 직접으로 힘을 주거나 또는 방해하지 않거나 하여 도와주는 관계로 생기게 되는 결과. 곧 다른 일체 것이 能作因이 되어서 그 增上力에 의하여 생긴 결과를 말한다.

바 "심왕(心王)의 보(寶)가 마음을 따라 뭇 색깔을 나타내듯 중생의 마음이 깨끗하므로 청정한 세계를 얻어 보는 것이다."고 함과, 또 『대집경(大集經)』에서 이른바 "너의 세계를 깨끗하게 하려거든 반드시 너의 마음을 깨끗하게 하라."고 하신 말씀 등이 다 그를 말한 것이다.

그러므로 알라. 일체가 마음으로 돌아가고 또한 만법이 마음으로 말미암는 것이니 정과(正果)를 얻으려면 다만 정인(正因)을 행하라. 마치 물의 성질은 아래로 내려가고 불의 성질은 위로 오르듯 형세(形勢)가 그와 같은 것이니 다시 무엇을 의심하겠는가.

Ⅳ. 만행이 이사(理事)에 쌍융함을 상론

　　대저 성품의 보리(菩提)와 진여(眞如)의 만행(萬行)은 종일토록 짓되 지음이 없으며, 또한 행함이 없이 두루 행하는 것이니, 〈행하는 체상(體相)은 없지만 행하는 작용은 끊임이 없음〉 만일 지음이 있다 하면 곧 마사(魔事)와 같고, 또는 반대로 무행(無行)만을 고집하면 도리어 단멸(斷滅)에 돌아가는 것이다. 그러므로 알라. 자심(自心) 밖에는 도무지 따로 건립할 법이 없는지라 스스로 능히 십신(十身)[1]을 구족하고 사토(四土)[2]를 원만히 거두어서 비록 이 모두를 포함했지만 내외를 파괴하지 않고 두루 법계에 칭합(稱合)하니 어찌 다시 유무(有無)엔들 막히겠는가. 공(空)한 가운데 방편의 지혜를 갖추어서

---

1) 十身: 불보살의 몸을 그 공덕에 의하여 열 가지로 나눈 것. 菩提身・願身・化身・力持身・相好莊嚴身・威勢身・意生身・福德身・法身・智身.
2) 四土: 천태종에서 분류 성립한 것. ① 凡聖同居土: 三界 안에 있는 범부성자가 섞여 사는 국토. 이중 사바세계와 같은 것은 同居雜土요, 극락세계와 같은 것은 同居淨土라 한다. ② 方便有餘土: 方便道인 空觀假觀을 닦아 見惑思惑을 끊은 이가 나는 곳. 무명번뇌가 아직 남은 곳. ③ 實報莊嚴土: 中道觀으로 무명을 끊고 얻은 국토. ④ 常寂光土: 법신여래와 아울러 自受用報身의 국토.

유(有)에 집착하지 않고 유한 가운데 뛰어난 행을 움직여서(이끌어서) 무(無)에도 떨어지지 않나니, 이러므로 곧 이(理)에 즉(即)한 사(事)라 행이 무애(無碍)를 이루고, 사(事)에 즉(即)한 이(理)라 행이 진여를 수순하여, 상용(相用)에 이지러짐이 없이 체성(體性)이 곧 엄연히 존재하는 것이다.

V. 만행체용의 부사의성

대개 이타의 묘행은 십도(十度)[1]와 사섭(四攝)[2]의 문에서 벗어나지 않고, 자리의 진수(眞修)는 칠각지(七覺支)[3]와 팔정도[4] 보다 으뜸가는

---

[1] 十度: 즉 십바라밀. 보시·지계·인욕·정진·선정·지혜·방편·願·力·智. 보살은 이를 수행하여 중생을 제도해 생사의 迷海를 건너 열반의 언덕에 이르게 함.

[2] 四攝: 중생을 구제하려는 보살이 중생을 佛道로 인도하기 위한 네 가지의 방법. ① 布施攝: 재물이나 法을 원하는 대로 베풀어 친절한 情誼를 감동케 하여 법으로 인도함. ② 愛語攝: 부드럽고 온화하며 위로하는 말을 하여 정법으로 인도함. ③ 利行攝: 동작이나 언어, 또는 마음으로 선행하여 중생을 이익케 하며 정법으로 인도함. ④ 同事攝: 상대편의 根性을 따라 같은 입장이 되어 함께 행동하고 처신하며 정법으로 인도함.

[3] 七覺支: 열반에 이르기 위하여 닦는 道行의 三十七助道品 가운데 그 제6의 七菩提分에 해당한다. 불도를 수행함에 있어 지혜로서 참되고 거짓됨, 선하고 악함 등을 가려 살피는 일곱 종류의 覺支이다. ① 擇法覺分: 지혜로 모든 법을 살펴 善法을 擇하고 惡法을 버리는 것. ② 精進覺分: 갖가지의 수행을 할 때 치우친 고행은 피하고 올바른 중도의 이치에 전력하여 게으르지 않음. ③ 喜覺分: 참된 법을 얻어 언제나 기뻐함. ④ 除覺分: 그릇된 견해나 번뇌를 끊어 버릴 때 능히 참되고 거짓됨을 알아서 올바른 善根을 기름. ⑤ 捨覺分: 바깥경계에 집착하던 마음을 떠날 때 거짓되고 참답지 못했던 것을 추억함을 버림. ⑥ 定覺分: 定에 잘 안주하여 번뇌망상을 일으키지 않음. ⑦ 念覺分: 불도를 수행함에 있어 잘 고루어 定慧를 균등하게 조화시킴.

것이 없다.

　사념(四念)⁵⁾을 섭(攝)하여 일실(一實)⁶⁾에 돌아가고 사근(四勤)⁷⁾을 모아 일심(一心)에 들어가며, 또한 오근(五根)⁸⁾을 엄정(嚴淨)하여 오력(五力)⁹⁾을 이루는 것이다. 만일 보시를 논한다면 내외를 함께 버리며, 지계를 말한다면 곧 대소를 겸지하며, 정진한즉 신심을 아울러 행하고, 인(忍)을 갖춘즉 무생(無生)과 법인(法忍)의 이치를 함께 갖추며, 반야는 곧 경(境)과 지(智)가 둘이 없고, 선정은 동(動)과 적(寂)이 함께 평

---

4) 팔정도: 八聖道支라고도 하며 불교를 실천수행하는 기본적인 종목을 8로 나눈 것. 이것이 中心, 中道의 완전한 수행법이므로 正道라 하고, 성인의 도이므로 聖道, 팔종으로 나누었으므로 支 또는 支分이라 한다. 정견·정사유·정어·정업·정명·정정진·정념·정정. 이 팔정도는 중도의 완전한 수행법으로서 부처님이 최초 설법 가운데서 이것을 말씀하셨다. 사제 십이인연과 함께 불교의 원시적 근본교의가 된다.

5) 四念: 四念處 또는 四念住라고도 하며 소승의 수행자가 三賢位에서 五停心觀 다음에 닦는 觀法. ① 身:〈觀身不淨〉부모에게서 받은 몸이 不淨한 것임을 관함. ② 受:〈觀受是苦〉일체의 느낌이나 대상이 참된 즐거움이 아니고 모두 고통인 것을 관함. ③ 心:〈觀心無常〉마음이란 항상 변화 생멸하는 무상한 것임을 관함. ④ 法:〈觀法無我〉위의 셋을 제하고는 다른 만유에 대하여 실로 자아인 실체가 없으며 또 나에게 속한 모든 것을 나의 소유물이라고 하는 집착에 대해서도 모두 일정한 소유자가 없다고 無我觀을 함.

6) 一實:『普賢觀經』에서 一實之道라 표현하였으니 實際理地 즉 眞如本性을 말한다.

7) 四勤: 또는 四斷이라고도 하며 善惡을 수습 대치하는 네 가지 자세. ① 이미 생긴 악은 영영 끊어 다시는 자라나지 못하게 함. ② 아직 생기지 않은 악은 다시 못생기게 미리 힘씀. ③ 이미 생긴 선은 길이 잊지 않고 더욱 증장케 함. ④ 아직 생기지 아니한 선은 힘써 생겨나도록 노력함.

8) 五根: 보리에 도달하기 위한 향상기관의 방법으로 우리들 마음 속에 잠재되어 있는 뿌리. 信根·進根·念根·定根·慧根.

9) 五力: 위의 五根으로 수행하여 온전함 힘이 생겼을 때의 이름. 信力·精進力·念力·定力·慧力.

등하며, 방편은 진로(塵勞)를 두루 비추고, 발원은 곧 법계를 두루 포함하며, 역(力)을 갖춤은 곧 십력(十力)[10]에 정밀히 통하고 지(智)를 요달한즉 일체종지(一體種智)를 원성(圓成)하며, 아울러 애어(愛語)는 곧 온갖 기틀의 마땅함에 수순하고, 동사(同事)는 능히 행업(行業)을 따르며, 자비를 운용한즉 원친(寃親)을 널리 구원하고, 법을 설한즉 이둔(利鈍)을 함께 거두는 것이다.

이와 같이 칠각(七覺)으로 잘 가리고 살펴 수행한즉 혼침(昏沈)과 도거(掉擧)의 그 어느 쪽에도 빠짐이 없고, 팔정도를 바르게 실천한다면 곧 사도(邪倒)를 일으키지 아니 하나니, 내지 갖추어 삼견(三堅)[11]의 미묘한 행으로 칠성(七聖)[12]의 법재(法財)를 구족히 하며, 삼취(三聚)[13]의 율문(律門)을 가져 칠정(七淨)[14]의 진요(眞要)를 원만히 하며, 나아가

---

10) 十力: 佛十力의 준말이니 앞의 주(P.34) 참조.

11) 三堅: 수행자가 有爲의 身命과 財寶를 다 버리고 수행에 전념하면 획득하게 되는 세 가지의 굳세고 다함 없는 보배. ① 無極之身. ② 無窮之命 ③ 無盡之財. 『維摩經』「菩薩品」에 이르기를 '마땅이 오욕이 無常함을 관찰하여 善本을 구할 것이니 身·命·財에 共히 굳센 법을 닦도록 하라.' 하였다.

12) 七聖財: 또는 七法財라고도 하며 見道以後의 聖者가 聖果를 얻기 위한 7種의 法財. 寶積經 二十四에 이르기를 "어떤 것이 聖財인가. 이른바 信[믿음으로 正法을 받음]·戒[올바른 律을 受持함]·聞[能히 正敎를 들음]·慙[스스로 부끄러이 여김]·愧[사람들을 향해 부끄러워함]·捨[일체 것을 버려 다시는 染着치 않음]·慧[지혜로 事理를 비춤]이다. 이같은 법을 七聖財라고 하나니 이 뒤의 모든 중생들은 이것을 얻지 못하므로 참으로 가난하다 이름할 것이다."하였다.

13) 三聚律門: 三聚淨戒라고도 하며 대승보살의 근본적인 세 가지 戒法. 攝律儀戒·攝善法戒·攝衆生戒. 大小乘의 온갖 戒法이 다 이 가운데 소속되지 않은 것이 없으므로 攝이라 했고 그 戒法은 본래 청정함으로 淨戒라고 한다.

14) 七淨: 또는 七覺이라고도 하니 『유마경』「佛道品」의 註에 이르기를 "七覺은 開悟로서 道를 삼고 물듦이 없으므로 淨華를 삼는 法이다."하고 구마라습의 註에 이르기를 "七淨

천진(天眞)의 행을 깨달아 자연의 본리(本理)에 계합하고, 범행(梵行)을 닦아 진습(塵習)의 근원을 끊으며, 병행(病行)을 나타내어 성문(聲聞)을 화성(化城)에서 쉬게 하고, 영아행(嬰兒行)을 보여 범부를 천계(天界)에서 이끌 것이다.

오위(五位)[15]의 보리도를 지내 삼덕(三德)[16]의 열반성(涅槃城)에 들며, 삼업(三業)[17]을 연마하여 삼륜(三輪)[18]을 이루고 삼수(三受)[19]를 떠나 삼념(三念)[20]을 원만히 하며 삼관(三觀)[21]으로 훈발(薰發)하여 오안

  이란 ① 戒淨[心口의 지음이 깨끗함] ② 心淨[번뇌를 끊어 마음이 깨끗함] ③ 見淨[法의 眞性을 보아 망상을 일으키지 않음] ④ 度疑淨[참되게 보아 깊이 疑心을 끊음] ⑤ 分別道淨[올바른가 삿됨인가를 능히 분별함] ⑥ 行斷知見淨[行하는 善法과 끊은 惡法이 청정 分明함] ⑦ 涅槃淨[열반을 증득하여 온갖 더러움을 길이 떠난 청정]이라."하였다.
15) 五位: 大乘修行人의 닦아 증해가는 地位漸次이니 ① 資糧位(地前) ② 加行位(四加行) ③ 見道位(初地) ④ 修道位(二地~十地) ⑤ 無學位(等·妙 二覺).
16) 三德: 大涅槃의 경지에서 갖춘 세 가지 덕. ① 法身: 佛의 本體이니 常住不滅한 法性으로서 몸을 삼는다. ② 반야: 법의 體相을 여실히 깨달음. ③ 해탈: 온갖 얽매임을 멀리 벗어나 대자재함을 얻음. 이 세 가지에 각각 균등히 常樂我淨의 네 가지 德이 포함되어 있으므로 三德이라 하였다. ∴[圓伊三點]은 이것을 표시한 것인데 大涅槃三德秘密藏이라 칭한다.
17) 三業: 身口意로 짓는 一切 善惡業.
18) 三輪: 身[神通]: 불보살이 몸에 신통을 나타내어 正信을 내게 하며, 意[記心]: 뜻으로 상대편의 마음 속을 통찰하며, 口[敎誡]: 입으로는 正法을 말하는 것. 이리하여 중생의 번뇌를 부수는 것이므로 輪이라 한다.
19) 三受: 受는 바깥 경계를 받아 들인다는 뜻이니 곧 세 가지의 감각작용을 말함. ① 苦[外界의 접촉에 의하여 몸과 마음이 받는 괴로운 감각] ② 樂[외계의 접촉에 의하여 몸과 마음이 받는 즐거운 감각] ③ 捨[괴롭지도 즐겁지도 아니한 무관한 느낌]. 경계에는 違境과 順境 또 順도 違도 아닌 경계가 있으므로 이들의 감각을 셋으로 분류한 것.
20) 三念: 三念處 또는 三念住라고도 한다. 부처님은 항상 大悲心으로 중생을 攝化하므로

제2장 만행중선(萬行衆善)의 사상론(事相論) 131

(五眼)[22]이 뚜렷한 과(果)를 갖추면 바야흐로 신통(神通)에도 자재하고 백천삼매(百千三昧)에 드나들며, 불국토를 엄정(嚴淨)하고 무애도량(無碍道場)을 두루 거치리니, 그런 후에는 널리 제방(諸方)에 응하여 십신(十身)[23]의 묘상(妙相)을 나투고 두루 법계를 비추어 능히 사지(四智)[24]의 명등(明燈)을 밝히는 것이다.

이와 같이 감응(感應)의 길이 서로 사귐을 저의 근량(根量)에 맡겨 본제(本際)를 동(動)치 않고 자취가 두루 응하는지라, 참으로 무릇 보고 듣는 것마다 모두 이익을 얻지 못할 것이 없다. 이상과 같이 두루 말한 저가 나에게 무엇이리요 만은 이것이 모두 선행(善行)을 쌓아 훈습(薰習)한 결과로서 이러한 무연(無緣)의 대화(大化)를 성취하는 것이다.

환원관(還源觀)에 이르기를 "용(用)인즉 파도가 일고 물결이 들끓

남의 비방이나 칭찬에도 불구하고 조금도 마음이 동요되지 않는 德을 셋으로 나눈 것. ① 初念: 중생이 기쁜 마음으로 설법을 들어도 환희심을 내지 않고 마음이 평정함. ② 二念: 중생이 한결같이 귀를 귀울여 듣지 않아도 근심하거나 싫어하지 않고 마음이 태연하심. ③ 三念: 한쪽은 기뻐하며 열심히 듣고 한쪽은 그렇지 않아 전혀 듣지 않아도 조금도 기뻐하거나 근심하는 마음을 일으키지 않고 마음이 언제나 한결같으심.

21) 三觀: 觀法의 내용을 셋으로 분류한 것이니 일반적으로 천태종의 三觀을 이른다. ① 空觀: 제법의 空諦를 관찰함. ② 假觀: 諸法의 假諦를 관찰함. ③ 中道觀: 이에는 둘이 있으니 제법의 非空非假임을 관찰함을 雙非中道觀이라 하고 제법의 亦空亦假임을 관찰함을 雙照中道觀이라 한다.

22) 五眼: 모든 법의 사리를 걸림없이 관조하는 다섯 종류의 눈 肉眼·天眼·法眼·慧眼·佛眼.

23) 十身: 앞의 주(P.125) 참조.

24) 四智: 중생이 수행하여 佛果를 이루면 識을 굴려 지혜를 이루는데 ① 前五識을 굴려 成所作智를 이루고 ② 第六識을 굴려 妙觀察智를 이루고 ③ 第七識을 굴려 平等性智를 이루고 ④ 第八識을 굴려 大圓境智를 이룸.

되 온전히 진체(眞體)로서 운행하고 체(體)인즉 거울같이 잔잔하여 수연(隨緣)이 모두 적멸에 모이는 것이다."하였고, 또 조법사(肇法師)는 "만행을 다스린즉 권지(權智)로서 주(主)를 삼고 덕본(德本)을 심은즉 육도(六度)로서 뿌리를 삼으며 몽혹(夢惑)을 제도함인즉 자비로서 으뜸을 삼고 종극(宗極)을 말함인즉 불이(不二)로서 하는 것이다."하였으니, 이는 모두 부사의(不思議)의 근본이요, 또한 이렇듯 등왕불(燈王佛)[25]께 좌(座)를 빌리고 향적토(香積土)에서 밥을 청하며 거실(居室) 안에 건상(乾象)을 포용(包容)하고 손으로 대천세계를 접(接)함은 곧 모두가 부사의의 자취인 것이다.

깊고 그윽한 관문(關門)은 열기가 어렵고 성인의 응하심은 한결같지 않나니, 근본이 아니면 마침내 자취를 드리울 수가 없고 또한 자취가 아니면 마침내 근본을 나타낼 수가 없다. 그러나 근본과 자취는 비록 다르나 모두 부사의함은 한결같은 것이다.

---

25) 『維摩經』「問疾品」과 「香積佛品」의 내용.

Ⅵ. 만행(萬行)의 이(理)에 의한 사행(事行)

1. 위법망구(爲法亡軀)의 자세

소신연지(燒身燃指)의 참뜻

문 몸이란 곧 도의 근원이요 묶인 것은 해탈의 원인이 되거늘 어찌 손가락을 태우고 몸을 불살라 도리어 도를 등지면서 도를 닦겠는가. 「고승전(高僧傳)」의 내용에나 소승(小乘)의 율장(律藏) 가운데서도 분명히 배척하였는데 그렇다면 이것을 어찌 성전이라 하리오.

답 몸을 잊고 명을 바치는 것은 오로지 정법을 위하여 은혜를 갚겠다는 굳은 결심인지라 가만히 대승(大乘)에 계합하고 깊게 정교(正敎)에 합하는 것이다. 『대승범망경(大乘梵網經)』에 이르기를 "불자(佛子)여, 마땅히 좋은 마음으로 먼저 대승의 위의경률(威儀經律)을 배워 널리 그 의미를 해석하여 열고, 뒤에 신학보살(新學菩薩)이 멀리 좇아와서 대승의 경률(經律) 구함을 보거든 마땅히 법답게 그를 위하여 일체 고행(苦行)을 설하되 소신(燒身)하고 소비(燒臂)하고 소지(燒指)하는 굳센 믿음의 결심을 일러줄 것이니, 만일 이러한 굳센 믿음으로 제불께 공양하지 아니하면 출가한 보살이 아니며, 내지 굶주린 호랑이와 사자나 온갖 아귀에게 마땅히 육신이나 수족을 베풀어 공양한 연후에 낱낱이 차례로 정법을 설하여 저의 마음으로 하여금 뜻을 열도록 해줄 것이다. (생략) 만일 이와 같이 하지 않는다면 경구죄(輕垢罪)¹⁾를 범한 것이 된다."하였고 또 『대승수능엄경(大乘首楞嚴經)』에서는 부처님께서 아난에게 고하시기를 "만일 내가 멸도(滅度)한 후에 어떤 비구가 있어 마음을 발하여 결정코 삼마지(三摩地)를 닦아 능히 여래의 형상 앞에서 몸을 사루어 한 등을 밝히거나 한 마디의 손가락을 태우거나 및 몸 위에다 한 자루의 향을 사룬다면 내가 말하기를 '이 사람은 아득한 옛적부터의 묵은 빚을 한꺼번에 다 갚고 길이 세간의 제루(諸漏)에서 벗어나리라'하리니, 비록 무상각(無上覺)에 이르는 길을 밝히지는 못하였다 하더라도 이 사람은 법에 대해 마음이 이미 결정한 때문이라. 만일 이렇게 몸을 버리는 미미한 인(因)도 짓지 않는다면 비록 무위(無爲)를 이루었다 하더라도 반드시 인도(人道)에 나서 그 묵은 빚을 갚으리니, 내가 마맥(馬麥)을 먹은 일과 같이 다름이 없으리라."²⁾고 하였다.

그러므로 소승은 상(相)에 집착해 제어키만 하고 개방치 않으나 대교(大教)는 원통(圓通)하여 본래 정한 법이 없는 것이다. 『보살선계경(菩薩善戒經)』에 이르기를 "성문(聲聞)은 계급(戒急)³⁾하나 보살은 계완(戒緩)⁴⁾하며, 성문은 계로서 막으나 보살은 계로서 연다"하

---

1) 『梵網經』四十八輕戒의 第十六에 '…而菩薩 爲利養故로 應答不答하며 倒說經律文字하야 無前無後하야 謗三寶說者는 犯輕垢罪니라'고 하였음.
2) 원문은 如我馬麥正等無異. 부처님께서 어느 해 여름 阿耆達婆羅門王의 請을 받고 그 나라의 毘蘭若村에서 오백 인의 比丘와 함께 안거하시다가 마침 극심한 흉년이 들어 삼 개월 동안 오백 인의 말장수들에게 말먹이용 보리를 얻어 잡수신 일. (佛十難의 一).
3) 戒急: 小乘이 홀로 自度에만 치중한 나머지 다른 행은 소홀히 하고 계율만을 으뜸으로 여겨 힘씀.
4) 戒緩: 보살은 自度보다 利他를 더 중히 여기는 願力이 있으므로 律行에만 국집하기보담 一乘法의 正知見을 더욱 힘써 닦음. 그러나 律行을 부정하거나 소홀히 한

였고 또 "성문은 계를 가지나 보살은 계를 파한다."하심이 이를 두고 이른 말이다.

이와 같이 만일 『요의경(了義經)』을 의지하면 제불께서도 기뻐하시겠지만 수의설(隨宜設)만을 집착하면 뭇 성현이 슬퍼하실 것이니, 다못 대승을 찬탄하고 원교(圓敎)를 드날려서 자타가 모두 함께 이익토록 해야 할 것이어늘 어찌 도리어 권교(權敎)만을 고집하고 소승도에 막혀서 근본과 자취를 한꺼번에 미하겠는가.

소신(燒身)의 수행을 권하는 까닭

문 다섯 곳을 뜨겁게 하여 몸을 굽고 벼랑에 몸을 날리며 불속에 뛰어드는 등 구십육종의 외도〔九十六種外道〕는 천성(千聖)께서도 한결같이 꾸짖으셨다. 이러한 정과(正科)가 다행히도 경전에 널리 밝혀져 있거늘 어찌하여 다시 삿된 곳으로 몸을 던질 것인가.

답 「지론(智論)」에서는 불법(佛法) 수행하는 길을 필경공도(畢竟空道)와 분별호오도(分別好惡道)의 두 가지로 말하였다.

필경공도(畢竟空道)라는 것은 범부여(凡夫如)가 곧 누(漏)가 다한 해탈여(解脫如)며 여래어(如來語)가 곧 제바달다어(提婆達多語)라, 아무런 차별이 없어서 모두가 한 덩어리 한 근원인 것이니, 이러므로 지옥[1]에서 묘각(妙覺)의 마음을 일으키고 불과(佛果)[2]에서 지옥의

다는 말은 아니다 어디까지나 一乘法을 成就하기 위한 助道法으로 事用하여 開遮에 적절한 造化를 期하는데 持戒의 자세에 대한 大小乘의 見解의 현격한 차이가 있다.

1) 지옥에서 妙覺의 마음을 일으킴. 『報恩經』에 이르기를 "調達이 부처님을 비방한 罪로 산 채로 지옥에 떨어졌다. 世尊께서 阿難을 보내 '그대는 지옥에서 견딜만 하느냐.' 하였더니 調達은 대답하기를 '내가 지옥에 있는 것은 마치 三禪天의 즐거움과 같노라.' 하였다. 다시 阿難을 시켜 묻기를 '그대는 벗어나기를 바라는가'

경계를 나투기도 하는 것이다.

그러므로 이 경계에서는 삿됨을 버리고서 정(正)에 나아간다고 하면 사(邪)와 정(正)이 함께 그른 것이 되고 말며 악(惡)을 버리고 선(善)에만 집착하면 선악을 함께 잃은 것이 된다.

그러나 좋고 나쁨을 분별하는 도의 입장에서 보면 우(愚)와 지(智)가 같지 않고 진(眞)과 속(俗)이 분명히 나뉘어 옥(玉)과 석(石)을 반드시 나누고 금과 쇠를 반드시 가려내는 것이다.

또한 수행문 안의 오르고 내리는 지위를 말한다면 스스로 내외의 종도(宗徒)가 있으니, 사정(邪正)의 인과를 잘 살펴 분별해서 함부로 뇌동(雷同)[3]하지 말 것이며, 또 교(敎)에도 헐고 칭찬하는 글을 펴서 적절히 누르고 드날리는 뜻이 있거니와 그 모두가 집착한다면 체애(滯碍)함을 이루고 잘 요달한다면 통하지 못할 것이 없으리라. 왜냐하면 사실(四悉)[4]의 대치(對治)와 종탈(縱奪)의 요간(料簡)[5]을

하니 '世尊이 여기에 들어와야 내가 나가리라' 하였다. 阿難이 '부처님은 三界의 大師이시거늘 어찌 지옥에 드실 까닭이 있겠는가.' 하매 調達이 말하기를 '부처님이 이미 지옥에 들어올 까닭이 없다면 내가 어찌 지옥에서 나갈 까닭이 있겠는가'" 하였다.

2) 佛果에서 地獄의 境界를 나투기도 함. 『諸佛要集經』에 이르기를 '天王如來께서 文殊舍利가 홀연히 佛見과 法見을 일으키므로 두 鐵圍山 사이(地獄)에 빠뜨렸다.' 하였다.

3) 雷同: 附和雷同의 준말이니 자기의 主觀없이 남의 의견에만 좇아 어울림을 일컫는 말.

4) 四悉: 四悉壇의 준말이니 부처님이 설법하여 衆生을 敎化하는 방법을 넷으로 나눈 것. 실단은 범어의 音譯으로 성취 또는 완성의 뜻. 轉하여 일정한 교설을 가리킴. ① 世界悉壇: 부처님이 임시로 凡情에 順應하여 世間의 欲樂에 隨應하는 교법을 말함. ② 爲人悉壇: 중생의 根器를 살펴 각각 근기에 알맞는 법을 말하여 저들로 하여금 正信을 더욱 자라게 하는 것. ③ 對治悉壇: 여러가지 法藥을 주어 번뇌 惡

만일 모두 옳다고만 한다면 니건(尼乾)⁶⁾이 올바른 도를 이루었노라고 한 것을 제불(諸佛)께서는 잘못 꾸짖으신 것이 되며, 만일 모두가 그른 것이라고만 한다면 약왕(藥王)⁷⁾의 소신(燒身)도 전도(顚倒)에 떨어진 허물이 되는데도 제불께서는 잘못 칭찬하신 것이 되고 말기 때문이다. 이러므로 사(邪)가 일어난즉 무익한 행을 이루게 되고 정도(正道)를 폐한다면 방편의 문을 단절하는 것이라, 부디 열고[開] 막음[遮]을 적절히 잘 깨우쳐서 잘못 버리거나 취함이 없도록 할 것이다.

내교(內敎)의 수행인과 외도인(外道人)의 몸을 버림에는 각각 두 가지의 뜻이 있다.

내교의 두 가지중 그 하나는 자타의 성(性)이 공적(空寂)하여 법아(法我)의 두 가지에 집착심이 없으매 공양할 곳의 경계도 보지 않고 또한 능히 태운다는 마음도 없는 것이오. 둘째는 오직 삼보(三寶)께 공양함이니 깊이 사은(四恩)⁸⁾을 갚아서 무상보리(無上菩提)를 돕되 결코 인천(人天)의 과보를 바라지 않는 것이다.

그리고 외도의 두 가지중 그 하나는 신견(身見)이 없지 않아 더욱 아만을 증장하고 지음이 없는 지안(智眼)을 미하여 얻을 것이 있다는

業따위 중생의 미망을 없애주는 것. ④ 第一義悉壇: 중생의 機緣이 익숙함을 보고 第一義의 이치를 말하여 眞證에 들어가게 하는 것.
5) 料簡: 義理를 자세히 分別하여 簡擇을 더한 해석을 말함. 問答을 세워서 해석하는 방법을 問答料簡이라 함.
6) 尼乾: 六師外道의 하나. 곧 露形外道. 離繫라 번역하니 고행을 통하여 三界의 얽매임을 벗어난다고 주장하는 出家外道의 總稱이다.
7) 藥王: 『法華經』의 「藥王菩薩本事品」에 나오는 내용으로서 藥王菩薩이 옛적에 몸을 사루어 法華에 供養한 일을 말함.
8) 四恩: 父母, 師長, 國王, 施主의 은혜.

능심(能心)을 일으키는 것이요, 둘째는 오직 현재의 명문(名聞)을 탐하고 후세의 복리만을 꾀하므로 혹은 찰리(刹利)의 주(主)가 되기를 원하거나 혹은 광과(廣果)의 천(天)에 나기를 구하는 것이다.

그러므로 태교(台敎)에서 「약왕분신품(藥王焚身品)」을 해석하여 말하기를 "경(境)과 지(智)가 둘이 아니매 능(能)과 소(所)도 곧 없는 것이니, 불이(不二)의 관(觀)으로 불이의 경(境)을 관찰하고 불이의 행을 이루어 불이의 공(空)을 아는 것이라, 이렇게 관찰할 때에 법계의 견문자(見聞者)마다 모두 이익되지 않음이 없으므로 또한 승승(乘乘)이라 이름하는 것이다."고 하였으니 그러므로 투암(投巖)이라 해서 외도의 반론을 초래하지 않고, 부화(赴火)가 내교(內敎)의 비방거리로 되지 않는 것이다.

진실로 안으로는 이치로 관찰함이 있고 밖으로는 밝게 마음을 기약함으로 승렬(勝熱)9)이 선재(善財)의 의심을 쉬게 하였거늘 니건(尼乾)은 도리어 치성(熾盛)한 알음알이를 내었나니, 돈독히 외도와 소승인(小乘人)들의 수행을 논한다면 행이 모나고 극감(剋減)함이 있는지라 마음이 바르면 행도 바르거니와 지혜가 삿되면 그 하는 일도 삿된 것이다. 그러므로 행도 폐할 수 없고, 지(智)도 소홀할 수 없는 것이니, 후학은 자세히 살펴 부디 법의 이익을 잃는 일이 없기 바란다.

문수문경(文殊問經)에 이르기를 "보살이 몸을 버리는 것은 곧 무기(無記)가 아니고 오직 한량없는 복덕을 획득하는 것이다. 번뇌신(煩惱身)을 멸하고 청정심을 얻음이 비유하면 때묻은 옷을 비누로 깨끗이 빨면 때는 없어지고 옷은 예전 그대로 있는 것과 같은 것이다.

---

9) 勝熱 : 『華嚴經』 「入法界品」의 五十三善知識中 第九 勝熱바라문所에서 刀山에 올라 投身入火하는 內容의 바른 知見을 說破한 이야기.

만일 원지(圓旨)를 얻으면 결단코 환히 드러나리라."하였으니 청컨대 이 글을 비춰보아 귀감(龜鑑)을 삼을 것이다.

2. 만행에 의한 근본 ─시문(施門)

무위혜행(無爲慧行)

문 상(相)에 머문 보시는 과(果)가 무상해서 유위(有爲)의 마음만을 더할 뿐 무위(無爲)의 도는 등지는 것이다. 어찌 이치로서 복이 허공과 같음을 관하겠는가. 그래서 경에 이르기를 "아집(我執)이 없으면 능히 이치에 순응하리라."고 한 것이다. 그렇다면 마음을 관하여 도를 달하지 않고 굳이 연진(緣塵)의 사(事)만을 집착하리오.

답 만일 마음을 관하는 것으로 말한다면 눈에 부딪치는 것마다 모두 옳은 것이니 이미 달도(達道)라 했을진댄 어떤 것인들 그릇됨이 있겠는가. 보살이 온갖 만행을 일으키고 사섭(四攝)으로 온누리를 이익케 함은 곧 공(空)을 집착해서 유(有)를 방해하거나 하나만을 지켜 나머지를 의심케 하는 것이 아니다. 그러므로 『화엄경』에 이르기를 "하나만을 집착해 나머지를 부정한다면 곧 마(魔)에 붙들린 것이다."고 한 것이다.

이러므로 변(邊)을 버리고서 중(中)에 나아간다 하면 도리어 사견(邪見)이 되는지라(이러한 견해로는), 종령(宗令)에 의거하여 현묘(玄妙)함을 얻었다고 못할 것이다. 식상(識相)의 시위(施爲)가 모두 음계(陰界)의 조작이라, 마땅히 기틀을 따라 열기도 닫기도 하고 지(智)에 맡겨 펴기도 거두기도 한다면 공(空)이나 유(有)의 두 문에서 벗어나거나 막혀 있지도 않으며 진(眞)이나 속(俗)의 이제(二諦)에 즉(卽)하거나 떠나지도 않으리니, 하물며 움직이고 그침에 어찌 어굿나겠는가. 일체에 원융(圓融)하여 어디에든 걸림이 없을 것이다.

　무릇 모든 불보살이 닦아 나아가는 문엔 정(正)과 조(助)가 있고 권(權)과 실(實)이 있으며 또한 이(理)와 사(事)를 함께 닦고 승(乘)과 계(戒)를 겸급(兼急)하며 비(悲)와 지(智)를 쌍운(雙運)하고 내(內)와 외(外)가 서로 돕는지라, 만일 일종만을 정하여 세운다면 이것은 마왕의 종류이며, 또 혹 일체를 부정해 버린다면 다만 자기 견해의 어리석음만을 이루게 되리라.

　그러므로 『대집경(大集經)』엔 두 가지 행을 이야기하였으니 공(空)을 반연(攀緣)하여 직입(直入)함은 곧 혜행(慧行)이요, 사(事)를 가져 겸수(兼修)함은 곧 행행(行行)이라 하였고, 또 「보리론(菩提論)」에는 이도(二道)를 말하였으니 모든 선법(善法)을 아는 것은 곧 방편도(方便道)요, 제법을 인정치 않는 것은 곧 지혜도(智慧道)라 하였으며, 또 어느 경에는 이여(二如)를 말하였으니 인중(因中)에도 여여(如如)하되 물듦이 없고 과중(果中)에도 여여(如如)하되 더러움이 없는 것이라 하였다.

　또 이심(二心)이란 자성청정심(自性淸淨心)은 본유(本有)의 뜻이요, 이구청정심(離垢淸淨心)은 구경의 뜻이라 하였으며, 또 「기신론(起信論)」엔 이상(二相)을 세웠으니 동상(同相)은 평등성(平等性)의 뜻이요, 이상(異相)은 환(幻)과 같은 차별의 뜻이라 하였고, 태교(台敎)에서는 이선(二善)을 말하였으니 능(能)과 소(所)가 공(空)함에 이른 것을 선(善)에 머무는 것이라 하고 방편으로 권수(勸修)함을 선을 행하는 것이라고 한 것이다.

총별(總別)과 본말(本末) 등이 서로 도와 일어남

문　불조의 법요(法要)는 오직 일승(一乘)만을 세웠으니 혹은 '시방바가범(十方薄伽梵)이 일로(一路)로 열반문(涅槃門)에 든다.' 하시

고 혹은 '일체무애인(一切無碍人)이 일도(一道)로 생사에 벗어난다.'
고 하신 것이다. 어찌하여 차별을 펴고 이법(二法)의 문을 세워서 정
종(正宗)을 어지럽히고 온갖 사견(邪見)을 일으키게 하는가.

답 제불의 법문이 비록 일종(一種)을 이루었으나 그러나 둘로 나
누어 쓰더라도 그 체(體)는 항상 동일하다. 마치 일심법(一心法)에
진여 생멸의 이문(二門)을 세웠으나 이는 곧 이제일승(二諦一乘)의
도(道)라, 금고(今古)에 항상 그러히 더하거나 덜함이 없는 것과 같
아서, 이러므로 총별(總別)이 서로 나타나고 본말(本末)이 서로 돕는
지라 총(總)이 없이는 별(別)을 내지 못하고 별이 없이는 총을 이루
지 못하며, 본(本)이 없이는 말(末)을 드리우지 못하고 말이 없이는
본을 나타낼 수가 없는 것이다.

그러므로 알라. 한쪽 나래만으로는 날아 오르기가 어렵고 한쪽 바
퀴만으로는 나아갈 수가 없는 것이니, 오직 진(眞)만으로도 성립할
수가 없고 오직 망(妄)만으로도 이룰 수가 없는 것이다.

체(體)를 잡은즉 차별하되 차별됨이 없고 용(用)에 나아간즉 다름
이 없되 엄연히 다른지라, 일이(一二)가 걸림없어 바야흐로 불이(不
二)의 문에 드나니, 이와 같이 공(空)과 유(有)에 어기어짐이 없는지
라, 그러므로 비로소 진공(眞空)의 경지를 밟게 되는 것이다.

이사(理事)와 체용(體用)이 무애(無碍)함

문 사(事)에 나아간즉 분위(分位)의 차별이 있지만 이(理)에는 오
직 일미(一味)의 담연함 뿐이다. 그렇다면 성(性)과 상(相)이 같지
아니한데 어째서 걸림이 없다 하는가.

답 능의(能依)의 사(事)는 오직 이(理)로 좇아 성립되고 소의(所
依)의 이(理)는 또한 사(事)를 따라 나타나는 것이다. 그것은 마치
온갖 물결이 하나의 습기에 장애되지 않음과 같고[相即] 온갖 그릇이

하나의 금(金)에 다르지 않음과도 같아서[相入], 체용(體用)이 서로 거두고 권서(卷舒)가 하나인 때문이다.

이와 같이 원지(圓旨)를 들어 말한다면 오직 이사(理事)가 상즉(相即)할 뿐 아니라 이(理)와 이(理)도 상즉하며, 사(事)와 사(事)도 상즉할 수 있고 이(理)와 사(事)가 부즉(不即)할 수도 있는 것이니, 그러므로 자재롭게 수연(隨緣)하는 무애법문이라 일컫는 것이다.

보시(布施)의 공능(功能)

또 제불의 화문(化門) 가운데는 오직 보시의 한 법이 십도(十度)의 으뜸이 되고 만행의 선봉이 되며, 또한 입도(入道)의 초인(初因)이요 중생을 섭귀(攝歸)케 하는 요긴한 법칙이 된다. 「대론(大論)」에서 이 보시의 공능(功能)에 대하여 자세히 설명하기를 "단(檀)은 보장(寶藏)이 되는지라 언제나 사람을 따르며, 고(苦)를 파(破)하므로 능히 사람에게 즐거움을 주며, 선어(善御)가 되므로 천도(天道)를 개시(開示)하며, 선부(善府)가 되므로 모든 선인을 모이게 하며, 안온하므로 임명종시(臨命終時)에 마음이 두렵지 않으며, 자상(慈相)의 모습이므로 일체를 널리 건지며, 즐거움을 모으므로 고적(苦賊)을 파멸하며, 장군의 위엄을 갖추어 간탐(慳貪)의 도적을 항복받으며, 정도(淨道)인지라 현성(賢聖)이 이를 말미암았으며, 적선(積善)이므로 온갖 공덕의 문이 된다. 또한 단(檀)은 능히 온갖 복락의 과(果)를 획득하며, 열반에 나아가는 초연(初緣)이 되며, 선인(善人)의 무리 가운데 들어가는 요법(要法)이며, 드날리고 찬양하는 근원이며, 무리에 처하여 어려움이 없는 공덕이며, 마음에 뉘우칠 것이 없는 굴택(窟宅)이며, 선법도(善法道)를 행하는 근본이며, 갖가지 즐거움이 모인 숲이며, 부귀안온의 복전이며, 열반의 길을 가는 나루인 것이다" 하였다.

「육행집(六行集)」에 이르기를 "만일 범부가 보시를 행할 적에 교만심을 일으킨다면 도리어 죄행(罪行)이 되고 말거니와, 그러나 공경심이 지극하다면 또한 한량없는 복행을 이룰 것이다. 이승(二乘)이라면 보시할 때에 오직 육진경계(六塵境界)가 움직이는 것임을 관할 것이며, 또한 소보살(小菩薩)은 보시할 때에 색체(色體)가 공(空)함을 생각하며, 대보살(大菩薩)은 보시할 때에 마음이 망령되이 견해를 일으킴을 알거니와, 부처님은 오직 마음임을 증득하여 생각을 떠나 청정하시다."하니 이로써 한 보시의 문이지만 여러 갈래로 행하는 데 따라 차별을 이루게 됨을 알겠거니, 어찌 함부로 부화뇌동하여 일시에 다 놓아버리겠는가.[치우쳐 한 가지로만 생각해 버림을 경계. 이치로는 일미라 하고 성(性)은 차별이 없다 하나 분명한 차별을 여의지 않은 이치와 성품인 것이다.-譯者註]

또한 내시(內施)·외시(外施)와 이단(理檀)·사단(事檀) 등이 있어서 체(體)와 용(用)이 서로 도우며 본(本)과 말(末)이 서로 나투거니와, 이치에만 의거하면 단상(斷想)의 구덩이에 빠지고 사(事)에만 집착하면 상상(常想)의 구덩이에 떨어질 것이니, 참으로 이(理)와 사(事)가 서로 융통하여야 이러한 이환(二患)을 벗어나게 될 것이다.

제불(諸佛)께서 성지(聖旨)로 교량(校量)하신 보시 가운데엔 이단(理檀)으로 으뜸을 삼고 내시(內施)를 더욱 중히 여기셨으니, 이른바 『법화경』에서 이르시기를 "만일 발심한 이가 있어 아뇩다라삼먁삼보리(阿耨多羅三藐三菩提)를 얻으려 한다면 능히 손가락 한 마디라도 불살라 불탑(佛塔)에 공양할 것이니, 이것은 국성처자(國城妻子)나 및 삼천대천국토의 모든 진귀한 보물로서 공양하는 것보다 더욱 뛰어난 것이다."고 함과 「지론(智論)」에서 이른 "만일 어떤 이가 정법을 위하여 그 몸을 기꺼이 던진다면 염부제의 가득한 진보(珍寶)를 베푼 것보담 더욱 뛰어난 것이다."하신 등이 그것이다.

이는 곧 입에 이로운 가벼운 말은 하기가 쉬우나 전신(全身)의 중보(重寶)는 기울기가 어려움을 알게 하려는 것이니, 누구나 명(命)을 보전하고 싶은 정(情)은 깊고 살기를 좋아하는 생각은 간절한 법이기 때문이다.

그러므로 바로 삼륜(三輪)의 체(體)가 공적(空寂)함을 증득하더라도 오히려 통교(通教)[1]의 섭(攝)한 바가 되려든 하물며 취사심(取捨心)이 가득한 정집(情執)으로 어찌 청정한 보시를 이루겠는가.

그러나 원교(圓教)[2]의 시문(施門)은 그와 달라서 법계를 두루 싼 것이니 어떤 일인들 갖추지 않았겠으며 어떤 이치인들 원만치 않으리요. 그래서 보살은 이치를 밝히되 사(事)를 버리지 아니하며 사(事)를 비추되 이(理)를 덜지 않나니, 넓히는 것은 오직 사람에게 있을 뿐 법에는 장애가 없다. 만일 이치를 떠나서 따로 사(事)가 있다면 그 사(事)는 고정된 성격의 어리석음을 이룰 것이고 만일 사를 떠나 따로 이치가 있다면 그 이치는 단멸(斷滅)의 고집이 될 것이다. 또 만일 사에만 집착하여 이치를 미한즉 그 보(報)가 윤회(輪廻)에 있게

---

1) 通教: 天台宗에서 세운 藏·通·別·圓의 化法四教 가운데 第二 聲聞·緣覺·菩薩의 三乘이 함께 받는 法으로 얕고 깊은 法을 함께 말한 것. 사람의 根性이 영리하고 둔함에 따라서 얕게도 해석하고 깊게도 해석할 수 있는 教. 근기가 둔한 사람이 이 教를 얕게 해석하면 藏教와 같은 결과를 얻게 되고 영리한 사람이 이 교를 깊게 해석하면 別教와 圓教에 통해 들어갈 수 있다. 이렇게 근기에 따라 앞으로는 藏教에 뒤로는 別教와 圓教에 通하는 教이므로 이같은 명칭이 붙음. 이 교의 세계관은 좁으나 그 밝혀 놓은 이치는 깊다. 體가 空한 것이 그 근본사상임.

2) 圓教: 圓滿한 教法이란 뜻으로 『화엄경』의 圓滿因緣修多羅라는 말이 있는 데서 기인함. 이것으로 佛教를 비판하여 勝劣 淺深을 정하는 教相判釋을 삼고 漸·頓·圓의 三教를 세우다. 『화엄경』을 圓教라 한 것은 北魏의 惠光이 처음. 그후 天台의 化法四教, 華嚴의 五時, 道宣의 教判에 이 名目을 사용.

되거니와 이치를 체달(體達)하고서 사변(事邊)도 얻는다면 그 과(果)가 구경을 이룰 것이다.

그러므로 『법화경』에 이르기를 "보살은 두목신체(頭目身體)를 기꺼이 베풀어서 불지혜(佛智慧)를 구한다."고 하였거니와 만일 몸을 버리는 것이 곧 사도(邪道)의 행위라면 어찌 불지혜를 이룰 수 있겠는가. 터럭끝만한 선행(善行)도 과(果)에 나아가서는 넓고 깊은 것임을 명심해야 할 것이다.

이와 같이 도문(度門)으로 인(因)을 표하여 버리지 말 것이니, 석가모니불은 신명을 내던질 때마다 모두 법문을 증득해서 혹은 유순인(柔順忍)3)을 얻으며, 혹은 무생법인(無生法忍)4)에 들기도 하였다. 무릇 보살은 짓는 바가 모두 무아무성(無我無性)임을 요달해서 사(事)를 섭(攝)하되 이치를 보며 경계를 만나되 공(空)인 줄 아나니, 범부들이 그 죄복(罪福)을 지음에 인과와 선악을 바로 알지 못하고 무성(無性)을 곧 미(迷)한 일이라 하며 성(性)을 집착해 항상 삼유(三有)5)에 얽매이는 것과는 같지 않은 것이다.

시문(施門)의 이(理)와 사(事)—특히 사신명시(捨身命施)를 들어—

문 경에 이르기를 "삼항하사(三恒河沙)와 같은 몸으로서 보시하는 것이 사구게(四句偈)를 수지(受持)함만 같지 못하다."하였으니 그러므로 반야(般若)의 공(功)은 깊으며 시문(施門)의 힘은 얕은 것인 줄

---

3) 柔順忍: 三忍의 一. 慧心이 柔順하여 眞理에 隨順하는 地位로서 일체중생을 위하여 목숨을 아끼지 않고 諸根을 調伏하며 六度를 행하여 一切事 가운데서 福慧를 완전히 함으로 柔順忍이라 한다.
4) 無生法忍: 앞의 주(P.62) 참조.
5) 三有: 三有情界의 준말. 곧 三界의 生死를 말함이니 欲界, 色界, 無色界를 일컬음.

알 것이다. 그렇다면 어찌 곧 종취(宗趣)를 어기고 이치를 멀리하여 헛되이 힘을 써 정신을 수고롭게 하겠는가. 그것은 깨침을 기약하면서 미륜(迷倫)을 지으며 오르기를 구하면서 도리어 떨어지는 짓이라 할 것이다.

답 종지(宗旨)를 알면 곧 온갖 길에 막히지 않듯 이치를 얻은즉 만행을 바야흐로 걸림없이 이루리니, 그러므로 저를 버리고 이것만을 취하거나 또는 옳다고 고집하고 그르다고 배척하여서는 안되리라.

반드시 무애(無碍)의 문을 거쳐서 잘 두루 수행하는 길에 들 것이니, 이러므로 과거 모든 부처님이나 본사석가(本師釋迦)께서도 헤일 수 없는 세월로 좇아 무수한 신명(身命)을 버리셨다. 법을 구하기 위하여서는 골수(骨髓)를 뽑고 살을 깎기도 하였으며 자비를 행하기 위해서는 매에게나 범에게 몸을 기꺼이 내던지기도 한 것이다. 「반야론(般若論)」에서는 "여래께서 무량한 세월에 신명재(身命財)를 버리심은 실로 정법을 섭지(攝持)하기 위하심이었으니, 정법은 가이 없는지라 곧 무궁의 인(因)에 나아가서 무궁의 과(果)를 얻는 것이다. 과란 곧 삼신(三身)을 말한다."고 하였다.

그리고 또한 서천(西天)이나 이 땅의 무수한 보살고승(菩薩高僧)들이 예로부터 오늘날에 이르도록 몸을 버리심이 적지 않음은 모두가 부처님의 정전(正典)을 준행(遵行)하시고 약왕(藥王)의 유풍(遺風)을 본받으심이니, 예컨대 「고승전(高僧傳)」에 애법사(䚷法師)는 남산에 들어가서 스스로 몸을 도려내 바위에다 깔며 창자를 드러내 나무에다 걸고 심장을 손으로 받들며 돌아가셨는데, 바위에다 게송(偈頌)을 쓰기를 "원컨대 이 몸을 버린 뒤에 속히 신(身)이 자재해지되 법신이 자재함을 얻어서는 있는 곳마다의 제취중(諸趣中)에 이익처를 따라서 정법을 수호하고 중생을 구원하여지다."하고 또 이르기를 "업장이 마땅히 다하며 유위법(有爲法)도 모두 또한 그러할지니, 삼계는 무상하여 올 때도 자재치 못한지라 모든 죽음이 마침내 이같은 곳으로 돌아가고 만다. 이는 지자(智者)의 즐기지 않는 바이니, 내 오늘에야 바야흐로 업이 다하였도다."하였다.

또 승애 보살(僧崖菩薩)은 몸을 불사르며 이르기를 "일체중생의 고통을 대신하여 먼저 그 손을 태운다."하거늘 사람들이 묻되 "보살은 보살이 스스로가 태우는 것이고, 중생은 중생 스스로의 지은 죄로 그 죄업이 익어서 각각 고통을 받는 것이어늘 어찌하여 대신한다 합니까."답하기를 "마치 손을 태우는 것과 같아서 한번 선근을 생각하면 곧 능히 악을 멸하거니, 어찌 대신할 수 없으랴."하시고 대중에게 고하기를 "내가 멸도(滅度)한 후에 병난 사람들을 잘 지키고 봉양할 것이니 그 공덕은 바닥을 가히 헤아리기 어려운 것이다. 왜냐하면 이러한 곳에는 많은 제불성인들께서 방편으로 응화(應化)하시기 때문이다. 그러나 스스로 큰 마음으로 평등치 못하면 어찌 능히 이러한 이들을 공경할 수 있으리오. 만일 크게 평등한 마음으로 일체를 공경할 수 있다면 이것이 참으로 실다운 행이니라."고 하였다.

천태(天台)의 만 선사(滿禪師)는 평생을 『법화경』을 강송(講誦)하여 신인(神人)을 감동케 하고 항상 경주문자(經呪文字)의 삼매(三昧)에 들어 계시더니 뒤에 몸을 태워 『법화경』에 공양하였고, 또 지자(智者)의 문인(門人)인 정변 선사(浄辨禪師)는 참당전(懺堂前)에서 분신(焚身)하여 보현보살께 공양하였다 하며, 또 쌍림(雙林)의 부대사(傅大師)께서 중생의 고통을 구원코저 분신(焚身)하려 하신데 문인(門人)들이 앞뒤 사십팔인이나 스님을 대신해 분신하며 스승께서 오랫동안 세상에 머무시어 유정(有情)들을 교화하여 주시기를 청하는 등 이러한 전기들이 다 갖추어 인용하기 어렵다.

그러나 만일 이러한 자취들을 제성(諸聖)들께서 다만 시현(示現)으로만 베풀어 보이신 경계라고 한다면 곧 성인에게는 범부를 속인 허물을 면치 못하게 되고 또한 범부에게는 성인에 나아갈 분수가 없다는 게 되고 말 것이다. 교망(教網)을 허설(虛設)하고 따라서 방편도 곧 공(空)한 것이나 그 본뜻은 후배를 제접(提接)키 위해 앞에 머무르시고 범부들에게 실제로 증득하게 하기 위해서 방편으로 베풀어 보이시며, 또한 뒷사람들에게 오직 본받게 하기 위함이었으니, 참으로 사도(邪倒)의 법을 가지고 사람들에게 되려 베푸는 짓은 옳지 않기 때문이다.

대성(大聖)께서는 대자대비하시어 마침내 허광(虛誑)히 베풀지 아니하시므로 팔만의 법문이 모두가 해탈법 아님이 없고, 일념의 미미한 선행이라 할지라도 낱낱이 진여로 나아가는 것이나, 다만 중생의 근기가 초심(初心)도 후심(後心)도 있어서 인(忍－隨順忍)이나 법인(法忍－無生法忍)을 낼 따름이다. 그러므로 반드시 높은 것만을 집착하여 낮은 것을 배척치 말 것이며 낮음으로서 높음을 시기하지 말고 모름지기 때를 잘 알아서 스스로 근력(根力)을 헤아릴지니, 남의 좋고 나쁨을 평하여 억지로 시비를 세워서는 안되리라. 왜냐하면 말이란 재앙의 시초라 스스로 업장만을 부르기 때문이다.

또 저 무생인(無生忍)을 얻은 보살로서 비록 아법(我法)의 이공(二空)을 증득은 하였으나 중생을 이롭게 하기 위하여 간탐(慳貪)의 더러움을 파하고 오히려 소비(燒臂)하고 분신(焚身)도 하셨으니, 곧 약왕 보살(藥王菩薩)이나 승애(僧涯)와 같은 유(類)라, 그러나 만일 인(忍)을 갖추지 못한 이라면 비록 지혜의 불길로서 번뇌의 섶을 태우며, 이공(二空)을 요달하여 신견(身見)을 내지 않을 줄 안다 하더라도 혹 현행의 업장이 무거우면 상응함을 얻기 어려울 것이니, 부디 용맹심을 일으켜 진실행을 운용하며 부처님께 공양하여 은혜를 갚고 또한 중생의 고통을 대신하여 자비를 행할 것이다.

조도(助道)의 문을 이루고자 한다면 희구(希求)의 생각을 일으키지 말지니, 다만 서로 속이지만 않는다면 일마다 헛되이 버려지지 않으려니와, 그렇지 않고 혹 지안(智眼)이 밝지도 못하면서 오히려 아집을 내거나 인과만을 구하거나 뜻이 굳세지 못해서 선배들의 자취를 본받기에도 의심을 내는 이들은 실로 날이 갈수록 도업(道業)과는 아득히 거리가 멀어지고 말 것이다. 대개 중생은 근기가 같지 않고 그래서 숭상하는 바도 각각이므로 부처님께서 이르시기를 "만일 중생이 허망된 마음으로도 해탈을 얻을 수 있다 한다면 나도 또한 거짓말하는 사람이리라."고 하신 것이다.

이러므로 알라. 사(事)는 비록 천 갈래로 벌어지나 이(理)는 마침내 한 근원으로 돌아가는지라 모두가 대자비의 선권방편(善權方便)이시니, 혹은 신명을 버림으로 해서 단박에 법인(法忍)에 들며, 혹은 일심으로 선정(禪定)을 수습해 밝게 무생(無生)을 깨닫기도 하며, 혹은 근본이 청정함을 요달하여 실상문(實相門)을 증득키도 하며, 혹은 부정관(不淨觀)을 지어 원리도(遠離道)에 오르기도 하며, 또 혹은 칠보방사(七寶房舍)에 앉은 채 성과(聖果)에 오르기도 하고, 혹은 총간수하(塚間樹下)에 처한 채 열반에 나아가기도 하는 것이다.

그러므로 티끌과도 같이 많은 도문(度門)이 낱낱이 해탈로 들어가며 가이없는 교망(教網)도 요달한즉 반드시 진(眞)으로 돌아가매 대성께서 가르침을 베푸심이 마침내 허황되게 베푸신 것이 아니니, 비유컨대 먼 곳을 가는 것은 도착함으로 목표를 삼는지라 도중의 쉽고 어렵다는 온갖 논란(論難)을 취하지 않는 것과 같다. 또한 의사는 언제나 약가루로만 치료하는 것이 아니요, 하늘은 항상 개어 있는 것만은 아니다. 반드시 환(丸)이나 산(散) 등으로 그때그때의 상태에 따라서 조정하고 맑음과 흐림이 적절히 조화를 이루어야 또한 모든 병을 함께 고쳐 낫게 할 수 있고 만물이 고르게 번성할 수 있는 것이니, 이것이 곧 선권(善權)의 방편이라 실로 일정함에 치우친 법이 없는 것이다.

그러므로 그 즐기고자 함과 그 편의함을 따라서 오직 한결같이 도를 증득하는 마음만을 취할 뿐, 입문의 추세(麤細)는 가리지 말지니, 만일 원교(圓敎)[1]의 사문(四門)에 집착심을 낸다면 이는 오히려 장교(藏敎)[2]의 초문(初門)에서 다스리는 바가 되어버릴 것이다. 그래서 보살이 행하는 바 보시의 문이란 것도 마치 죄수가 애써 트인 구멍을 찾아 마침내 벗어남을 얻고 질병에 억지로 더러운 것을 먹어 병을 치유하는 것과 흡사한 것인데, 관력(觀力)이 아니면 곧 삼독의 병근을 뽑을 수가 없고 수행이 아니면 또한 삼계의 감옥을 뛰어넘을 수 없기 때문이다.

서(書)에 이르기를 "새를 잡는 것은 그물의 한 눈이지만 그 한 눈만으로는 그물이라 할 수 없으며, 나라를 다스리는 것이 공이 한 사람에게 있으나 그 한 사람만으로는 나라라고 일컬을 수 없다."하였으니, 이러므로 온갖 행을 구비하고 만선(萬善)을 함께 닦아서 아울러 일행(一行)의 근원에 돌아간다면 실로 천만 문이 스스로 바루어지리

---

1) 圓敎의 四門: 圓敎는 萬法에 원용하므로 門마다 각각 성립해야 하는 뜻이 있을 수는 없지만 그러나 一法上에서 보면 四門이 이치에 들어감의 다른 차이가 없지 않으므로 四門의 뜻을 세움. ① 有門: 보고 생각하는 一切假法이 곧 法界이며 一切佛法이 다 具足되어 있음을 관함. ② 空門: 一切諸法이 因에도 있지 않고 緣에도 속하지 않아 我라든가 涅槃 等 모든 것이 다 空함을 觀함. ③ 亦有亦空門: 空과 假가 相卽함. [雙照之中道]. ④ 非有非空門: 見思 그대로가 곧 法性이므로 見思가 非有이고 法性 그대로가 곧 見思이므로 法性이 非空이 된다[雙非之中道].
2) 藏敎의 初門: 小乘의 三藏敎에서도 함께 空을 분별해 들어가는 수행을 하여 偏眞의 이치를 증득하는 네 가지 문이 있으니, 그 初門은 곧 有門으로 有部宗 卽 毘曇宗이 그것이다. 過, 現, 未來의 三世가 실제로 있다 하고 法體가 恒然하다고 관찰하여 주장함. 둘째는 空門으로 成實宗의 주장. 셋째는 亦有亦空으로 毘勒論의 주장. 넷째는 非有非空으로 『那陀迦旃延經』의 주장.

라. 경전에서도 "십이인연(十二因緣)이 곧 일법(一法)이나 또한 사등(四等)으로 관찰하면 사종보리(四種菩提)[3]를 얻는다."하였거니와 만일 오직 상상근인(上上根人)만이 가능한 것이라면 중하의 근기는 나아갈 분수가 끊어지고 말 것이다.

그래서 제불께서 먼저 반교(半教)[4]를 넓히심은 그로 인하여 누구나 만(滿)을 이룰 수 있는 공(攻)이 있기 때문이고, 나아가 구경의 보소(寶所)에 이름은 모두가 화성(化城~方便)의 힘을 인하였기 때문인데 어찌 가히 이를 버리고 저를 취하며 실(實)을 고집해 권(權)을 비방하여 대번에 기연을 버리고 부처님의 방편을 회멸해 버리겠는가.

그러므로 이르기를 "실(實)로 좇아 권(權)을 나투니 권이란 곧 실의 권이며 또한 권을 열어 실을 나타내니 실도 곧 권의 실이라, 만일 이 권실(權實)의 이문(二門)에 미한다면 지혜가 자재치 못하리라."

---

3) 四種菩提: 보리심을 일으키는 데 理를 緣하여 이루는 보리심과 事를 緣하여 이루는 보리심이 있다. 그 가운데 事를 緣하여 이루는 보리심에 네 가지가 있으니 곧 사홍서원으로 體를 삼는 것이다. ① 衆生無邊誓願度: 일체중생은 모두가 佛性이 있으므로 모두 건져서 涅槃에 들게 하려는 願을 세운다. 이는 곧 饒益有情戒로서 또한 恩德之心이요 緣因佛性이며 應身菩提의 因이 된다. ② 煩惱無盡誓願斷: 스스로 가없는 煩惱를 끊으려는 願을 세운다. 이는 곧 攝律儀戒로 또한 斷德之心이요 正因佛性이며 法身菩提의 因이 된다. ③ 法門無量誓願學: 다함 없는 佛門을 覺知하려 願하는 것이다. 이는 곧 攝善法戒로서 智德之心이요 了因佛性이며 報身菩提의 因이 된다. ④ 無上菩提誓願證: 佛果菩提를 증득하려 원을 세운다. 앞의 세 가지 行願이 구족성취됨을 말미암아 三身이 원만한 보리를 증득하여 도리어 널리 일체중생을 이익케 하는 것이다.

4) 半教: 半字教의 준말. 小乘教를 말한 것. 半字라 함은 글자가 원만하지 못한 것으로 小乘教의 義理가 원만하지 못함에 비유한 것이며, 이는 아버지가 어리석은 아들에게 먼저 글자의 半만 가르치고 원만한 글자를 한꺼번에 가르치지 않는다는 『열반경』의 비유에서 온 말. 따라서 滿字教라 함은 大乘을 가리킨 말이 된다. 또는 半字教를 漸教, 滿字教를 涅槃滿足教로 표하기도 한다.

하며 또 「대론(大論)」에서도 "중생들은 갖가지 인연으로 득도(得度)함이 같지 않아서 혹 선정으로 해탈을 얻은 자도 있으며 혹 지계설법(持戒說法) 등으로 해탈을 얻는 자도 있으며, 또 광명이 몸에 부딪침으로 해탈을 얻는 자도 있는 것이 비유컨대 성(城)에는 많은 문이 있어 들어갈 때는 각각 다르나 들어가 이르면 한 곳에 다 모이게 되는 것과 같다."고 하신 것이다.

앞의 물음에서 반야의 공(功)이 깊다고 하였는데 참으로 반야란 성(聖)을 잉태하고 현(賢)을 넓히며 뭇 신령스러움을 머금고 온갖 미묘함을 갖춘지라, 표방한즉 종(宗)이 되고 수(首)가 되고 인도자가 되고 의지처가 되며, 융통한즉 부딪치는 경계나 모든 허공까지라도 온전히 반야 아님이 없다. 그러므로 경에서는 "색법(色法)이 가이없으므로 반야도 또한 가이없다."하였고 또 「조론(肇論)」[5])에서는 "삼독사도(三毒四倒)[6])가 그대로 모두 청정한 것이거늘 어찌 홀로 반야만이 높다 하리오."라고 한 것인데 이제 어찌 취사심(取捨心)으로 공(空)을 벗어나고 그림자를 피하려는 짓을 하겠는가.

또한 제불(諸佛)의 밀의(密意)는 한마디 말로 잘라 말할 수 없으니, 곧 빈 주먹으로 어린아이를 달래듯 일체를 달래어 건짐에 결정한 법이 없는지라 그래서 대보리(大菩提)라 호(號)하는 것이다. 그러나 반야에 집착을 파하는 공(功)이 있음을 알지 못하고 경교(經敎)만을 치우치게 칭찬해서 도리어 말만을 따라 알음알이를 낸다면 이것이

---

5) 「肇論」의 「般若無知論」에 이르기를 '…若有知性空而稱淨者則不辨於惑智, 三毒四倒亦皆淸淨, 有何獨尊於般若云云'이라 하다.
6) 三毒四倒: 三毒은 貪·嗔·痴. 四倒는 네 가지의 뒤바뀐 妄見을 말하니 범부의 有爲四倒와 二乘의 無爲四倒가 있다. ① 凡夫四倒: 生死法의 無常·無樂·無我·無淨에 대하여 常樂我淨이라고 고집함. ② 二乘四倒: 열반의 근본은 常樂我淨인데도 無常·無樂·無我·無淨이라고 고집함.

곧 방편에 의지한다 하면서 도리어 미혹 버림이라. 그러므로 반야는 능히 만행을 인도하거니와 그러나 만일 만행이 없다면 무엇으로 반야를 드러내겠는가. 간장이나 소금이 비록 맛을 내는 양념이지만 그것만을 지나치게 먹는다면 맛도 잃고 몸도 버리는 근심에 이를 것이요, 그와 같이 온전히 공(空)에만 집착하여 단견(斷見)에 치우쳐 있다면 덕도 잃고 허물만 이루고 말 것이다.

이 이야기는「지론(智論)」에 자세히 기록된 바 있으니 이른바 "제석(帝釋)이 생각하되 '만일 반야만이 곧 구경법(究竟法)이라면 수행하는 사람이 다만 반야만을 행할 것이거늘 무엇하러 널리 나머지 법을 구하는 것일까.'하고 의심한데 부처님께서 그 생각을 아시고 답하시기를 '보살의 육바라밀(六波羅蜜)은 오직 반야바라밀(般若波羅蜜)의 무소득법(無所得法)을 써서 두루 화합하므로 그래서 이것을 곧 반야바라밀이라 하는 것이다. 만일 다만 반야만을 행하고 다른 나머지는 행하지 않는다면 아무런 공덕도 갖추지 못할 뿐 아니라 원만할 수도 없을 것이니, 비유하면 어리석은 사람이 음식의 갖가지 갖춤을 알지 못한 채 간장이 온갖 맛의 으뜸이라는 말만 듣고는 마침내 간장만을 마셔서 맛도 잃고 몸도 상하는 재난에 이르는 것과 같이 수행자도 또한 집착심을 제거하려고 단순히 반야만을 행한다면 도리어 사견(邪見)에 떨어져서 선법(善法)을 증진하지 못하고 말 것이다. 이와 같이 나머지 오바라밀(五波羅蜜)로 더불어 화합한즉 공(功)과 덕(德)이 구족해지고 의(義)와 미(味)가 잘 고루어 맞게 되는 것이다."하였다.

또 『능가산정경(楞伽山頂經)』에는 보살이 빠르게 도에 나아가는 길을 두 가지로 말하였는데 이른바 "그 하나는 방편도(方便道)로서 능히 온갖 인연을 위함이요, 둘은 반야도(般若道)로서 능히 구경적멸(究竟寂滅)에 이르는 것이다."고 하였다.

이러므로 반야만 있고 방편이 없다면 무위(無爲)의 구덩이에 빠지게 되고 또한 방편만 있고 반야가 없다면 곧 환화(幻化)의 그물에 빠지고 만다. 그러나 이 두 바퀴에 막히지 않는다면 일도(一道)가 이지러짐이 없고 권(權)과 실(實)을 함께 행하매 정종(正宗)이 바야흐로 나타나리니, 머무를 바 없는 곳[無所住]에 머문다면 온갖 불사(佛事)를 겸수(兼修)할 수 있으며 얻을 바 없음[無所得]을 얻는다면 걸림없는 지심(智心)이 항상 적멸할 것이다.

관신실상(觀身實相)

문 교(敎)에는 다못 몸이 아(我)가 없음을 관찰하여 본래 무생(無生)임을 깨닫게 하셨는데 이미 그와 같이 성공(性空)의 이치에 달했다면 무엇하러 다시 신견(身見)을 두어 굳이 버릴 것을 망상(妄想)하겠는가.

답 이치 가운데는 있지도 않고 사상(事上)에는 또한 없지도 않다. 연(緣)으로 좇아 환(幻)처럼 생기는 것이니, 비록 짓는 자 없어 선악(善惡)은 성(性)이 없지만 업과(業果)는 완연해서 비롯 없는 옛적부터 수없는 몸을 버려 아무런 이익됨 없이 잇달아 나고 죽기만을 되풀이한 것이다. 이제 또 버리는 이 부모의 유체(遺體)가 어찌 곧 진정한 나의 몸이라 하겠는가.

그러나 일념으로 계정혜(戒定慧) 등을 원만히 하고 미묘한 선심(善心)을 정성껏 수행한다면 바야흐로 이것이 진정한 자기의 몸일 것이니, 이제 버리는 바도 곧 연(緣)으로 난 것이나 위 없는 선법(善法)을 힘쓰다 그를 위해 기꺼이 목숨을 마친다면 사중(事中)에 또한 한량 없는 이익된 죽음이라, 하물며 바로 무명(無明) 속에서 혼몽한 번뇌의 삼장(三障)[1]으로 살다 허망되이 죽는 이사(二死)[2]의 얽매인 바에다 비하겠는가. 환화공신(幻化空身)이라 한 말을 누가 믿어 받으리오.

 이러므로 불법(佛法)은 그 귀함이 오직 실제로 지니고 행하여 체달함에 있는지라 한때의 입으로만 판단함을 취하지 말 것이니, 마치 벌레가 나무를 갉아먹다가 우연히 글자 모양을 만든거나 새들의 공연한 재잘거림과도 같아 온전히 아무런 뜻이 없어서 번뇌도 덜어지지 않을 뿐더러 도리어 아만심만 더욱 불어나게 되며, 또한 삿된 공(空)에만 치우치는 짓이요 정법(正法)에 잘 통달하는 행은 아닌 것이다.

 모름지기 친히 진실법[眞諦]을 보아야만 곧 언행(言行)이 서로 응할 것인데 다만 망어(妄語)나 추심(麤心)만을 함부로 한다면 어느 때나 잠행(潛行)과 밀용(密用)을 살피겠는가. 옛사람이 이르기를 "행(行)은 천척만척(千尺萬尺)을 취하되 말[言]은 일촌반촌(一寸半寸)만큼만 취하노라."하였고, 또 경전에 이르기를 "말은 비록 공(空)을 설하나 행(行)은 유(有) 가운데 있다."하였으며, 『보적경(寶積經)』에는 "만일 수행하지 않고도 보리(菩提)를 얻는다고 한다면 음성이나 말도 제 스스로 마땅히 무상보리(無上菩提)를 증득하여 '나도 부처가 되었노라.'는 말 한마디로 모든 중생들이 또한 옛적에 정각(正覺)을 이루었을 것이다. 그러므로 알라. 행(行)은 말의 앞에 있는 것이요, 도(道)는 마음 밖에 있는 것이 아니다."하였고 또 "나의 법을 배우는 이는 오직 스스로가 체달(體達)함으로써 알 것이다."하였다.

 이러므로 극악(劇惡)이 미선(微善)만 같지 못하고 다허(多虛)가 소실(小實)만하지 못한 것인데 다만 잘 수행하는 이는 적은 마음이라도 소홀히 버리지 않는데 반하여 빈말만 일삼는 무리들은 언제나 한

---

1) 三障 : 앞의 주(P.98) 참조.
2) 二死 : 스스로가 생사에 자재하는 것이 아닌 故殺과 誤殺. 또는 自殺과 他殺.

갓 대의(大義)만을 내세우고 있구나.

만일 진여(眞如)의 대용(大用)에 계합(契合)치 못하고 또한 법의 성품에 순행(順行)치 못하면 오직 한없는 교만의 마음만 생겨서 스스로 거짓된 허물만을 부를 것이니 그래서 『인왕경(仁王經)』에선 오인(五忍)[3]의 지위(地位)를 배열하고 또 지자 대사(智者大師)께서는 육즉(六卽)[4]의 글을 갖추어 행위(行位)를 분명케 한 것인데 참으로 외람되이 넘길 수 없는 것이다. 어찌 고르게 평등관(平等觀)에 들어서 기쁘게 좇는 마음을 내고, 중선(衆善)의 근본을 쌓아서 대자(大慈)의 종자를 이루지 않겠는가.

---

3) 五忍: 忍이란 忍可 혹은 安忍의 뜻으로 굳세어 뜻이 옮기지 않음을 말한다.(仁王經) 보살의 地位 漸次를 5계단으로 나눈 것으로 ① 伏忍: 번뇌를 끊지는 못하였으나 觀慧를 익혀 이를 굴복시키고 일어나지 못하게 하는 地位. 곧 十住・十行・十廻向位. ② 信忍: 觀하는 마음이 進前되어 증득할 법을 믿고 의심치 않는 지위. 곧 初地 二地 三地 보살. ③ 順忍: 앞의 信忍에 대하여 다시 더 뛰어난 지혜를 연마하여 無生의 證果에 순하는 地位. 곧 四, 五, 六地보살. ④ 無生忍: 諸法無生의 진리를 깨달아 아는 地位. 곧 七, 八, 九地의 보살. ⑤ 寂滅忍: 갖가지 번뇌를 끊어버리고 淸淨無爲에 安住하는 地位. 곧 十地 等覺 妙覺의 地位.

4) 六卽: 천태종에서 圓敎의 修道上 別敎菩薩의 수행階位를 六段으로 나눈 것. 이 六段은 사람의 수행상에서 迷悟의 차별이 있음을 표시한 것일 뿐 수행의 대상인 實相의 이치에서는 迷悟가 둘이 아니므로 卽이라 한 것이다. ① 理卽: 佛性眞如를 갖추고서도 알지 못하여 아무런 수행도 하지 않고 生死에 윤회하는 位. ② 名字卽: 일체가 모두 佛인 것을 가리켜 보였지만 내몸이 곧 부처란 것을 이름으로만 아는 位. ③ 觀行卽: 처음 觀智로 十乘觀法을 닦으면서 兼行六度와 正行六度 등의 수행으로 조성하여 圓妙한 이치와 상응하는 位. 五品位에 해당. ④ 相似卽: 수행의 功을 쌓아서 眞智와 비슷한 지혜를 내는 位. 圓敎의 十信位에 해당. ⑤ 分眞卽: 또는 分證卽. 一分씩 無明을 破하고 一分씩 本有의 佛性을 證해 가는 位. 圓敎의 十住・十行・十廻向・十地・等覺의 四十一位에 해당. ⑥ 究竟卽: 本有의 佛性 전부가 나타나 다시 끊을 惑도 없고 증득해야 할 지혜도 없는 究竟圓滿의 位. 妙覺位와 佛果에 해당.

경전에 이르기를 "손가락 한 마디를 태우거나 한 자루의 향을 사르더라도 오히려 적겁(積劫)의 업장을 멸하며, 꽃 한 송이를 흩거나 잠깐 동안 부처님의 명호를 일컫더라도 필경에는 구경(究竟)의 과위(果位)에 이르는 것이다."하였고『능엄경』에는 "보살은 동사섭(同事攝)을 행하여 오히려 도적이나 백정, 음녀, 과부 등 어느 것이나 되지 않아 본 적이 없었다."하였으며, 또 무생의(無生義)에는 "이상무주(離相無住)라 함은 수행인이 열반에만 머무르지 않고 능히 널리 색신(色身)을 나타내어 유위(有爲) 가운데 처하며, 일부러 귀하기도 천하기도 하고 범부도 되고 성인도 되어 인의(仁義)의 도를 행하며 미래제가 다하도록 대비심(大悲心)으로 시방(十方)을 구제하는 것을 이른다."하였고, 또 "범지(凡地)에선 성행(聖行)을 닦거니와 과지(果地)에선 도리어(중생을 제도하기 위하여) 범인(凡因)을 익히는 것이니, 아직 불법을 갖추지 못했거나 또한 수(受)를 멸하지 아니한 채라도 다 취하여 익히는 것이다."고 하였다.

그러므로 참으로 진(眞)이란 속(俗)의 진(眞)이요 아울러 속(俗)이란 곧 진(眞)의 속(俗)인 것이다. 집착하면 모두 진로(塵勞)가 되고 통달하면 온갖 것이 불사(佛事)가 되나니, 법성(法性)의 삼매에 들면 한 법도 가히 싫어할 게 없고 무변(無邊)의 정문(定門)을 증득하면 한 법도 가히 버릴 게 없다. 승부심(勝負心)을 버린다면 취사분별(取捨分別)의 생각도 온전히 무너질 것이니, 부디 저의 보리심을 장애하여 스스로 선(善)의 근본을 멸해서는 안되리라.

또 마침내 비신(非身)임을 깨달아 깊이 실상(實相)을 궁구하면 심(心)과 경(境)이 서로 걸리거나 막지 못하여 결정코 의심할 게 없다. 비록 일체의 유위(有爲)가 오히려 허공 속에 날아간 새의 자취와 같은 줄 알지만 그러나 그렇기 때문에 지위(地位)마다 관찰하고 단련함을 구하여 습기(習氣)를 대치(對治)해야 하거늘 하물며 굳이 사도(四

倒)5)의 우(愚)를 고집하고 깊이 팔사(八邪)6)의 미망(迷網)에 빠져 이 더러운 몸뚱이를 가지고 널리 탐음(貪淫)을 지어서 환(幻)의 그물에 갇히고, 색정(色情)에 취하여 생사에 골몰하고 고륜(苦輪)에 침륜(沈淪)하는 자가 되겠는가. 그러므로 대각께서도 이를 깊이 탄식하사 널리 훼빈(毁擯)함을 드리웠고 제성(諸聖)께서도 몸을 버릴 즈음에 먼저 꾸짖지 않음이 없었으니, 이는 흡사 독약으로서 제호(醍醐)를 바꿈과 같으며 와기(瓦器)를 가지고 진보(珍寶)와 바꿈과도 같은 것이다.

그래서 『보적경(寶積經)』에서도 몸에 사십 종의 허물이 있음을 관찰하라 하였으니, 이를테면 "이 몸이란 탐욕의 감옥과도 같아 항상 번뇌에 얽히며, 더러운 구덩이라 언제나 온갖 벌레들의 먹이가 되며, 변소간과도 같이 다섯 가지로 부정(不淨)하고, 새는 자루와 같아 아홉 구멍이 뚫려 있으며, 진에(瞋恚)의 독사라 언제나 해칠 마음을 일으켜 혜명(慧命)을 상잔(傷殘)하고, 우치(愚痴)의 나찰(羅刹)이라 아견(我見)을 고집하여 지신(智身)을 삼키며, 또한 악한 도적을 온 세상이 다 싫어함과도 같고, 죽은 짐승과 같이 여겨 제현(諸賢)이 모두 버리며, 파초나 물방울의 견고하지 못함과 같고, 불그림자나 전깃빛과 같이 덧없으며, 비록 마시고 먹이지만 끝내는 도리어 원수를 짓고, 매양 잘 길러도 마침내는 은혜 갚기를 잊어버리는 것이다."고 하여 온갖 비유가 실로 한 둘이 아니매 이루 갖추어 다 말하기가 어렵다.

만일 깊은 허물을 살피지 못하고 드디어는 널리 악업을 일으켜서

---

5) 四倒: 앞의 주(P.152) 참조.
6) 八邪: 또는 八迷. 八邪行이라고도 하니 八正道의 반대현상. 邪見・邪思惟・邪語・邪業・邪命・邪方便(邪精進)・邪念・邪定.

오히려 미(迷)함을 옳게 여기고 나아가 닦지 아니한즉 지(智)와 행(行)이 함께 이지러지고 이(理)와 사(事)를 함께 잃으리니, 모름지기 먼저 근심하고 싫어하는 마음을 내어 간절히 대치(對治)할 것이니 그릇됨을 알면 욕화(欲火)가 소멸하고 근본을 요달하면 진원(眞源)이 스스로 드러나기 때문이다. 『법화경』에도 이르기를 "삼계(三界)란 마치 불타는 집과도 같다."고 하였거니와 실로 무엇을 말미암아 능히 부처님의 지혜를 헤아리겠는가.

문 몸이 비록 헛되고 거짓스러워 온갖 근심의 얽매인 바이지만 그러나 이 환형(幻形)을 인해 능히 도과(道果)를 이룰 수 있는 것이다. 경에도 이르기를 "번뇌대해(煩惱大海)에 들어가지 않으면 무가보주(無價寶珠)를 얻지 못한다."고 하였거니와 만일 이 몸을 버리려고만 한다면 뒤에 반드시 뉘우치게 되지 않을까 두렵다.

답 대저 난 것은 반드시 멸하고 유상(有相)은 끝내는 공(空)으로 돌아가는 것이다. 그러나 만일 저 삼보(三寶)에 지성으로 귀의해서 한번이라도 온몸채 던질 생각을 일으킨다면 오히려 세간에서 허망되이 생사에 헤매는 것보다 말할 수 없이 뛰어나서 곧 능히 무상(無常)의 체(體)로서 금강(金剛)의 체를 얻으며, 불견(不堅)의 몸으로서 견고신(堅固身)을 바꾸는 것이다. 그러므로 취사(取捨)의 두 길을 모름지기 지혜에 의지해서 스스로 비추어 판단할 것이다.

3. 진속(眞俗)을 동시에 섭하는 보살행의 의의와 필요성

문 안심입도(安心入道)는 모름지기 진공(眞空)을 순(順)해야 하는데 행을 일으켜 중생을 제도한다 하면 온전히 세제(世諦)에 빠지고 마는 것이다. 그러므로 다만 법성(法性)을 깨달아서 정종(正宗)을 가려야 할 것인데 어찌하여 오히려 실(實)을 배척하고 허(虛)를 의지하며 근본을 잃고 지말(枝末)에 나아가서 유위(有爲)로 요동(擾動)하고 분주히 조작하여 다시 진원(眞源)을 어지럽히고 심수(心水)를 혼탁하게 하겠는가.

답   참으로 제일의(第一義) 가운데는 진제(眞諦)라 할지라도 성립하지 못하고 평등법계(平等法界)에는 부처나 중생의 구별도 없는 것이어니와, 속제문(俗諦門) 가운데서는 어떤 것이든 한 법도 버리지 아니하나니, 무릇 지어 일으키는 바가 유위법(有爲法)이라 할지라도 불사문(佛事門) 가운데선 그 모두를 다 거두는 것이다. 이러므로 제불께서는 항상 이제(二諦)에 의지하여 설법하시는데 이것은 만일 세제(世諦)를 부정한다면 또한 제일의제(第一義諦)도 얻지 못하기 때문이다.

「유식론(唯識論)」에 이르기를 "이제(二諦)를 없다고 부정해 버리면 이는 악취공(惡取空)[1]이니 이런 이들은 부처님께서도 다스리지 못한다."하였고, 『금강경(金剛經)』에는 "아뇩보리심(阿耨菩提心)을 발한 자는 저 법의 단멸상(斷滅相)을 말하지 아니한다."했으며, 또 현수 국사(賢首國師)는 "진공(眞空)은 연기업과(緣起業果)를 파괴하지 않으므로 높고 낮음이 완연한 것이다."하였고, 「금강삼매론(金剛三昧論)」에는 "진속(眞俗)은 둘이 없으나 또한 그 하나만을 지키지도 않는다. 둘이 없기 때문에 곧 이 일심(一心)이며 하나만을 지키지도 않기 때문에 체(體)를 들어 둘이 되는 것이다."고 하였다.

---

1) 惡取空: 僻取空이라고도 하니 萬有가 실제하다는 사상을 고집하는 이에게 그 잘못된 소견을 除하기 위하여 空하다고 말을 듣고 그것을 空無하다는 뜻으로 잘못 해석하여 불교의 본뜻에 맞지 않는 것.

또 『화엄경』에는 이르기를 "비유컨대 허공이 시방세계 가운데 가고 오는 자취를 이제 구하려 해도 얻을 수 없으나 그러나 어디에든 허공 아닌 곳이 없음과 같아, 보살도 이와 같이 온갖 법이 다 가히 얻을 수 없음을 보나 그러나 온갖 법이 실(實)과 같아 다름이 없는지라 지은 바를 잊지 않아서 널리 수행함을 보이는 것이 곧 보살의 제행(諸行)이니, 대원(大願)을 버리지 않아 중생을 조복(調伏)하고 정법륜을 굴리되 또한 인과(因果)를 파괴하지 않는 것이다."하였다.

또 "보살마하살은 자신 및 중생들이 본래 적멸함을 깨달아 놀래거나 두려워하지 않고 부지런히 복과 지혜를 닦아 싫증을 내지 않는다. 비록 일체법이 조작함이 없는 줄 알지만 또한 제법(諸法)의 본래 모습을 버리지도 않으며, 비록 모든 경계에 길이 탐욕을 떠났으나 언제나 제불(諸佛)의 색신(色身) 받들어 뵙기를 즐겨 하며, 비록 다른 이로 말미암아서 법을 깨달아 드는 것이 아닌 줄 알지만 갖가지 방편으로서 온갖 지혜를 구하며, 비록 제불국토가 모두 허공과 같은 줄 알지만 항상 일체 불찰(佛刹)을 꾸미기를 즐겨하며, 비록 언제나 인아(人我)가 없음을 관찰하지만 중생을 교화하여 싫어하는 마음을 내지 않으며, 비록 법계(法界)가 본래로 부동(不動)한 줄 알지만 신통의 힘으로서 뭇 변화를 나타내며, 이미 일체지지(一切智智)를 성취하였지만 또한 보살행을 수습(修習)하여 쉼이 없으며, 제법(諸法)이 언설(言說)로 가히 설명할 수 없는 것임을 알지만 청정한 법륜을 굴려서 중생에게 기쁨을 느끼도록 하며, 또 비록 제불의 위신력(威神力)을 나타내 보이지만 또한 보살의 몸 버리기도 싫어하지 아니하며, 비록 대열반에 듦을 나타내지만 또한 온갖 곳에 태어남을 나타내 보이기도 하나니, 이와 같이 능히 권실(權實)을 아울러 행하는 법을 지으므로 그래서 곧 부처의 업(業)이라 하는 것이다."하였다.

이러므로 만일 인과를 부정하면 곧 공견외도(空見外道)며, 또한 체

(體)에만 의거하여 대용(大用)을 끊어버린다면 이는 곧 적멸에만 빠진 성문(聲聞)이고 말거니와, 이와 같이 정종(正宗)을 성립한다면 어느 법인들 종지가 아닐 것이며, 이미 법성(法性)을 논할진대 어떤 물건인들 또한 성품이 아니겠는가. 미(迷)함으로부터 집(執)을 파한다면 곧 시비(是非)의 권(權)을 성립케 되거니와 깨달음으로부터 모두가 한 가지임을 판명(辦明)한다면 실로 가지고 버릴 것이 없으리니, 이제까지 논해온 것들은 범부들의 고집하는 바 사상(事相)과는 다른 것이며, 또한 삼장보살(三藏菩薩)의 가법(假法)에만 치우쳐 진(眞)을 여읜 것과 통교성문(通教聲聞)의 다만 공멸(空滅)에만 빠진 상(相)과도 같지 않은 것이다.

만일 공(空)을 떠난 유(有)라고 한다면 이는 망색(妄色)의 인(因)이며, 만일 유(有)를 떠난 공(空)이라 한다면 또한 회단(灰斷)의 과(果)로 돌아가고 만다. 그러나 이제 여기서 논하는 성(性)이란 상(相)에 즉(即)한 성(性)이므로 번거로이 일으켜도 조금도 걸릴 것이 없고, 상(相)이란 곧 성(性)에 즉한 상(相)이므로 항상 담적(湛寂)하여 이지러짐이 없는 것이다.

경(境)이란 곧 부사의경(不思議境)이요 공(空)이란 곧 제일의공(第一義空)이니, 폄과 걷음이 동시라 공(空)에 나아가 항상 유(有)하며, 또한 있고 없음에 허물어지지 않는지라 유(有)에 나아가 항상 공(空)하기 때문이다. 그러므로 태교(台教)에서 이르기를 "마치 거울에는 형상이 비치나 벽돌에는 형상이 나타나지 않는다. 그러나(거울이든 벽돌이든 할 것 없이) 그 가운데 모든 모양이 다 갖추어 있으되 실은 한결같이 비어 없는 듯이 보이는 것처럼, 미묘한 정법신(淨法身)이여. 그와 같이 삼십이상(三十二相)을 갖추었도다."고 한 것이다.

청량 국사(淸凉國師)께서는 "범부와 성인이 사귀어 사무치니 범심(凡心)에 나아가 불심(佛心)을 보며, 이(理)와 사(事)를 아울러 닦으니 본지(本智)에 의지하여 불지(佛智)를 구하도다."고 하였는데 이 말씀을 고덕(古德)이 설명하기를 "선종(禪宗)의 일부 뜻을 잃은 무리들은 이치에만 집착하고 사변(事邊)에는 미(迷)하여 '성품이 본래 구족하거늘 어찌 닦아서 구함을 빌리리오. 다만 정식(情識)만 없앤다면 곧 진불(眞佛)이 스스로 드러날 것이다.'고 하고 또한 학법(學法)하는 무리들은 사변(事邊)에만 집착하고 이치에는 미하여 '어찌 부질없이 이법(理法)만을 구하여 수습하겠는가.'라고들 하거니와 이 두 의견을 함께 합한다면 아울러 아름답겠지만 서로 분리(分離)된 채로라면 양쪽이 모두 허물을 면치 못하리라.

이(理)와 사(事)를 반드시 아울러 닦아야 원묘(圓妙)함이 비로소 드러날 것이니, 마음을 쉬고 생각을 끊는 것을 이행(理行)이라 하고 공(功)을 일으켜 유(有)를 거치는 것을 사행(事行)이라 이름한다. 본지(本智)에 의지한다는 것은 본각지(本覺智)니 이른바 곧 인지(因智)요, 또 이것이 허명불매(虛明不昧)함을 연지(緣智)라 하고, 앞의 이행(理行)을 성취하여 정식(情識)을 없애고 이치를 드러내 불지(佛智)를 구하는 것을 곧 무장애해탈지(無障碍解脫智)라 하니, 이것이 이른바 과지(果智)다. 원명결단(圓明決斷)으로서 지(智)를 삼아 앞의 사행(事行)을 이루고 그 행을 일으켜 과(果)를 이루니, 이러한 즉 체성(體性)이 같으므로 그것에 의지하며, 상용(相用)은 (앞뒤의 차례로) 다르므로 서로가 그것을 구하는 것이다. 그러므로 다만 상용(相用)만을 구할지언정 체성은 애써 구하지 않아도 되는 것이다."고 하였다.

이 말에 덧붙이자면 앞에서의 정(情)을 없애고 이(理)를 행한다 함은 곧 염연기(染緣起)를 제거하는 것으로서 체성(體性)을 나투는 것이며, 공(功)을 일으키는 사행(事行)이라 함은 곧 정연기(淨緣起)를 발하는 것으로서 상용(相用)을 이루는 것이다.

무상종(無相宗)에 이르기를 "앞의 설함과 같아서 상용(相用)이 그러하니 다만 본지(本智)에 의지하고 정(情)을 없애면 곧 상용(相用)은 스스로 나타나는 것이다. 이것은 본래로 갖추어져 있기 때문인데 어찌 일부러 구하여 다시 따로 사행(事行)을 일으키겠는가."하였다.

또 원종(圓宗)에선 "성전(性詮)은 본래 갖추어져 있는 것인 바 정(情)을 없앴을 때 다만 염분(染分)의 상용(相用)만을 제거하면 진체(眞體)는 스스로 나타나는 것이다. 그러나 만일 사행(事行)을 일으키지 않는다면 정분(淨分)의 상용(相用)도 생겨날 인(因)이 없을 것이니, 마치 금(金)으로 온갖 그릇을 만드는데 처음 파냈을 때의 금덩이에 이광물(異鑛物)을 제거했다 하더라도 그것은 다만 금덩이일 뿐, 이것을 다시 시공조작(施功造作)치 않는다면 그릇이 될 인(因)이 없는 것과 같다. 어찌 금이 광(鑛)에서 나왔다고 조작함을 거치지 않고도 저절로 그릇이 되겠는가. 그와 같이 정(情)을 없앴다고 다시 사행(事行)을 빌릴 필요가 없다면 부처님께서 갖가지로 갖추어 닦게 하신 것이 어찌 학자들을 헛되이 피로하게 한 것이라 아니하리요."하였다.

이러므로 팔지(八地)에선 이미 능히 심념(心念)을 떠났지만 부처님께서는 비로소 이제부터 사행(事行)을 일으키라고 권하셨으니, 참으로 심념(心念)을 떠난 것만이 최상의 요달(了達)이 아닌 인유(因由)를 알 것이다.

그래서 문(文~十地品의 第八地偈頌)에 이르기를 "법성(法性)은 진상(眞常)하여 심념(心念)을 떠났나니 이 이치는 이승(二乘)이라도 능히 얻을 수 있는 것, 그러나 이와 같이 심념(心念)을 떠난 것만으로 세존(世尊)이 된 것은 아니니, 다만 매우 깊어 걸림없는 지혜가 있어야 하리라."고 하시어 일곱 가지로 권함이[2] 모두가 이 사행(事行)을 말씀하신 것이다.

그러므로 알라. 과불(果佛)에는 모름지기 성(性)과 상(相)이 구족하나 인행(因行)에는 반드시 사(事)와 이(理)를 아울러 닦아야 하나니, 곧 본지(本智)에 의지한다는 것은 금을 캔 것과 같고 이행(理行)을 수습(修習)하는 것은 광(礦)을 제거하는 것과 같으며, 사행(事行)을 닦는 것은 시공조작(施功造作)함과 같고 불지(佛智)를 구함은 그릇을 만들어 완성하는 것과 같은 것이다.

「자민삼장록(慈愍三藏錄)」에 이르기를 "만일 세존께서 '모든 유위법(有爲法)은 정히 공화(空華)와 같다.'고 설하셨다 해서 곧 '한 물건도 없음을 허망이라 한다.'고 말한다면, 허망이란 형상이 없는지라 해탈의 인(因)이 아니거늘 어찌하여 세존께서는 '육도만행의 묘인(妙因)을 부지런히 닦아 익히면 반드시 보리열반(菩提涅槃)의 과(果)를 증득하리라.'고 하였으리오. 어찌 지혜있는 자가 건달바성(乾達婆城)을 견실고묘(堅實高妙)하다 찬탄하고 다시 온갖 사람에게 권하여 토

---

2) 七勸: 華嚴十地品 第八地中에 三加七勸이 있으니 三加란 ① 諸佛現身 ② 與智 ③ 讚言이요, 이어 菩薩이 此地에 法縛이 되어 本願을 버리고 究竟涅槃에만 들어서 一切衆生을 버리게 되므로 부처님께서 다시 起智門을 勸하시니 그것이 곧 七勸이다. ① 勸如來善調御智[自德을 이루지 못하였음을 깨우쳐 권함]・② 勸悲愍衆生[중생을 건지겠다는 願이 가득하지 못함을 깨우쳐 권함]・③ 勸成其本願[本願이 充滿치 못함을 깨우쳐 권함]・④ 勸求無碍智[自德이 뛰어나지 못함을 깨우쳐 권함]・⑤ 勸成佛外報[敎化하는 업이 廣大한 願임을 깨우쳐 권함]. ⑥ 勸證佛內明無量勝行[自己가 얻은 바 法門이 밑바닥까지 다 사무치지 못하였음을 깨우쳐 권함]・⑦ 勸總修無遺成徧知道[지은 바를 능히 이루어 온갖 덕을 증진하도록 깨우쳐 권함]. 此集에서는 이 가운데서 第四勸을 들어 특히 인용하였다. 經本文은 다음과 같다. '又 善男子 此 諸法法性 若佛出世 若不出世 常住不異 諸佛不以得 此法故 名爲如來 一切二乘 亦能得此無分別法[疏云…佛과 다름을 깨우쳐 上求하기를 권함이니 써 深無碍智가 있어 大用이 無碍하여야 바야흐로 二乘과 같지 않은 까닭이다. 一切二乘의 아래는 二乘과 같음을 억제하여 하여금 法忍에 머물지 않도록 함이니 三獸가 물을 건너매 한가지의 理致를 涉하는 것과 같기 때문이며 功行이 疲倦[積滯]하여 寂에만 趣向함이 垢가 되므로 그래서 마땅히 머물지 않도록 하는 것이다.]하였다.

끼의 뿔로 사다리를 삼아 오를 수 있다고 말해 줄 수 있겠는가. 이런 이치로 해서 비록 곧 범부이지만 보리심을 발하여 보살행을 행하는 것이다. 그러나 유루(有漏)를 닦아 익혀도 곧 실답고 옳다 할 수 있으니 유체(有體)의 허망이 곧 거북의 털과 같은 것이 아니라 실로 공적(空寂)하여 일물(一物)도 없음을 허망이라 하기 때문이다. 이것은 모두 타(他)를 의지해 연(緣)으로 난 환유(幻有)일 뿐, 없는데 있다고 망령되이 계교(計較)하는 것과는 같지 않나니, 만일 이와 같이 바르게만 안다면 언제나 상(相)을 행하나 상에 걸림이 없어 빨리 해탈함을 얻을 수 있으려니와, 미정(迷情)으로 집착하기만 일삼는다면 아무리 가르쳐도 통하지 못해서 비록 상(相)을 떠나기를 구하지만 항상 상에 얽매여 해탈할 수 없으리라."하였다.

그리고 "만일 삼세제불의 수행하신 것이 모두 망상이라고 고집한다면 그대는 어디에다 의지하여 수학(修學)해 해탈하겠는가. 만일 부처님의 행에 의지하지 않고 따로 종(宗)하는 데가 있다면 그는 모두가 외도행(外道行)인 것이다."고 하였다.

또 고덕(古德)이 이르기를 "만일 평소에 두 손을 모두고 편안함에만 빠져 인의도(仁義道)를 행하지 않는다면 곧 장엄을 궐(闕)해서 오랜 세월을 지내도 끝내 아무 것도 이루지 못하고 말 것이니, 실제(實際)에는 티끌 하나라도 용납치 않지만 불사(佛事)문 가운데는 한 법도 버리지 않는 것이다."하였고, 환원관(還源觀)에는 "진(眞)은 망(妄)의 본(本)을 싼 것이라 닦지 아니할 행이 없고, 망(妄)은 또한 진(眞)의 근원을 사무친 것이라 공적(空寂)치 아니한 상(相)이 없는 것이다."하며 또 "진여(眞如)의 성품은 법이 그러히 연(緣)을 따르고, 만법이 갖추어 일어남은 법이 그러히 성품에 돌아가는 것이다."하였다.

또한 조사(祖師)의 전법게(傳法偈)에는 "심지(心地)가 때를 따라 설하나 보리(菩提)도 또한 그러하다. 사(事)와 이(理)가 함께 걸림이 없나니 당생(當生)이 곧 불생(不生)이로다."고 하였다.

그러므로 알라. 진(眞)은 성품을 지키지 않고 공적(空寂)에 수순(隨順)하되 만유(萬有)가 항상 일어나고, 연(緣)은 체(體)를 잃지 않고 움직이는 대로 맡기되 일공(一空)이 언제나 고요한 것이다.

4. 이사(理事)에 명합한 실상(實相)의 지위점차

문 『사익경(思益經)』엔 이르기를 "정위(正位)에 든 자는 일지(一地)로 좇아 십지(十地)의 차례를 거치지 않는다."하였고, 『능가경(楞伽經)』에서는 "적멸한 진여(眞如)가 무슨 점차(漸次)가 있으리오."라고 하였다. 또 고덕은 이르기를 "차라리 무량한 세월토록 지옥의 고통을 받을지언정 마침내 이미 이룬 성인(聖人)들과 같은 해탈은 구하지 않겠다."하였고 또 "그대들 천성(千聖)의 나타남에 맡기노라. 나에겐 천진(天眞)의 부처가 있으므로."라고도 하였다. 어찌하여 일부러 눈을 눌러 공화(空華)를 내어 억지로 행위(行位)를 나눌 것인가.

답 만일 마음이 성불(性佛)에 가만히 합하고 이치가 진원(眞源)을 두루 싼다면 어찌 다른 인연을 빌려 굳이 자기를 없앰을 숭상하겠는가. 그러나 지혜를 따라 구분한다면 차례 없는 가운데 차례를 성립하는 것이니, 비록 오르고 내림이 있는 듯하나 본위(本位)는 움직이지 않는 것이다.

대개 성인(聖人)의 대보(大寶)를 위(位)라 하는데 이것은 만일 행위(行位)가 없다면 곧 천마외도(天魔外道)이기 때문이다. 이와 같이 원융문(圓融門)의 입장에서 말한다면 곧 법계성(法界性)을 순하여 본래 스스로 청정하려니와 그러나 만일 행포문(行布門)의 입장에서 말한다면 곧 세제상(世諦相)을 따라서 앞뒤의 얕고 깊음이 분명하다. 그러나 이제 원융(圓融)이 행포(行布)에 장애가 되지 않으므로 단박에 모든 행을 이루어 일지(一地)가 곧 일체지가 되며, 또한 행포(行布)가 원융(圓融)에 장애되지 않으므로 치우쳐 모든 행을 차례로 이루어서 제위(諸位)의 공덕에 증진하는 것이다.

그러므로 공(空)을 점두(點頭)하고 위(位)를 논하며 중도(中道)에 항상 거처(居處)하나니, 있지 않으면서 있는지라 오르내림이 뚜렷하고 있으면서 있지 않는지라 모든 것이 자취없이 허정(虛靜)한 것이다.

『반야경』에서는 수보리가 부처님께 여쭙기를 "만일 모든 법이 필경에 자취가 없다면 어찌하여 일지(一地)나 십지(十地) 등의 차례를 설하십니까."하니 부처님께서는 "모든 법이 필경에 있는 자취가 없기 때문에 곧 보살이 초지(初地)와 십지(十地)에 이를 수 있는 것이니, 만일 제법이 고정불변한 성질의 것이라면 곧 일지(一地)나 십지(十地)의 차례도 있을 수 없을 것이다."고 하였다.

이러므로 삼십칠품(三十七品)은 보살이 반드시 밟아 거치는 문이요, 오십이위(五十二位)는 고불(古佛)께서도 빠짐없이 수행하신 길이라, 초념(初念)으로부터 한결같이 원만히 닦아서 마침내 십팔불공(十八不共)에 이르기까지 삼업(三業)을 두루 연마한다면 반드시 끝내는 구경청정(究竟淸淨)함에 이르고야 말 것이다.

5. 수행의 참뜻

문   자성(自性)의 진원(眞源)은 본래 저절로 원만히 이루어져 있는 것이다. 어찌 수행을 빌려 널리 동작(動作)을 일으키겠는가. 경에 이르기를 "고(苦)를 보아 집(集)을 끊고 멸(滅)을 증해 도(道)를 닦는다 함을 희론(戱論)이라 한다."하였거니와 만일 망념(妄念)을 일으켜 수행한다면 이것으로 어찌 근본에 계합(契合)할 수 있으리오.

답 「기신론(起信論)」에 이르기를 "불각(不覺)[1]의 망상심이 있는 까닭에 명의(名義)만 아는 것으로 진각(眞覺)이라 말하거니와(만일 불각망상(不覺妄想)의 마음만 떠나면 진각(眞覺)의 자상(自相)은 따로 설할 것이 없다.)"고 하였는데 실로 이 진여(眞如)의 내훈(內熏)을 인해서 이 무명으로 하여금 쓰게 하며, 다시 부처님의 언교력(言敎力)으로 내외가 서로 도와 이 망신(妄身)으로 하여금 스스로 자기 몸에 진여성(眞如性)이 있음을 믿어 갖가지 방편을 일으켜 닦아 모든 곳에 대치하게 하는 것이다.

이렇게만 수행한즉 곧 진여(眞如)에 믿음이 있다 하리니, 진리를 증거하지 못한 동안은 무루(無漏)라고 이름하지는 못하나 망념(妄念)이 청정해짐에 따라 진성(眞性)은 스스로 나타나는 것이다. 이와 같이 비록 무성(無性)임을 수행해도 진수(眞修)에 장애되지는 않나니, 망(妄)을 좇아 진(眞)을 나타내고 식(識)을 인해 지(智)를 이룸이 마치 그림자가 거울의 밝음에 따라 드러나듯 하여 진로(塵勞)가 없다면 불도(佛道)가 따로 성립될 수 없는 것이다.

---

1) 起信論 心生滅章의 說 參照.

6. 실상(實相)의 견해(見解)

옛사람이 이르기를 "진망(眞妄)의 두 법이 한가지로 일심(一心)이니 왜냐하면 진(眞)으로 망(妄)을 이루므로 따로 망(妄)이 없고, 또 망(妄)을 따라 진(眞)이 나타나므로 따로 진(眞)이랄 게 없기 때문이다."하였고 또 "진리 밖에 따로 망법(妄法)이 있다면 이치가 두루 하지 못하고, 망법을 떠나 진리가 있다면 사(事)가 의지할 데가 없으리라."고도 하였으며, 또 "만일 본정(本淨)만을 국집(局執)한다면 이는 자성치(自性痴)요, 또한 온전히 외수(外修)만을 빌리려 한다면 이는 곧 타성치(他性痴)며, 또 만일 내외가 서로 도와야 한다면 이는 공성치(共性痴)요, 반대로 본(本)과 말(末)을 함께 버린다 하여도 이는 곧 무인치(無因痴)가 되고 만다."하였다.

또 장자론(長者論)에서는 "만일 한 가지 이치만으로 모두가 평등하다면 수도(修道)할 마음이 없어질 것이다. 마땅히 더욱 책발(策發)하여 닦되 닦음이 없는 곳에 이르러야 비로소 만법이 닦을 게 없는 것인 줄 알 수 있으리라."하였고, 또 『보적경(寶積經)』에는 "만일 닦을 것이 없다 한다면 날짐승 길짐승 등도 또한 벌써 불도를 이루어 마친 지라 다시 닦을 필요가 없다 하리라."하였다.

그러므로 태교(台敎)에서 이르기를 "행(行)은 능히 지(智)를 이루는지라 행이 가득하면 지도 원융해지고, 지(智)는 능히 진리를 나투는지라 진리를 궁진(窮盡)하면 지혜 또한 적정(寂靜)해 진다. 그러므로 서로 구하는 도(道)가 흥하고 폐함이 없지 않으니, 권(權)을 인해 실(實)이 드러나지만 일단 실을 이루고 나면 권은 없어지며, 망(妄)을 잡아 진(眞)을 밝히는 것이지만 또한 진을 이루고 나면 망은 저절로 없어지는 것이다.

이와 같이 권(權)과 망(妄)이 이미 적정(寂靜)하다면 진(眞)이나 실(實)도 또한 공적(空寂)한 것이라, 그렇다면 결국 망(妄)이니 권(權)이니 라고 할 것이 없거늘 다시 무엇을 참되다 하겠으며 무엇을 실답다 하겠는가."고 하였으며 우두융 대사(牛頭融大師)께서는 "만일 닦아서 난다고 말한다면 벌써 조작(造作)이라 참된 것이 아니며, 또 만일 본유(本有)라고 우긴다면 만행이 헛되이 베푼 것이 되고 말리라."고 한 것이다.

7. 지관(止觀)으로 수행하는 이유

문 일체 범부가 항상 정(定)에 있거늘 어찌 굳이 숨을 헤아려 관(觀)에 들어[數息入觀] 노끈 없는 데서 스스로 얽매이겠는가.

답 만일 법성삼매(法性三昧)로 논한다면 어떤 사람인들 갖추지 않았으리요만은 구경(究竟)의 정문(定門)을 논한다면 오직 부처님이라야 바야흐로 갖추셨다. 등각 보살(等覺菩薩)도 오히려 알지 못하거든 산심(散心)의 범부가 어찌 헤아림을 용납하겠는가.

그러므로 문수(文殊)가 이르기를 "비유컨대 어떤 사람이 활쏘기를 배움에 서툰대로 부터 자세함에 이른 그 후에라야 쏜 것이 뜻대로 다 맞는 거와 같이 나도 또한 그와 같아서 처음 삼매를 배움에 제(諦)와 연(緣)이 한 경계가 되게 한 연후에 무심삼매(無心三昧)에 들어 비로소 일체시 가운데에 항상 정(定)과 함께 하는 것이다."고 하였으니, 부정가관(不淨假觀)과 수식의 묘문(數息之妙門)은 곧 감로에 드는 나룻터요 생사(生死)를 벗어나는 지름길인 것이다.

용수 조사(龍樹祖師)께서는 "부처님을 관하는 십력(十力) 가운데 이력(二力)이 가장 크니 그것은 곧 업력(業力)과 정력(定力)이다. 업력을 인하여 생사에 들며 정력(定力)을 인해 생사를 벗어나기 때문이다."하였고,『정법념경(正法念經)』에는 "두루 천하 사람을 구제하는 것보다 잠시라도 단정한 마음으로 뜻을 바르게 하는 것이 낫다."고 하였거니와, 이와 같이 재전(在纏)의 진여는 혼(昏)과 산(散)에 다 갖추었으나, 출전(出纏)의 진여는 올바른 정혜(定慧)라야 비로소 밝힐 수 있는 것이다. 총(總)과 별(別)이 환하고 앞뒤가 조금도 넘침이 없는데 어찌 이치의 옳음만을 긍정하며 어떻게 그른 것이라 해서 한결같이 배척만 하겠는가.

8. 보살 본원(本願)으로서의 수행

문·사·수(聞·思·修)

문 보살의 대업(大業)은 만중생을 거두어 교화하는 것으로 기초를 삼거늘 어찌하여 한결같이 홀로 고봉(孤峰)에 엎드리며 깊이 난야(蘭若)에만 드는가. 이것은 이미 본원(本願)을 어긴 행동이거니 어떻게 중생을 이롭게 하는 행을 이룰 수 있으리오.

답 보살은 참으로 다른 이들 건짐을 본원으로 삼기 때문에 먼저 정혜(定慧)를 닦는 것이다. 공한정처(空閑靜處)는 선관(禪觀)을 이루기 쉽고 소욕두타(少欲頭陀)는 능히 성도(聖道)에 들 수 있는 지름길이니, 그래서 『법화경』에서도 "또 보살의 용맹정진을 보니 깊은 산에 들어가서 불도를 사유(思惟)하도다."고 하신 것이다.

문 많이 듣고 널리 읽으며 배워 익히고 기억해 가지며, 또한 글뜻을 따라 궁구하는 등으로 어찌 견성(見性)할 수 있으리오.

답 만일 말을 따라 견해(見解)를 내고 글과 함께 알음알이를 지으며, 언전(言詮)에 집착하여 지취(旨趣)를 잊고 교(敎)를 좇아 마음을 미해 손가락과 달을 분간치 못한다면 곧 성품을 보기 어려우려니와, 그렇지 않고 말을 인하여 도를 깨닫고 교(敎)를 빌려서 종지(宗旨)를 밝히며, 지혜롭게 언전(言詮)에 들어 깊이 부처님의 뜻을 탐구한다면 실로 다문(多聞)에 나아가 보장(寶藏)을 이루며 적학(積學)으로써 또한 지혜의 바다를 삼을 것이니, 범부로 좇아 성인에 듦이 모두가 현학(玄學)의 힘을 인함이요, 위태한 곳에 처하여 평안함을 얻음이 다 묘지(妙旨)의 공(功)으로 도운 것이다.

말이란 도에 드는 계단이요, 교(敎)는 곧 사정(邪正)을 가려내는 먹줄이니, 그러므로 『화엄경』에 이르기를 "중생을 제도하여 열반에 머물게 하려 한다면 반드시 무장애해탈지(無障碍解脫智)를 떠나지 말 것이니, 이 무장애해탈지는 일체법여실각(一切法如實覺)을 떠나지 않았으며, 일체법여실각은 무행무생행혜광(無行無生行慧光)을 떠나지 않았고, 무행무생행혜광은 선선교결정관찰지(禪善巧決定觀察智)를 떠나지 않았으며, 선선교결정관찰지는 선교다문(善巧多聞)을 떠나지 않았기 때문이다. 보살이 이와 같이 관찰해서 요지(了知)한다면 정법(正法)을 더욱 배(倍)로 하여 부지런히 닦아 익힘을 구할 것이니, 종일을 언제나 법문 듣기를, 법에 기뻐하기를, 법을 즐기기를, 법에 의지하기를, 법에 따르기를, 법을 알기를, 법에 순하기를, 법에 도달하기를, 법에 머물기를, 법을 실행하기를 발원(發願)할 것이다. 보살은 이와 같이 부지런히 불법을 구해서 있는 바 온갖 재물을 아낌이 없고 또한 따로 귀중하고 얻기 어려운 물건이 있음을 보지 않으며, 다만 오직 불법(佛法)을 선양(宣揚)하는 사람을 만나지 못할까 근심하는 것이다."하였다.

또 『법화경』에서 "만일 근기가 날카롭고 지혜가 명료한 사람에게라면 다문강식(多聞強識)이라도 그를 위해 설할 수 있으리라."하신 말씀을 논(論)에 해설하기를 "지혜가 있으나 다문(多聞)함이 없으면 곧 실상(實相)을 알지 못할 것이니, 비유하면 캄캄한 곳에서 눈은 있으되 볼 수 없는 것과 같고, 다문(多聞)하나 지혜가 없다면 또한 실상(實相)을 알지 못하리니, 흡사 밝은 데서 다시 등불까지 있으나 눈이 없어 못보는 것과 같다. 또한 많이 듣기도 하고 겸하여 지혜도 맹리(猛利)하면 곧 가르친 바를 능히 받아 지닐 수 있으려니와, 그러나 들음도 없고 지혜도 없다면 이를 일러 사람몸인 소와 같다고 하는 것이다."하였다.

그러므로 원교(圓敎)의 이품(二品)엔 선관(禪觀)에 겸하여 독송(讀誦)하기를 권하였으니, 이것은 위(位)에 거하여 물러나지 않으면 비로소 듣는 법에 싫어함이 없기 때문이다. 그러므로 바로 듣는다면 관력(觀力)을 돕게 되고 바로 배우면 종지(宗旨)의 공(功)을 이루는 것인데, 일부러 소나 양 같은 눈을 지어서 방향을 가리지 못하고 또한 어리석고 고지식한 마음에 처하여 숙맥(菽麥)을 분간치 못해서야 되겠는가.

구선지식(求善知識)

문 영지(靈知)가 본래 스스로 어둡지 않아서 묘성(妙性)이 뚜렷하고 원만하거늘 어찌 헛되이 두루 찾아 헤매며 물음을 빌려서 따로 선지식(善知識)을 구하겠는가.

답 일체중생은 깨달음 속에서 미(迷)를 내며 진리 가운데서 망(妄)을 일으키므로 불각(不覺)이 되었다. 그러므로 반드시 발양(發揚)함을 빌려야 하는 것이다. 다시 여러 경론의 말씀들을 인용하여 이를 증거하리라.

『법화경』에 이르기를 "부처님께서는 일찍이 헤일 수 없는 무수한 부처님들을 친근(親近)하시며 또한 모든 부처님들의 한량 없으신 도법(道法)을 용맹정진으로 행해 다 하시고야 바야흐로 명칭(名稱)이

보문(普聞)케 되시었다."하시고 또 "선지식이란 분은 곧 크나큰 인연이니 이른바 반드시 부처님을 뵙게 하고 아뇩다라삼먁삼보리심을 발하게 해주기 때문이다."하였다.

또 『화엄경』에서는 "비유하면 어둠 속에 보물이 있으나 등불이 없다면 볼 수 없는 것과 같이 불법을 설하는 이가 없다면 비록 지혜가 있더라도 능히 깨달을 수 없으리라."하시고, 또 "삼천대천세계의 가득한 보물이 필요한 것이 아니요, 오직 한 구절이라도 듣지 못한 불법을 즐겨 듣는 것이 원이로다."하시며, 또 "비록 진리가 다른 이로 해서 깨달을 것이 아닌 줄은 알지만 언제나 모든 선지식을 존경하노라."고 하였다.

또「기신론(起信論)」에서는 "부처님의 법이 인(因)도 있고 연(緣)도 있어서 이와 같이 인연이 갖추어져야만 이룰 수 있는 것이다. 그러나 나무 속에 갖추어져 있는 불의 성질이 곧 불의 정인(正因)이지만 만일 사람이 이를 몰라 방편을 빌리지 않는다면 나무 스스로가 타는 일은 없는 것처럼, 중생도 비록 본래 정인(正因)의 훈습력을 갖추고는 있으나 만일 제불보살 선지식 등의 뛰어난 인연을 만나지 못하고서는 능히 스스로 번뇌를 끊고 열반에 이를 수 없는 것이다."고 하였다.

또 『법구경(法句經)』에서 부처님이 비구들에게 이르시기를 "대저 모든 물건은 본래가 청정하건만 다 인연을 말미암아 죄나 복을 일으키는 것이니, 현명한 이를 가까이한즉 도의(道義)가 융성해지고 어리석은 이를 벗한즉 재앙이 모임이 비유하면 종이나 노끈이 향을 가까이한즉 향내가 배이고, 고기를 맨즉 비린내가 나서 점점 물들고 익혀지나 각각 스스로는 깨닫지 못하는 것과 같다."하시고 송(頌)으로 읊으시기를 "어리석은 이가 남에게 물드는 것은 마치 냄새나는 물건을 가까이하는 것과 같아서 점점 미하고 그릇됨을 익혀 모르는 결에 악을 이루고, 어진 사람이 남에게 물드는 것은 마치 향훈에 싸인 것과 같아서 지혜로 나아가고 선을 익혀 그 행이 맑고 깨끗함을 이루도다."고 하였다.

또 능엄경(楞嚴經)에는 부처님이 아난에게 이르시기를 "일체중생이 비롯 없는 옛적부터 갖가지로 전도(顚倒)하여 자연히 업을 심는 것이 마치 악차(惡叉)[1] 열매의 모임과도 같으며, 또한 수행하는 이들도 무상보리(無上菩提)를 이루지 못하고 혹은 따로 성문(聲聞)이나 연각(緣覺)을 이루거나 및 외도나 마의 권속이 되고 말기도 하는 것은 그 모두가 두 가지의 근본[二種根本][2]을 알지 못하고 그릇되게 닦아 익힌 때문이니, 흡사 모래를 삶아 밥을 만들려는 짓과도 같은지라 비록 그와 같이 해서 아무리 오랜 세월을 지나더라도 마침내 이루지 못하는 것과 같다."고 하였다.

그러므로 처음 수행하는 이는 반드시 도우(道友)를 가까이해서 힘껏 사(邪)와 정(正)을 판단하여야 비로소 참된 수행에 계합할 수 있음을 알 것이니, 혹 권문(權門~方便門)에만 집착한다면 아무리 오랜 세월을 보내도 헛되고 말거니와 치우침 없이 지혜롭게 잘 수행하여 원지(圓旨)를 얻는다면 공정(功程)을 헛되이 하지 않고 바로 도량에 이르러서 길이 의심하는 뉘우침이 없어짐은 물론 스스로 깨달을 시에 다달아서는 오직 스승 없는 자연의 지혜를 증득하되 결정코 사람으로 좇아 얻지 아니할 것이다.

---

1) 惡叉聚: 惡叉열매의 모임이란 말이니 惡叉는 인도 마레이 반도에서 나는 田麻科에 속하는 나무이름. 이 나무의 씨로 염주를 만드는데 흔히 金剛子라고 부르는 것이 이것이다. 씨가 한 곳에 모이므로 成唯識「유가사지론」등에서 한 무더기에 여러 가지가 있는 것을 설명할 때 이것으로 비유한다.

2) 二種根本: ① 비롯 없는 생사의 근본 ② 비롯 없는 보리열반의 元淸淨體(『楞嚴經』卷一의 見卽眞心章 참조).

위인설법(爲人說法)

문 법을 설하여 사람을 위하는 것도 비록 대업(大業)을 이루는 한 방법이긴 하나 그러나 이것도 결코 극지(極地)와 같을 수는 없다. 그러므로 자칫 자행(自行)만 덜까 두려우매 등지 보살(登地菩薩)도 오히려 부처님의 꾸짖으심을 입었거든 하물며 증득하지 못한 범부로서 어떻게 설법할 수 있으랴.

답 태교(台敎)의 「초품(初品)」에 "곧 범부라 하더라도 만일 원문(圓門)에 깊이 믿음을 내어 든 이라면 또한 설법하는 것도 무방하다."고 한 대목이 있는데 이것은 곧 범부의 마음이 부처님의 소지(所知)와 같고 소생(所生)의 안(眼)을 씀도 여래의 견(見)과 가지런하기 때문인 것이다.

또 『반야경』 가운데서 '정억념(正憶念)을 교량(校量)한다.' 함도 스스로 수행한 반야의 복을 일컬은 말씀이나 널리 인천을 위하여 비유로 잘 설법함만 같지 못하니, 왜냐하면 앞사람으로 하여금 반야를 쉽게 알게 함이 그 복이 가장 뛰어나기 때문이다. 경에 이르기를 "그 사람은 계행이 비록 부족하나 잘 능히 법을 설하여 많은 사람을 이롭게 하니 만일 이 사람을 공양하는 이는 곧 시방의 부처님을 공양하는 것과 같으리라."고 하였다.

『미증유경(未曾有經)』에는 이르기를 "법을 설하는 두 가지의 큰 인연이 있으니 그 하나는 인천(人天)을 개화(開化)하는 복이 한량 없고, 둘은 베푸는 식은(食恩)을 갚는 것이다. 그렇거늘 어찌 설법치 않을 것인가."하였고 또 "재시(財施)는 등잔불과 같아서 다만 조그마한 방만을 밝힐 수 있거니와 법시(法施)는 햇빛과 같아서 멀리 천하를 두루 비추인다."하였다.

대방광총지경(大方廣總持經)에는 "선남자야, 부처님 멸도하신 뒤에 만일 법사가 있어서 사람들을 위해 마땅한 바를 따라 법을 설하되 능히 보살로서 대승을 배우려는 이나 및 온갖 대중에게 털끝만치라도 기쁜 마음을 일으키게 하거나 내지 잠시라도 한줄기 기쁨의 눈물을 흘리게 하는 이가 있으면 마땅히 부처님의 위신력인 줄 알 것이다."고 하였으니, 다만 견해가 그릇되지 않고 가만히 불심(佛心)에 계합한다면 비록 다른 이를 위한다 하더라도 또한 교화의 공이 본인에게로 돌아갈 것이다.

그리고 이미 이와 같이 도업(道業)을 돕는다면 곧 부처님의 은혜를 갚는 것이라 다만 명문(名聞)만 섭(涉)하지 않는다면 실로 터럭끝만큼도 버리지 않으리라.

이르러 법보(法寶)를 전해 가지고 대승을 강론(講論)하여 외우며 글을 짓고 뜻을 풀어 믿지 않는 의심의 화살을 뽑아내고 캄캄한 어리석음에다 지혜의 광명을 비추며, 법의 담장을 튼튼하게 쌓고 부처님의 수명을 이으며, 혹 서토(西土)까지 가서 경전을 취해 오고 어느 곳이든 고난을 무릅쓰고 법을 구하러 가며, 대승을 번역하고 지교(至敎)를 윤문(潤文)하며, 혹 경주(經呪)를 널리 수행하고 두루 베풀어 수지(受持)토록 권하며, 법시(法施)의 문을 열고 전등(傳燈)의 불꽃을 이어서 힘껏 감로(甘露)를 가져 고갈(枯渴)된 마음을 비옥케 하고 금바늘로 치맹(痴盲)의 눈을 잘 낫게 해줄 것이니, 그러므로 경에 이르기를 "가사(假使) 부처님을 이마 위에 받들어 이고 진사겁(塵沙劫)을 지내며 몸이 평상이 되어 삼천 세계에 두루 할지라도 만일 법보를 전하여 중생을 제도치 않는다면 결정코 부처님의 은혜를 갚을 수 없으리라."고 하신 것이다.

9. 만행(萬行)을 점차(漸次)로 삼는 뜻

문 어찌하여 만행이 스스로 원만한 한 법을 대번에 깨치지 아니하고 점경(漸徑)으로 빙 돌아 소선(小善)에만 근로(勤勞)할 것인가. 선종(禪宗)에서도 '한 생각이 나지 않으면 한 티끌도 나타나지 않으리라.'고 하였거니와, 만일 다투어 아지랑이를 좇고 공화(空華)만을 경집(競執)한다면 환(幻)으로서 환(幻)을 닦는 격이라 마침내 진리는 얻을 수 없을 것이다.

답 제불(諸佛)은 실로 환(幻)임을 요달하시어 바야흐로 환의 중생을 제도하시고, 보살은 공(空)임을 밝히는지라 이러므로 (어떤 법이든) 공(空)으로 좇아 건립하시니, 『열반경(涅槃經)』에 이르기를 "일체법이 모두가 환상(幻相)과 같으나 여래(如來)께서는 그 가운데 계시어도 방편의 힘으로써 결코 물들거나 집착하는 바가 없으시니, 왜냐하면 곧 제불(諸佛)의 법이 그러하기 때문이다."하였고 또 중론(中論)에서는 "말하자면 공의(空義)가 있기 때문에 일체법이 이루어질 수 있는 것이다."고 하였다.

이러므로 돈(頓)은 종자를 이미 싸고 있는 것과 같고 점(漸)은 싹이 피어나는 것과 같으며, 또 마치 구 층의 누각을 보매 곧 보는 것은 단박에 구 층을 한꺼번에 볼 수 있으나[頓見] 오르는 것은 반드시 계단을 밟아야 오를 수 있는 것과 같아서 단박에 심성(心性)을 요달(了達)하고 보면 마음이 곧 부처라 갖추지 아니한 성품이 없지만, 그러나 반드시 공(功)을 쌓아서 두루 만행(萬行)을 수습해야 하며, 또 마치 거울을 닦으매 닦는 것은 한꺼번에 두루 닦으나 그러나 밝고 맑아짐에 따라 점점 분명하게 볼 수 있듯 만행을 두루 닦으면 깨침은 곧 점점 수승해 지나니, 이것이 이른바 점원(漸圓)이 아닌 원점(圓漸)이요 또한 위(位) 없는 가운데의 지위(地位)며 행(行) 없는 가운데 뛰어난 행(行)인 것이다.

　이와 같이 과(果)에 사무쳐 인(因)을 싸고 미세함으로 부터 드러남에 이르는 것이 다 모름지기 자선근(慈善根)의 힘이니, 이런 후에야 비로소 참으로 자리이타(自利利他)의 실다운 교화를 펼 수 있는 것이다.

　그러므로 구 층의 누각이라도 한 삼태기의 흙에서 부터 시작되고 천릿길도 첫걸음이 있어야 하며 도도히 흐르는 강물도 근원에서는 한 족자의 물에서 부터 비롯되고 울창한 나무도 처음엔 터럭끝만한 씨앗에서 부터 생기는 법, 도(道)를 닦음은 소행(小行)이라고 버리지 못하며 어둠에선 조그마한 빛이라고 그 밝음을 거절치 못하는 것이니, 한 구절의 법문이라 할지라도 한번 정신에 물들면 오랜 세월이 지나도록 없어지지 않고 보잘것 없이 작은 선행(善行)이라 할지라도 만세토록 그 과(果)는 잊지 않는 것이다.

　『열반경』에 이르기를 "한 가지의 선심(善心)을 닦으면 백 가지의 악을 파괴할 수 있으니, 마치 자그마한 금강석 한 조각이 능히 수미산을 무너뜨리며 조그마한 불씨가 능히 온 세상을 태우며 조그만한 독약이 능히 뭇 생명을 해칠 수 있듯 작은 선(善)도 그와 같이 능히 큰 악을 파괴할 수 있는 것이다." 하였고, 『일마니보경(日摩尼寶經)』에는 부처님께서 가섭 보살에게 이르시기를 "내가 보건대 중생들이 비록 수없는 세월을 애욕(愛欲) 가운데서 죄악의 덮인 바가 되어 있으나 이들중 누구든지 만일 부처님의 경전을 듣고 한번이라도 반성하여 착함을 생각한다면 그 모든 죄업이 한꺼번에 녹아 없어지리라." 고 하였다.

　또 「대지도론(大智度論)」에는 여래가 성도(成道)하실 때에 열 가지의 미소(微笑)하심을 적었는데 그 가운데 한 구절을 보면 "여래께서 세간을 관찰해 보니 소인(小因)으로 대과(大果)를 받는 이도 있고 소연(小緣)으로 대보(大報)를 받는 이들도 있었다. 이를테면 불도(佛道)를 구하려고 한 구절의 게송을 찬탄한다거나 한번이라도 '부처님께 귀의합니다.'라는 말을 하거나 한 자루의 향을 사르는 등의 일로도 끝내는 반드시 부처를 이루는 이들과 같은 것이다. 그렇다면 하물며 실상법(實相法)을 듣고는 대번에 아는 이들이야 말할 필요가 있겠는가. 나지도 멸하지도 않으며 나지 않음도 멸하지 않음도 아닌 실상의 이치로 만일 인연을 행한다면 그 업과(業果)는 반드시 허망되지 않을 것이므로 그래서 미소하신 것이다"고 하였다.

또 누군가가 '달마 대사는 양무제와 함께 공덕의 인연을 담론할 때에 공덕이 없다고 하였다는데 보살이 국성(國城)을 버리고 탑묘를 건립하신 것이 어찌 허설(虛說)이라 하겠는가.'고 묻기에 나는 '대사께서 공덕이 없다고 말씀한 것은 곧 복덕의 인과를 부정하신 뜻이 아니다. 무제가 유위공덕(有爲功德)은 한량이 있고 공무상(空無相)의 복은 헤아릴 수 없음을 요달치 못하였으므로 다만 저의 탐착심을 파괴해주려 하였음인 것이다. 다만 탐착하지만 아니할 것 같으면 곧 모두가 무위(無爲)가 되기 때문이다. 보살이 또한 윤왕(輪王)이 되매 그와 같은 복보(福報)로 인과가 뚜렷하거늘 어찌 없다고 하는 것이 곧 옳겠는가.'고 답한 적이 있다.

만일 이같은 이치를 바로 안다면 처(處)함이 법계와 더불어 양(量)이 같아서 다함이 없으려니와 그렇지 못하다면 곧 이 모든 것이 유위윤회(有爲輪廻)의 과보를 면치 못할 것이니 마땅히 일체를 탐착(貪着)치 말아야 할 것이다.

충국사(忠國師)께서는 "제불보살은 모두 다 복지이엄(福智二嚴)을 갖추셨는데 어찌 인과를 없다고 부정하겠는가. 다만 이치를 가지고 집착하여 사(事)에 막히지 말며 또 사(事)로서 이치를 장애하지 않아 종일토록 행하여도 행한 자취가 없음에 어기지 말아야 하는 것이다."고 하였으며 또 생법사(生法師)는 '어찌하여 손가락을 튕기고 합장하는(그런 보잘것 없는 행동들도) 불인(佛因) 아님이 없다고 합니까.'라는 물음에 "일체법이 모두가 정한 성품이 없어서 마땅한 인연을 따르나니, 만일 탐염(貪染)으로서 연(緣)을 삼은즉 인천(人天)의 보(報)에 마땅하며, 보리심에 회향하는 것으로 연(緣)을 삼은즉 불과(佛果)를 이루는 보(報)가 될 것이다. 이와 같이 진여(眞如)도 오히려 자성(自性)을 지키지 않거든 하물며 보잘것 없는 선행(善行)이랴."고 답하였다.

또 이르기를 "만선이 이치로 무루(無漏)와 같다는 것은 대개 만선이란 그 근본에 있어 모두가 이치를 도와 발생하기 때문인데 이치가 이미 다름이 없다면[一理] 선(善)인들 어찌 둘을 용납하리오. 근본의 여래장성(如來藏性)이 곧 만선의 인(因)이 되며 또한 정인(正因)이라고도 하여 이것이 친히 만선을 내는 것이다."고 하였다.

또 태교(台敎)에서는 "보잘것 없는 선행(善行)이라고 가벼이 여긴다면 부처를 이루지 못할 것이니 이는 곧 세간의 불종(佛種)을 멸하는 짓이기 때문이다."고 하였고 또 "선(善)의 기틀에 두 가지가 있으니 하나는 인천(人天)의 화보(華報)를 감득(感得)하는 것이요, 다음은 불도(佛道)의 과보를 감득하는 것이다. 만일 불안(佛眼)의 입장에서 중생을 원조(圓照)한다면 만선은 구경(究竟)에 부처님의 일대사(一大事)를 감득하는 출세(出世)의 정의(正義)가 되는 것이다."고 하였다.

형계 존자(荊溪尊者)는 이르기를 "터럭만한 선행(善行)도 근본은 보리(菩提)로 나아가는 것이니, 마치 칼이나 횃불을 잡을 때 그 자루를 쥐어야 할 것인데 만일 행하는 바의 선행에 대하여 마음으로 상(相)을 짓는다면 흡사 칼날을 잡거나 불꽃을 안는 것과 같은 것이다. 『법화경』에서도 흩어진 마음으로 염불하는 것이나 적은 음성으로 찬탄하는 것이나 손가락으로 성상(聖像)을 그리는 것이나 모래를 모아 탑을 쌓는 일 등 보잘것 없는 이런 선행일지라도 점점 공덕을 쌓아 모두 불도를 이루게 됨을 밝히셨다."하였다.

또『대비경(大悲經)』에서는 부처님께서 아난에게 고하사되 "만일 어떤 중생이 있어 부처님 처소에 한 번이라도 신심을 발해서 조그마한 선근이라도 심는다면 마침내 없어지지 않아서 가령 멀고 먼 백천억 세월을 지났다 할지라도 저 조그마한 한 번의 선근으로 반드시 열반을 증득하게 되리니, 마치 한 방울의 물이 바다 가운데 떨어져서 비록 오랜 세월을 지났다 하더라도 마침내 훼손되지 않는 것과 같은 것이다."고 하였다.

이러므로 대성(大聖)께서 기틀에 순하여 구부려 응하심에 대소승(大小乘)을 막론하고 두루 잊지 않으시나니, 앞뒤를 제접(提接)하고 머무르심에 반만(半滿)[1]을 어찌 폐하시겠는가. 혹은 소승을 칭찬도 하시나 끝내는 심극(深極)으로 이끌어 돌아오게 하시며, 혹은 반교(半敎)를 꾸짖으시나 또한 초문(初門)에서 막힐까 저어하신 것이니, 황엽(黃葉)이 어찌 금(金)일 것이며 빈 주먹이 어찌 실답겠는가. 모두가 곧 누르고 드날리는 뜻이요, 방편으로 달래어 제도(濟度)하는 은혜를 베푸신 것이다.

그러나 가르침의 참 뜻을 얻지 못한 자는 다만 방편의 말씀에만 집착하여 서로서로 시비하며 취사를 확정(確定)해서 혹은 소승을 고집하고 대승에 막혀 근본종지를 잃어버리며, 혹은 대승에만 의거하고 소승을 비방해서 권혜(權慧)를 없애버리니 또한 비록 그렇게 종지(宗旨)는 크다 하나 큰 지취(旨趣)를 어찌 밝힐 것이며, 한갓 소승(小

---

1) 半滿敎: 앞의 주(P.151) 참조.

乘)을 배척한다 이르지만 조그마한 행실도 오히려 헛되이 잃어버리는지라 뜻을 운용(運用)한즉 헛된 거짓에다 붙여 맡기고 말을 낸즉 분수를 넘고 머리를 지나 정법륜(正法輪)을 끊고 대반야(大般若)를 비방하여 깊고 끝없는 허물이 이에 더 지남이 없으리니, 비록 수없는 세월을 지난다 한들 어찌 다하리오. 길이 무간(無間)에 침륜하고 말 것이다.

『정명경(淨名經)』에 이르기를 "방편 없는 지혜는 얽매임이요, 방편 있는 지혜는 풀림이며, 또한 지혜 없는 방편은 얽힘이요, 지혜 있는 방편은 풀림이라."하였으니, 어찌 가히 권(權)만을 고집하여 실(實)을 비방하며 또한 어느 일정한 곳에만 치우쳐서 유(有)를 어긴다든가 무(無)를 배척하는 짓을 하리오. 다만 대소(大小)를 쌍(雙)으로 넓히며 공유(空有)를 함께 운용(運用)하여 일심(一心)으로 삼관(三觀)[2]을 행한다면 곧 온갖 허물됨이 없어지리라.

그러므로 법체(法體)만을 순하는 입장에서는 터럭끝도 성립하지 못하거니와 또한 지용(智用)을 따르면 항상 대업(大業)을 일으키는 것이니, 체(體)는 용(用)을 떠나지 않으므로 고요하되 항상 비추며 용은 또한 체를 떠나지 않으므로 비추되 언제나 고요하므로 체와 용이 항상하고 아울러 비춤과 고요함도 역시 항상한 것이다. 그러나 지취(旨趣)를 알고 정종(正宗)에 돌아가면 마침내는 체용(體用)을 함께 떠나게 되리니 또한 무엇이 비추고 무엇이 고요하겠는가.

만일 체(體)에 의거한다 해서 용(用)을 장애하거나 성(性)을 집착해 연기(緣起)를 파괴하여 이(理)와 사(事)가 원융하지 못하고 진(眞)과 속(俗)이 격리함을 이룬다면 참으로 동체(同體)의 비(悲)도

---

2) 三觀: 앞의 주(P.63) 참조.

운용(運用)할 수 없고 무연(無緣)의 자(慈)도 이룰 수 없으리니, 실로 이러하다면 선악을 이미 한 가지로 보지 못하거늘 원친(寃親)을 어찌 능히 구원하겠는가. 허물됨이 막심하고 잃음 또한 막대할 것이다. 또 선덕(先德)이 이르기를 "대저 선지식이란 비록 밝게 불성을 보아서 부처님과 더불어 그 지견은 동등하지만 만일 그 공(功)으로 논한다면 성현(聖賢)들과 가지런하지는 못하나니, 반드시 오늘부터라도 걸음걸음에 자량(資糧)을 훈습해야 한다."하였다.

또 고덕(古德)이 이르기를 "심자 비구(蕈子比丘)[3]는 도리어 옛 시은(施恩)을 버섯이 되어 갚았으니 비록 이치는 얻지 못하였으나 오히려 행문(行門)은 있었다. 그러나 요즈음 많은 학인들은 이 두 가지 일을 다 잃어버리고 있구나."라고 하였다.

그러므로 알라. 성품을 봄이 자세치 못하면 다만 곧 말을 따라 의통(依通)하는지라 점검할 때를 당해서는 정(正)과 조(助)를 한꺼번에 상실하고 마나니, 이러므로 선성(先聖)도 마침내 계급을 넘치지 않으시고 가슴을 어루만져 위로하셨거늘[道益高者意益卑] 어찌 가히 쉽사리 생각하고 말겠는가. 그래서 육즉(六即)[4]으로 넘침을 간별(揀別)하시고 십지(十地)로 공덕을 판단한 것인데, 만일 모두가 곧 즉(即)에서 본다면 어떤 것이 범(凡)이며 어떤 것이 성(聖)이리요만은 만일 육(六~次第)으로 (나누어) 논한다면 범(凡)과 성(聖)이 천격(天隔)이며, 또 만일 그 이치를 논한다면 초지(初地)에 이미 일체지(一切地)를 다 갖추었으나 그 행으로 말한다면 후지(後地)는 곧 전(前)보다 몇 배로 뛰어난 것이니, 이것은 곧 저 팔지(八地)에 올라서

---

3) 蕈子比丘: 옛적 심자 비구는 施主物을 받아 쓰면서도 수행에 게을리 하다가 죽어서 그 施主家의 정원에 버섯이 되어 시은을 갚았다는 이야기.
4) 六即: 앞의 주(P.156) 참조.

야 비로소 일념간에 중생을 이익케 할 수 있거니와 하지(下地)에서는 다겁에도 미칠 수 없기 때문이다.

10. 선악(善惡)

선업(善業)을 닦는 이유

문 선악(善惡)이 한 근원이고 또한 시비(是非)도 한 뜻인데 어째서 악을 버리고 선만을 숭상하라 하여 법의 성품을 어기는가.

답 만일 곧 성품의 선하고 악함을 논한다면 범부와 성인에 조금도 차이가 없다. 제불(諸佛)께서는 성(性)의 악을 끊지 않았으므로 능히 지옥의 몸도 나타낼 수 있고 또한 천제(闡提)는 성(性)의 선을 끊지 않았으므로 언제나 불과(佛果)의 체를 갖추어 있는 것이다.〔성품의 걸림 없는 무한한 可能性〕

그러나 만일 선과 악을 수습(修習)하는 입장에서 말한다면 사(事)에 나아가 곧 다른지라 인과(因果)가 같지 않고 우지(愚智)의 차별이 있어서 한 생각 선을 닦아 익히매 멀리 각지(覺地)에 오르게 되고 한 생각 악을 일으킴에 길이 고륜(苦輪)에 침륜하게 되나니, 그러므로 만일 성품으로서 연(緣)을 좇는다면 비록 같으나 다른 것이며 또한 반연하는 바의 연(緣)이 없어 성품만을 좇는다면 비록 다르나 같은 것이다.

『선문비요경(禪門秘要經)』에 이르기를 "선악의 업연(業緣)은 본래 다름이 없다. 그러나 비록 다름은 없지만 또한 한가지로 같이 그치지도 아니하는 것이다."하였고, 또『화엄경』에는 "마치 상(相)과 무상(無相)과 생사와 열반이 분별하면 각각 다름과 같이 지(智)와 무지(無智)도 또한 이와 같은 것이다."고 하였다. 그러므로 알라. 교(敎)

의 지취(旨趣)가 거울과 같이 환하거늘 다시 무엇을 의심하겠는가.

성품(性品)으로서의 선악
문 만일 성품을 분별하여 수습(修習)한다면 그것은 곧 선악의 두 갈래길이라, 평등의 자(慈)를 어기고 변행(遍行)의 덕을 잃고 말지 않겠는가.

답 자행(自行)에서 여의기를 구함에[捨惡取善] 법으로 따져 곧 나누어지거니와, 화타(化他)에 나아가 평등히 본다면 그 사람에게 있는 것이라 무엇이 다르겠는가. 이러므로 초심(初心)에서 자리행(自利行)을 수습(修習)할 때는 손익(損益)을 양쪽으로 펴거니와 구경(究竟)에 가서 이타(利他)를 행할 때는 곧 선악을 한가지로 교화(教化)하나니, 마치 캄캄한 밤에 험난한 길을 갈 적에 악한 사람이 등불을 비추어줌과 같아서 사람이 악하다고 하여 마침내 그 비추어줌을 따르지 않을 수 없듯 보살도 반야의 광명을 얻음에 있어서는 마침내 악이라 하여 버리지 않는 것이다.

『화엄경』에서는 "악성인(惡性人)을 버리고 해태자(懈怠者)를 멀리 하며, 난의(亂意)를 경만(輕慢)히 여기고 악혜(惡慧)를 싫어한다 하더라도 또한 마업(魔業)이 된다."하였고 태교(台教)에서는 "악은 곧 선의 양식이니 악이 없으면 또한 선도 없어지기 때문이다."고 하였으며, 또『법화경』에서는 "악귀가 그 몸에 들어와서 나를 헐뜯고 욕할지라도 나는 부처님을 염하는 고로 이 모든 어려움을 마땅히 참는다.[1][본문에는…할지라도 우리들이 부처님을 공경하며 마땅히 인욕의 갑옷을 입고 이 경전을 설하기 위한 고로 이 모든 어려움을 참으며…라고 되어

---

[1] 『법화경』「持品」제십삼 게송 본문에는 '惡鬼入其身 罵詈毀欲我 我等敬信佛 當着忍辱鎧 爲說此經故 皆當忍是事'라고 되어 있음.

있음.]"고 하였는데 참으로 악이 와서 더하는 것이 아니므로 부질없이 생각을 쓰지 말라. 실로 생각 씀을 말미암아서 악이 더하게 되는 것이다.

위음왕불소(威音王佛所)에서 법에 집착한 대중이 불경 보살(不輕菩薩)의 말을 듣고는 욕을 하고 때렸으나, 그러한 악성(惡性)의 인연을 말미암았던 덕으로 도리어 불경 보살 같은 이를 만나게 되어 그분의 교화로 모두가 불퇴전(不退轉)을 얻었고 또 제바달다가 곧 선지식이라고도 하였으며, 또 서(書)에도 이르기를 "선자(善者)는 곧 악인의 스승이요, 악자는 또한 선자의 자량(資糧)인 것이다"고 하였으니 그러므로 알라. 악(惡)이 능히 선(善)을 도우매 그릇됨도 능히 바름으로 통할 수 있는 것이다. 어찌 가히 버려야 할 한 법인들 있겠는가.

선악을 동섭(同攝)

문 인연이 없으면 억지로 교화할 수 없거니와 기틀이 익으면 스스로가 상응(相應)하게 되는 것으로 안다. 그러나 만일 어리석고 악하여 믿지 않는 사람은 어떻게 달래어 제도할 것인가.

답 어리석음을 버리고 따로 지혜를 좇는다 하면 평등의 이치를 어기게 되고 악을 버리고 따로 선에 돌아간다 하면 참으로 동체의 비심을 폐하는 것이 된다. 중생은 본래 미묘하여 가히 생각으로는 헤아리기 어려운지라 홀연히 인연을 만나면 언제라도 기틀을 발함이 정해져 있지 않는 것이다. 설사(믿지 않아) 제도함을 얻지 못한 이라 할지라도 또한 언제든지 제도받을 인연은 있을 수 있는 것이니, 이로 미루어 반드시 평등하게 교화해야 할 것이다.

만행상(萬行上)의 선악선택

문 만일 중선(衆善)의 문을 수행하려면 반드시 어떠한 행이든 기꺼이 하려는 마음을 일으켜야 할 것이다. 왜냐하면 미워하고 좋아하는(분별심의) 두 고통은 적멸한 보리심을 장애하기 때문이다. 취(取)하고 버리려는 두 갈래 분별의 정으로 어떻게 걸림 없는 해탈을 이루겠는가.

답　『열반경』에 이르기를 "일체 중생이 두 가지의 사랑이 있으니 그 하나는 착한 것을 사랑함이요, 둘은 착하지 않음을 사랑함이다. 착하지 않음을 사랑하는 것은 오직 어리석은 사람이 구하거니와 착한 법을 사랑하는 것은 온갖 보살이 함께 구하는 것이다."하였고『화엄경』에는 "광대한 지혜로 설하신 바인 제법의 근본이 되고자 할진댄 마땅히 뛰어난 희망을 일으켜 위 없는 깨달음을 애써 구할 것이다."하며 또 "선법욕(善法欲)을 끊는다면 이는 곧 보살의 마사(魔事)라."고도 하였다.

이러므로 입도(入道)의 처음에는 욕(欲~이루려는 志求心)으로 도의 근본을 삼지만, 그 극위(極位)에 이르러서는 법애(法愛)도 반드시 잊는 것이니 오르고 내림이 완연하여 처음과 뒤가 넘치지 않는 것이다.

실상(實相)에 있어서의 선행

문　인법(人法)이 본래 공하므로, 몸과 마음도 스스로 여의는 것이다. 그렇다면 능작(能作)할 사람이 없다는 말인데 누가 있어 온갖 선행을 행하겠는가.

답　『열반경』에 이르기를 "비록 본래 스스로 공(空)한 것이나 또한 보살행을 말미암아서 공(空)을 수행해 공법(空法)을 보는 것이다."하였고 또 사자후 보살(師子吼菩薩)이 이르기를 "세존이시여, 중생의 오음(五陰)이 공하여 있는 바가 없다면 다시 누가 있어 가르침을 받고 도를 수습(修習)하겠습니까." 한데 부처님께서 답하시기를

"선남자야, 일체 중생은 모두가 염심(染心)·혜심(慧心)·발심(發心)·근정진심(勤精進心)·신심(信心)·정심(定心) 등등의 무한한 마음이 있어서 이같은 등의 마음이 비록 잠깐잠깐 생멸하더라도 오히려 짐짓 비슷하게 서로 계속하여 끊이지 않으므로 수도(修道)라 이름하는 것이다. 이것은 마치 등잔불이 비록 순간순간 멸하나 광명이 끊이지 않아 어두움을 제거하는 것과 같이 [그때의 기름은 그때 타서 없어지고 또 타고 또 타고 하는 것이 늘 계속하여 이어짐으로 광명이 있음], 염 등(念等) 모든 법도(위에 열거한 중생의 무량한 마음) 또한 이와 같으며, 또 먹는 밥이 비록 잠깐잠깐 없어지지만 능히 주린 배를 부르게 함과 같으며, 또 좋은 약이(그 약효가) 비록 잠깐잠깐 없어지지만 또한 능히 병을 치료하며, 일월의 광명이 비록 잠깐잠깐 멸하지만 또한 능히 초목수림을 자라게 하듯, 선남자야 네가 말하기를 '잠깐잠깐 멸하는데 어떻게 자라는가.'하지만 마음이 끊어지지 아니하므로 자라난다고 이름하는 것이니라."고 하였다.

중선복덕(衆善福德)의 회향

문 행한 바 중선(衆善)의 복덕은 마침내 어디로 돌아가는가. 만일 자도(自度)라 한다면 도리어 이승(二乘)의 마음과 같을 것이며, 만일 타도(他度)라 한다면 곧 중생의 상(相)을 성립하는 게 되고 말지 않겠는가.

답 보살의 짓는 바 복덕은 모두가 중생을 성숙하기 위함이니 공(空)과 유(有)가 원융하고 자타(自他)가 걸림이 없어서 세간을 관찰함에 환(幻)과 같은지라 어찌 실상(實相)의 문을 어길 것이며, 중생은 또한 공(空)과 같은지라 어찌 방편의 도가 이지러지겠는가.

『반야경』에 이르기를 "보살이 두 가지 법을 성취하면 마(魔)가 능히 파괴하지 못하나니 첫째는 제법(諸法)의 공적(空寂)함을 관찰함이요, 둘째는 일체 중생을 끝내 버리지 않는 것이다."고 하였는데 논(論)에 해설하기를 "해와 달의 고른 인연으로 하여 만물이 윤택하게 생장할 수 있거니와, 만일 달만 있고 해가 없다면 곧 만물은 습해서 죽어버리고 또한 해만 있고 달이 없다면 만물은 말라서 타버릴 것이다. 이와 같이 해와 달이 고르게 이어 화합하므로 만물이 제대로 성장할 수 있듯 보살도 고르게 화합해야 할 두 가지의 도가 있으니, 첫째는 비원(悲願)이요 둘째는 관공(觀空)이다. 부처님께서 이르시되 '이 이사(二事)를 겸해 쓰므로 비록 일체가 공함을 관찰하되 중생을 버리지 않으며, 비록 중생을 연민히 여기나 또한 일체가 공한 이치도 버리지 않아서, 일체법의 공함을 관하여 관하는 공함도 또한 공하기 때문에 능히 공에 집착하여 떨어지지 않는 것이다.'하셨으니, 그러므로 중생을 연민히 여기는 데도 방해스럽지 않아서 비록 중생을 연민히 여기나 또한 중생에 집착하여 빠지지도 않으며, 중생의 상(相)도 취하지 않고 다만 중생을 연민히 여기므로 모두를 인도하여 공(空)에 들게 할 수 있는 것이다."고 하였다.

11. 보리심(菩提心)

제법(諸法)의 실상(實相)

문 경에 이르기를 "부처님은 불도(佛道)를 얻지도 않았고 또한 중생을 제도(濟度)하지도 않았다. 왜냐하면 중생의 고통을 본다면 이것이 곧 고통을 받는 자이기 때문이다."고 하였다. 그렇다면 어떻게 복덕을 수습(修習)하여 중생을 제도한다 하겠는가.

답 진제(眞諦)의 입장인즉 없거니와[一切法無爲空寂] 속제(俗諦)를 따른즉 엄연히 있나니[一切法差別建立] 논(論)에서 부처님의 말씀을 인용하기를 "수보리야 만일 일체 중생이 스스로 제법(諸法)의 자성(自性)이 공적(空寂)한 줄 안다면 보살이 굳이 아뇩다라삼먁삼보리를 발하지 않을 것이며, 또한 육도(六途)를 오르내리며 중생을 제도하는 일도 없을 것이다. 왜냐하면 중생이 스스로 제법의 자성이 공한 줄 안즉 제도해야 할 것이 없기 때문이니, 비유컨대 혹사 병이 없다면 약을 구할 필요가 없고 어둡지 않다면 굳이 등불을 구할 게 없는 것과 같다. 그러나 이제 중생들은 실로 자상(自相)의 법이 공한줄 알지 못하므로 마음을 따라 상(相)을 취해 집착심을 내며, 집착하므로 물들며, 물들므로 오욕을 따르며, 오욕을 따르므로 탐심으로 덮이게 되며, 이 탐욕을 인연하므로 나아가 생사의 업을 지어 다시 다할 때가 없는 것을 어찌하랴."고 하였다.

그러므로 알라. 범부를 인하여 성인이 성립되는 것이지만 범부와 성인이 실로 모두 공한 것이며, 악(惡)으로 좇아 선(善)을 얻는 것이지만 실로 선악이 함께 자성(自性)이 없는 것이다. 성품이 없으므로 만선(萬善)을 항상 일으키며 또한 모두가 공적(空寂)하기 때문에 한결같은 진리가 언제나 고요할 수 있는 것이다.

중생을 제도하는 도구(道具)

문 중생의 경계란 이두삼수(二頭三手 : 龜毛兎角이나 또는 幻의 경계와 같은 말)와 같은데 만일 실제로 제도할 것이 있다고 본다면 어찌 물속의 달을 건짐이나 거울속의 형상을 만지려는 짓이나 날으는 새의 자취를 잡으려는 노력이나 말라 죽은 싹을 심으려는 헛된 애씀 등과 다르리오. 그렇다면 마침내 무엇으로 중생을 삼아 제도할 마음을 일으키겠는가.

답 대저 중생이란 곧 자신의 나날이 일어나는 한량 없는 망념의 마음이니 『대집경』에 이르기를 "그대가 나날이 생각생각에 항상 한량

없는 수의 중생을 일으킨다."하였고 또『정도삼매경(淨度三昧經)』에서는 "중생은 한 생각마다 한 몸씩 받는데 착한 생각은 천상의 몸을 받고 악한 생각은 곧 삼악도의 몸을 받아서 이와 같이 백 가지의 생각에 백 가지의 몸을 받고 천 가지의 생각에 천 가지의 몸을 받으며, 하루 동안에 생사의 뿌리를 심는 것이 뒤에 가서는 팔억 오천만의 잡된 종류의 몸을 받게 되며, 나아가 일생 동안엔 후세의 신체골피(身體骨皮)를 대천찰토(大千刹土)에 가득 심어서 빈 곳이 없게 된다. 그러나 만일 한 생각이라도 내지 않는다면 평안히 근본으로 돌이키리니, 이를 일러 '거짓 중생을 제도한다.'고 하는 것이다. 왜냐하면 생각이 곧 공적(空寂)한 줄 깨달으면 따로 일으키는 곳이 없기 때문이다."하며 또 "가히 중생 제도함을 보지 않는다."하며 또 "일체 중생을 건져 다하여야 비로소 정각을 이루리라."하였는데 다 이 뜻을 말씀하신 것이다.

『화엄경』에 이르기를 "몸은 곧 정법(正法)을 담는 그릇이요 마음은 걸림 없는 등불인지라, 제법(諸法)이 공(空)함을 조요(照了)함에 이를 일러 중생을 제도한다 하는 것이다."고 하였거니와 이미 자행(自行)을 성취하여 널리 사람들에게 설해 보이려면 반드시 마음을 관찰토록 하고 아울러 이와 같은 배움에 의지하도록 권할 것이니, 이야말로 참된 자비요 또한 구경(究竟)의 제도(濟度)이기 때문이다.

보리심은 만선(萬善)의 으뜸

무릇 범부에서 부터 성인에 이르는 지라 온갖 수행문 가운데서 무엇보담 먼저 보리심을 발하는 것이 가장 으뜸이 된다. 이야말로 온갖 행(行)의 머리요 도(道)를 실천하는 시초이기 때문인데 처음과 끝을 두루 에워싼지라 잠시라도 폐할 수 없는 것이다.

『범망경』에 이르기를 "불자야, 언제나 대비심(大悲心)을 일으킬 것이니 나아가 소 말 돼지 등 어떤 축생을 볼지라도 마땅히 마음으로 연민히 여기며 말하되 '너는 축생이니 마땅히 보리심을 발하여라.'고 할 것이며 숲이나 들이나 냇가 어느 곳에 처하든 온갖 만나는 중생마다 보리심을 발하게 할 것이니, 만일 보살이 이와 같이 중생 교화할 마음을 내지 않는다면 경구죄(輕垢罪)가 된다."하였다.

『화엄경』에서는 "그대가 시방(十方)의 온갖 부처님을 뵙고저 하거나 다함 없는 공덕장(功德藏)을 베풀려 하거나 또한 중생들의 온갖 고뇌를 소멸하려 한다면 반드시 속히 보리심을 발할 것이다.""보리심이란 마치 종자와 같으니 능히 일체의 모든 불법(佛法)을 발생하는 까닭이며, 좋은 밭과 같으니 능히 중생의 백정법(白淨法)을 생장(生長)케 하는 까닭이며, 대지(大地)와도 같으니 능히 모든 세간(世間)을 주지(住持)하는 까닭이며, 깨끗한 물과도 같아 능히 일체 번뇌의 때를 씻어내며, 큰 바람과도 같아 널리 세간에 걸릴 바가 없으며, 훨훨 타는 불과도 같아 능히 온갖 견해(見解)의 섶을 태워버리는 것이다."고 하였다.

보리심의 실상(實相)

문 보리(菩提)는 온갖 이치의 근본이요, 성품은 스스로가 두루 원만한 것이다. 어찌 마음으로 발함을 빌려서 짐짓 망념을 일으킬 것인가.

답 『반야경』에 이르기를 "보살은 심성(心性)이 곧 보리인 줄 알지만 능히 대보리(大菩提)를 발해 일으키는 것을 곧 보살이라 한다."하였고 또 상수 보살(上首菩薩)은 이르기를 "내가 저 구할 바 없는 가운데서 짐짓 구하노라."하며 또 무소발 보살(無所發菩薩)은 "일체법이 모두 발할 것이 없는 줄 알지만 또한 짐짓 보리심을 발한다."고 하였는데 저 증득한 바 진여가 진여 밖에 따로 지혜가 없지만 능히 묘지(妙智)를 발하며 지혜 밖에 따로 진여(眞如)가 없지만 쌍(雙)으로 비추이기도 막기도 하여 두지도 않고 없애지도 않아서[是非不到處] 둘이 아니면서 둘인지라 이(理)와 지(智)가 흡사 나뉜 듯하며, 또한 둘이면서 둘이 아닌지라 능(能)과 소(所)가 함께 적멸한 것이다.

Ⅶ. 만행의 실천사행(實踐事行)을 상론(詳論)

1. 귀명삼보(歸命三寶)

삼보의 자비위력

삼보(三寶)에 귀명(歸命)함은 온갖 수행 가운데서도 가장 으뜸가는 복전(福田)이 된다. 굳센 마음을 일으켜 무너지지 않는 믿음을 갖추며 다섯 가지의 두려움[1]을 떠나 삼보리(三菩提)[2]를 이루게 하는 최초의 인연이 되는 까닭에 온갖 선법(善法)을 두루 포용(抱容)치 않음이 없는 것이다.

『대보은경(大報恩經)』에 이르기를 "저 아사세왕이 오역죄(五逆罪)

---

1) 다섯 가지의 두려움: 아직 진리를 깨닫지 못한 初學菩薩이 품는 다섯 가지의 공포심. ① 不活畏: 보시를 행할 때에 다 주어버리면 내가 살지 못할까 두려워하여 있는 대로 다 베풀지 못함. ② 惡名畏: 좋지 못한 名聲이 들릴까 두려워해서 능히 和光同塵치 못함. ③ 死畏: 비록 광대한 마음을 발했다 하여도 그러나 죽을까 두려워해서 능히 온몸을 던지지 못함. ④ 惡道畏: 잘못되어 惡途에 떨어질까 두려워하여 좋지 못한 일을 보아도 對治하지 못하고 피해 버림. ⑤ 大威德畏: 많은 사람이나 또는 威德이 있는 사람 앞에서는 두려운 마음이 생겨 능히 獅子吼를 하지 못함.
2) 三菩提: 佛果를 세 가지로 나눈 것. 眞性菩提·實際菩提·方便菩提. 여기서는 세 가지로 분류한 菩提로 보는 것보다 阿耨多羅三藐三菩提의 줄임말로 보아도 무관할 듯하다.

가 있어서 마땅히 아비옥에 떨어질 것이나 지극한 마음으로 뉘우치고 삼보를 염한 까닭에 아비죄를 멸할 수 있었다."고 하였는데 이것이 곧 삼보의 구호력(救護力)이다. 이같이 산림광야의 어떠한 두려운 곳에 처하든지 오직 부처님을 염하는 공덕을 편다면 모든 두려움이 곧 사라질 것이니, 삼보에 돌아가 의지하면 구호하여 주심이 헛되지 않는 까닭이다. 고덕이 이르기를 "산에 옥(玉)이 있으면 초목이 윤택하고 샘에 용이 있으면 물이 마르지 않으며 머무는 곳에 삼보가 있으면 선근(善根)이 더욱 자라난다."하였으니 이 또한 삼보의 구호력을 말한 것이다.

『법구경』엔 이르기를 "제석(帝釋)이 명(命)을 마치고는 나귀의 뱃속에 떨어지게 되었던 바 삼보에 귀명(歸命)함을 인해 홀연히 어미 나귀의 고삐가 풀리고 날뛰어 옹기그릇을 깨뜨렸다. 그로 인해 그의 주인이 나귀를 때려 태(胎)가 상하였고 그 신(神)은 도리어 천신(天神)의 몸을 다시 회복하게 되었다. 부처님께서 그를 위해 게(偈)를 설해 깨우쳐 주시니 제석이 듣고는 죄복(罪福)의 변화를 깨닫고 흥쇠의 근본을 알아 적멸의 행을 지켜서 마침내는 수다원(須陀洹)[3]의 성과(聖果)를 얻었다."하였다.

또 『목환자경(木槵子經)』에서는 "이때에 파금리(波金璃)라는 난국(難國)의 왕이 부처님께 나아가 사뢰되 '저의 나라는 작은 변방(邊方)이라 해마다 자주 적군이 침범하고 오곡이 풍성치 못하며 질병과 재난으로 백성들이 곤고(困苦)하여 저가 항상 마음이 편치 못합니다. 또한 법장(法藏)이 심광(深廣)한 줄은 알지만 이런 등으로 해서 수행을 제대로 할 수가 없사오니, 원컨대 가엾게 여기시어 저에게 법요

---

3) 須陀洹: 聲聞四果의 一. 預流果의 梵名이며 無漏道에 처음 참례하여 들어간 地位를 말함.

(法要)를 베풀어 주옵소서.'하고 간청하니, 부처님께서 왕에게 일러 말씀하시기를 '그대가 만일 번뇌와 업장이 소멸키를 바란다면 좋은 방편을 일러주리라. 목환자(木槵子~나무구슬) 일백팔 낱을 실에 꿰어 항상 손에 지니며 지극한 마음으로 힘을 다해 '나무불타 나무달마 나무승가'를 염하라. 이와 같이 하여 백만 편을 이룬다면 마침내 백팔의 결업(結業)을 끊고 무상과(無上果)를 획득할 수 있으리라.' 왕이 이 말씀을 듣고 기뻐서 사뢰기를 '저가 반드시 받들어 행하겠습니다.' 부처님께서 다시 왕에게 이르기를 '사승 비구(莎升比丘)라는 이가 있었는데 십세토록 삼보(三寶)의 명호를 칭송(稱誦)하여 사다함과(斯多舍果)[4]를 이루었고 더욱 점점 맹렬히 수행하더니, 지금은 보향 세계에 있으면서 벽지불(辟支佛)[5]이 되었느니라.'하시니 왕이 이 말씀을 듣고는 더욱 힘써 수행하였다."고 하였다.

형상삼보(形相三寶)에 예배하는 참뜻

문 지공(志公)이 이르기를 "괴롭고 슬픈 일인저. 참 부처는 헛되이 버려놓고 조상(造像)에다 향화로 공양하며 복을 구하니 육적(六賊)의 형구(刑具)를 면치 못하는구나."고 하였는데 이 뜻으로 본다면 어떻게 이제 말한 것에 계합하겠는가.

답 그 말씀은 곧 범부가 자기 본 부처는 알지 못하고 한결같이 밖으로 구해서 상(相)에 머물러 진리를 미(迷)하므로 이러한 병통을 파하려고 한 것이다. 바깥의 다른 경계를 분별함은 도업(道業)에 도

---

4) 斯多舍 : 또는 須陀舍이라고도 하며 성문四果의 一로 一來果의 梵名. 欲界의 思惑을 끊지 못했기 때문에 이제 한번 더 욕계에 태어난다는 地位.

5) 辟支佛 : 鉢剌翳伽佛陀라고 쓰며 緣覺 또는 獨覺이라고 번역함. 꽃이 피고 잎이 지는 등의 外緣의 법칙에 의하여 스승 없이 혼자 깨닫는 이.

움은 되지 못하고 다만 복[福業]만 구하는 문인지라, 흡사 화살을 허공중에다 쏘는 것과 같으며 사람이 자꾸만 어둠 속으로 들어가는 것과 같아서 과보(果報)가 끝내 생멸을 부르는 것인데 어찌 심진(心塵)을 건넬 수 있겠는가.

만일 유심(惟心)임을 달한다면 보는 바 일체가 모두 마음의 상분[親相分][1]인지라 마침내 밖에서 온 것이라 고집하지 않을 것이다. 그러나 인연을 파괴하지 않아야 이사(理事)에 두루 걸림이 없을 것이니, 그러므로 신계 화상(神錯和尙)이 이르기를 "중생이 공적(空寂)함을 반연(攀緣)하므로 대자(大慈)를 버리지 않으며, 여래(如來)가 고요함을 관찰하므로 공경 공양함을 잊지 않나니, 이것은 실상(實相)을 담론(談論)하되 명자(名字) 빌림을 없애지 않고 또한 차별을 논하되 평등을 파괴치 않기 때문이다."하였고 또 『화엄경』에서 팔지 보살(八地菩薩)은 "친히 무생법인(無生法忍)을 증득해서 무공용도(無功用道)에 들고 일체법이 허공성(虛空性)과 같음을 깨달아, 나아가 열반이라는 마음도 오히려 앞에 나타나지 않고서야 비로소 무량한 부처님을 뵈옵고 치연히 공양하신다."했으며, 또 "이와 같이 저가 항상 삼보에 공경 공양하여 싫어함이 없다면 곧 사마경(四魔境)[2]을 초출(超出)하여 위 없는 불도(佛道)를 속히 이루리라."고 한 것이다.

---

1) 相分: 心法을 四分한 가운데의 하나. 心識이 認識作用을 일으킬 때 그와 동시에 認知할 그림자를 마음 가운데 떠오르게 하여 대상을 삼는데 이것을 相分 또는 親相分이라 한다.
2) 四魔境: 네 가지의 근본 魔. ① 煩惱魔: 탐욕을 비롯한 여러 가지 번뇌는 우리의 몸과 마음을 괴롭게 하므로 魔라고 함. ② 五陰魔: 五陰은 여러 가지 고통을 내므로 魔라 함. ③ 死魔: 죽음은 사람의 목숨을 빼앗으므로 魔라 함. ④ 天魔: 일명 自在天魔니 欲界의 第六天 他化自在天王은 일체의 좋은 일을 방해하므로 魔王이라 함. 境은 네 가지 魔의 경계에 攝持됨을 이른 말.

『현우경(賢愚經)』에 이르기를 "사위국 안에 장자가 있어 한 남자 아이를 낳았는데 하늘에서 칠보의 꽃비를 내렸으므로 이름을 보천(寶天)이라 하였다. 뒤에 부처님을 뵈옵고 출가하여 득도(得道)하였는데 부처님께서 말씀하시되 '비바시불이 이 세상에 출현하셨을 때 한 가난한 사람이 비록 기쁘게 베풀고 싶은 마음은 품고 있었지만 공양거리가 없는지라 흰 돌을 주워 구슬 삼아 중승(衆僧)에게 흩었던 일이 있었는데 오늘의 보천 비구가 곧 그 사람이었다. 그때의 복됨으로 해서 의식(衣食)이 언제나 자연히 풍족하였으며 나의 세상을 만나서는 또한 도(道)를 얻고 과(果)를 증득케 된 것이다.'"하였다.

또 진각 대사(眞覺大師)께서 이르기를 "깊이 정법(正法)을 믿어서 부지런히 육도(六度)를 행하며 또한 대승을 독송하고 행도 예배하며 묘미(妙味)의 향화(香華)와 음성으로 찬패(讚唄)함과 등촉(燈燭)의 대관(臺觀)과 산해임천(山海林泉)과 공중평지(空中平地)의 세간에 있는 모든 것을 다 가져 기꺼이 공양하사와 일체의 공덕을 한데 모아 회향하여 오직 보리심을 도와지이다."3)고 하였다. 그러므로 위의 물음에 인용한 말은 다못 범부가 마음 밖의 일에 집착함을 파해 주려고 한 말씀인 줄 분명히 알아야 할 것이다.

참뜻을 알지 못한 수행의 허물

수행에 즈음해서 탐리(貪利)로만 공양하고 진심(瞋心)으로 계(戒)를 가지며 교만심으로 복을 지어도 저 보시행보다 뛰어나다고 그릇 알아 은중(殷重)한 마음을 내지 않으면 광대한 뜻이라 할 수 없으니, 만일 이와 같이 행한다면 결코 정업(淨業)을 이룰 수가 없다. 부디

---

3) 永嘉集 가운데 發願文 第十의 내용.

성인(聖人)의 뜻을 잘못 알아서 자기의 범정(凡情)을 끊는다고 단멸심(斷滅心)을 일으켜 보리(菩提)의 종자를 멸하는 일이 없도록 할 것이다.

『수능엄경(首楞嚴經)』에 이르기를 "만일 저 정중(定中)에 있는 수행자가 색음(色陰)이 멸하여 수음(受陰)이 명백해짐을 보고 스스로 만족하게 여긴다면 홀연히 무단(無端)한 대아만(大我慢)[1]을 일으키게 되는데 나아가 만(慢)과 과만(過慢) 및 만과만(慢過慢)과 증상만(增上慢)과 비열만(卑劣慢) 등이 일시에 한꺼번에 일어나서 심중(心中)에 오히려 시방여래도 가벼이 여기게 되거든 하물며 하위(下位)의 성문이나 연각이겠는가. 이를 견해(見解)만 뛰어나고 스스로를 구원할 지혜가 없다고 이름하는지라 깨달으면 곧 허물이 없으려니와 성증(聖證)이 아닌 것이다. 만일 성증(聖證)이라는 견해를 지으면 곧 일분(一分)의 대아만마가 생겨 그의 심부(心腑)에 들어가서 탑묘(塔廟)에 예배하지도 않고 경상(經床)을 훼손하며, 단월(檀越)들에게는 말하기를 '이것은 금동(金銅)이요 혹은 토목(土木)일 뿐이며 경전(經典)은 곧 나뭇잎[貝葉]이요 혹은 첩화(疊華~비단천)일 뿐이다. 오직 육신만이 진상(眞常)한데 스스로 공경치 아니하고 도리어 토목이나 숭상하려 하니 참으로 뒤바뀌었도다.'하리니, 깊이 믿던 이들도 마침내는 그를 따라 파괴하고 땅에다 버려 중생들에게도 마침내 의심을

---

1) 여기에 我慢과 邪慢을 더하여 七慢이라고 한다. ① 慢: 자기보다 못한 이에 대하여 우월감을 품고 높은 체함. ② 過慢: 자격이 같은 이에 대하여 우월감을 품는 것. ③ 慢過慢: 자기보다 나은 이에 대하여 우월감을 품는 것. ④ 我慢: 자기의 능한 것을 믿고 다른 이를 업신 여김. ⑤ 增上慢: 자기를 가치 이상으로 보는 것. ⑥ 卑劣慢: 지나친 겸손으로 일종의 자만심을 가지는 것. ⑦ 邪慢: 덕이 없는 이가 덕 있는 줄로 자기를 잘못 알고 삼보를 輕慢하며 홀로 높은 체하는 것.

내게 해 함께 무간옥(無間獄)으로 이끌고 만다. 이들은 이미 정수(正受)를 잃은지라 참으로 그를 좇아 함께 침륜(沈淪)하고 말 것이다."고 하였다.

그러므로 다만 짓는 때에 일체 것에 집착하지 않음으로써 기쁘고 다행스럽게 여기고, 힘과 정성을 다해서 무상보리(無上菩提)에 회향하며 또한 널리 법계함식(法界含識)에게 베푼다면, 한 터럭만한 선근(善根)이라도 모두가 곧 원행(圓行)의 인(因)이 되는지라 마침내 인천(人天)의 인과에 떨어지지 않을 것이며, 아울러 복업(福業)이 넓고 깊어서 능히 널리 범성(凡聖)을 함께 제도할 수 있으리라. 이와 같이 복(福)은 곧 평안의 근본이요 지(智)는 곧 해탈의 문이니, 이 두 바퀴를 잠시라도 잊지 아니하면 이것이 곧 부처를 이루는 올바른 길이요, 실로 중생의 고통을 없애주는 깊은 원인인 것이다.

오직 무상보왕(無上寶王)이신 시방(十方)의 자부(慈父)께서는 대복덕을 남김없이 지어 모으고 위 없는 공덕신을 다 갖추시고도 오히려 친히 대중에게 골탑(骨塔)에 예배하는 모습을 보이시며 제자들을 위하여 몸을 굽혀 바늘구멍만한 것도 버리지 않으셨나니, 어찌 하열(下劣)한 범부와 박복하고 덕 없는 이들과 믿지 않는 천제(闡提)들의 아만심으로 높이 떠받치는 짓이나 저열심(低劣心)을 지어서 소선(少善)이라 업신여겨 마침내 잃어버리고마는 그러한 못난 짓에 비유하겠는가.

『상법결의경(像法決疑經)』에서 부처님이 이르시기를 "만일 어떤 사람이 다른 사람의 복업(福業)을 수행하는 것이나 또는 빈궁한 사람에게 베풀어 주는 것을 보고 꾸짖고 헐어 빈정대기를 '이 사명인(邪命人)은 명리(名利)만을 구하는구나. 출가한 사람이 보시행이 어디 소용되는 것인가. 다만 선정(禪定)과 지혜(智慧)의 업(業)만을 닦을 것이거늘 어찌하여 무익한 일로 공연히 분주하게 움직이느뇨.'라고 한다거나 이와 같은 생각만이라도 한다면 이는 마(魔)의 권속이니, 그와 같은 사람은 명을 마침에 대지옥에 떨어져서 오랜 세월토록 고통을 받고 지옥에 나와서는 또 아귀중에 떨어지며 오백신(身) 동안을 짐승의 무리에 떨어지고 다시 오백 세 동안을 항상 빈천하게 태어나면서 갖가지 고통을 받으리니, 왜냐하면 전세(前世)에 남이 보시하는 것을 보고 따라 기뻐하지 않았기 때문인 것이다."고 하였다.

2. 만행(萬行)의 복덕장엄과 그 영험의 예

복덕의 공능(功能)

논(論)에 이르기를 "복덕(福德)은 곧 보살마하살의 원력(願力)을 채우는 근본인지라 온갖 성인(聖人)들은 함께 찬탄하시나 무지(無智)한 사람은 헐뜯는 것이며, 지혜인의 수행하는 곳이나 무지한 사람은 멀리하는 것이다. 실로 이 복덕으로 인하여 인왕(人王)과 천왕(天王)과 전륜성왕과 아라한과 나아가 벽지불도 되며, 또한 제불세존의 대자대비와 십력사무소외(十力四無所畏)와 일체종지(一切種智)와 자재무애도 모두가 이 복덕으로 부터 생기는 것이다."하였고 또 수보리(須菩提)가 묻기를 '마침내 공(空)한 가운데는 복이라든가 복 아닌 것도 없을텐데 어째서 다만 복덕으로서만 얻는다 합니까.'한데 부처님께서 답하시기를 '세제(世諦) 가운데서는 반드시 복이 있어야만 얻느니라.'하셨으니, 수보리는 중생들이 무소유(無所有)에 집착하기 때문에 물었고 부처님께서는 유(有)에도 집착하지 않으시기 때문에 그와 같이 답한 것이다.

이것은 이른바 "정진(精進)하여 복을 닦아도 오히려 얻기 어려운데 하물며 닦지 않고서이겠는가."라는 말과도 통하는데 비유하자면 마치 저 밥을 빌어먹는 도인이 한 마을에 이르러 집집마다 다녀도 밥을 얻지 못하였는데 마침 한 마리의 개가 굶주려 누워 있는지라 지팡이로 때려 꾸짖기를 '너 이 무지한 축생아, 나는 힘써 집집마다 다니며 밥을 구하여도 오히려 얻지 못했거든 하물며 너는 가만히 누워서 밥이 생기기를 바라느냐.'고 한 것과도 같은 것이다.

연등(燃燈)

옛적에 보거(寶炬)라는 이는 소등(蘇燈)으로 불전(佛前)을 밝혔는데 드디어 지염(智燄)이 증장하고 아울러 항상 신광(身光)이 비쳤었다. 이는 곧 인(因)이 발랐으므로 과(果)가 원만하여 그로 해서 행업(行業)을 성취한 때문이다. 또 어떤 도적은 우연히 꺼져가는 등불을 돋우고도 그후로 천안(天眼)이 항상 밝았으며 또 어느 가난한 여인은 보잘것없는 등불을 헌공하였어도 그로 인하여 부처님께서 수기하심에 오르기도 하였다.

『화엄경』에 이르기를 "또 광명을 놓으니 이름이 조요(照了)라. 일체의 모든 천광(天光)이 다 가려 있던 바 어두운 장애가 제거되지 않음이 없으며 널리 중생을 위하여 요익(饒益)됨을 짓나니, 이 광명은 일체 중생을 깨우쳐서 등명(燈明)을 가지고 부처님께 공양케 하며 제불께 등명을 공양하므로 해서 세간 가운데 무상등(無上燈)을 얻어 이룬지라, 온갖 유등(油燈) 및 소등(蘇燈)을 밝히거나 갖가지 온갖 밝은 횃불과 온갖 향내나는 묘약상보(妙藥上寶)의 등촉을 밝혀 이렇게 공양하므로 이 광명을 획득한 것이다."하였고『보광경(普廣經)』에는 "연등공양은 모든 유명계(幽冥界)를 비추어서 고통을 받는 중생으로 하여금 이 광명을 입어 서로서로 보게 하나니, 실로 이 복덕을 인연하여 저 중생을 건져 휴식을 얻게 하는 것이다."하였다.

또『시등공덕경(施燈功德經)』에는 부처님께서 사리불에게 고하시되 "어떤 사람이 탑묘에다 등불을 밝히면 목숨이 마칠 때 다달아 네 가지의 광명을 보게 되나니, 첫째는 태양이 가득하게 솟아오름을 보며, 둘째는 깨끗한 달빛이 가득하게 솟아오름을 보며, 셋째는 하늘의 대중이 한 곳에 모여 앉아있음을 보며, 넷째는 여래정변지께서 보리수 아래 앉으사 보리(菩提)를 드리우신데 자기 몸이 여래를 존중하여 합장하고 공경스럽게 모시고 있는 모습을 보는 것이다."고 하였다.

산화(散華)

혹은 꽃을 흩어 공양하고 도량을 아름답게 꾸미면 그 모두가 보리심을 이루어 성불하는 정행(正行)의 인(因)이 된다. 『법화경』에 이르기를 "어떤 사람이 산란한 마음으로든지 내지 한 송이 꽃이라도 부처님의 화상(畫像)에 공양한다면 그로 인하여 마침내는 점점 무수한 부처님을 뵈올 것이다."하였고 『대사유경(大思惟經)』에는 "이와 같이 꽃을 흩어 불전에 헌공하는 등의 행이 없이는 비록 왕생(往生)함을 얻더라도 의보(依報)를 갖추지 못하리라."고 하였다.

『현우경(賢愚經)』에 이르기를 사위국 안에 어떤 장자(長者)가 한 남자 아이를 낳았는데 얼굴이 단정하고 하늘에서 온갖 꽃비를 내려 집안에 가득 쌓였으므로 그의 이름을 화천(華天)이라 하였다. 그 뒤에 출가하여 아라한과를 얻었는데 아난이 부처님께 여쭙되 '화천 비구는 어떤 복으로 이와 같음을 얻었습니까.'하니 부처님께서 말씀하시기를 "과거에 부처님이 계셨는데 명호가 비바시(毘婆尸)였다. 그 때 한 가난한 사람이 있어 스님네들을 보고 기뻐하여 곧 들판에 핀 풀꽃을 꺾어 대중에게 흩었는데 그때의 그 가난한 사람이 곧 지금의 화천이다. 그때 꽃을 흩었던 그 공덕으로 한량 없는 세월 동안을 신체가 단정하고 뜻에 구하는 것이 생각대로 모두 이루지 않은 것이 없게 되었던 것이다."고 하시었다.

또 경의 "한 송이 꽃이라도 허공중에 흩어 사방의 부처님께 공양한다면 필경에 온갖 고통이 쉬어지고 그 복됨이 다함 없으리라."고 한 대목에 논에 이르기를 "억이(億耳) 아라한은 옛적에 꽃 한 송이를 불탑에 올린 적이 있었는데 그는 그 복덕으로 하여 한량 없는 세월 동안을 인천(人天)에서 즐거움을 받고 그 나머지 복력으로 아라한과를 얻었던 것이다."고 하였다.

헌향(獻香)

또한 소향(燒香)이나 도향(塗香)으로 불사(佛事)를 장엄하여 다만 손가락 한 마디만큼이라도 사룬다면 그로 인하여도 필경에 묘과(妙果)의 위(位)를 기약할 것이며, 아울러 탑묘에 칠한다면 몸에서 전단향내가 날 것이다. 옛날 부처님께서 세상에 계실 때에 한 장자가 있었는데 이름이 전단향이었다. 그는 옛적에 일찍이 향을 개어 탑에 칠한 일이 있었는데 그때부터 한량 없는 세월 동안 몸의 모든 털구멍마다 전단향내가 났으며 그 입에서는 우발화의 향내가 났다고 하였다.

번개(幡蓋)

깃발을 탑묘에 걸고 보개(寶蓋)를 치는 성스러운 의식은 모두가 그 장엄하고 경건한 마음을 표함이니, 비록 그러한 의식으로 반연은 하였으나 능히 복됨을 얻어 끝내는 자과(自果)를 이루게 되는 것이다. 부처님께서 세상에 계실 때에 파다가(波多伽)란 사람이 있었다. 과거에 일찍이 커다란 깃발을 만들어서 비바시불탑 위에 걸었는데 그때부터 한없는 세월 동안을 천상인들 가운데서도 이 사람만은 항상 커다란 깃발이 있어서 그 위를 덮고 복되게 지내다가 뒤에 출가하여 도를 이루었다 하였다.

경에 이르기를 "어떤 사람이 깃발을 걸면 바람이 불어 한 번 나부 낄 때마다 한 전륜왕위를 얻으며, 나아가 그 깃발이 다 닳아 떨어져 먼지가 되도록 한 먼지마다 한 소왕위(小王位)를 얻을 것이다."하였 고『백연경(百緣經)』에는 "한 보개 장자(寶蓋長者)가 있어 과거에 일 찍이 마니보주를 가지고 비바시불의 사리탑 위를 덮었는데 그로부터 한없는 세월 동안을 천상인 가운데서 항상 자연한 보개가 있어 그의 정상(頂上)을 덮었으며 나중에는 부처님을 만나 뵙고 출가하여 불과 (佛果)를 이루었다."고 하였다.

칭양찬탄(稱揚讚歎)

부처님의 덕을 드날리고 아울러 대승을 찬탄함은 그 수승한 과보 가 끝이 없고 빼어난 인연이 가장 큰지라 한 게송이라도 찬탄한다면 겁(劫)을 뛰어 성불하는 공덕을 이루고, 한마디라도 칭송한다면 설 상(舌相)에 묘음(妙音)의 과보를 획득하는 것이다.

『관불삼매경(觀佛三昧經)』에 이르기를 "옛적 과거 무량한 세시(歲 時)에 부처님께서 세상에 출현하셨으니 호(號)가 보위덕상왕(寶威德 上王)이었다. 그때에 어떤 비구가 아홉 제자와 함께 불탑에 나아가서 불상에 예배하였는데 한 보상(寶像)을 보니 상호가 더욱 엄정 장중하 신지라 예배를 마치고 다시 자세히 관찰하며 게송을 설해 찬탄한 일 이 있었다. 그 비구는 이 공덕으로 명을 마치고는 동방보위덕상왕불 국의 대연화 가운데서 홀연히 화생(化生)하였으며 이로부터는 언제 나 부처님 회상을 만나 염불삼매를 이루었고 또한 부처님에게 '시방 의 면(面)마다 각각 성불함을 얻으리라.'는 수기(授記)를 받았었다." 하였다.

또『법화경』에는 "비유컨대 온갖 이들이 사랑하고 즐겨하며 희유 하게 여기는 우담화는 아득한 세월에 드물게 한 번씩 피어나거니와,

법을 듣고 기뻐하며 찬탄하는 말을 한 마디라도 하거나 아울러 정법을 위하여 시방의 모든 부처님께 공양한다면 이 사람의 매우 희유함이란 저 우담화보담 훨씬 지난다."고 하였다.

『화엄경』에 이르기를 "또 광명을 놓으니 이름이 묘음(妙音)이라. 이 광명은 능히 모든 보살을 개오(開悟)케 하며, 또한 능히 삼계의 있는 바 모든 소리를 내는데 듣는 이들은 모두 여래의 음성으로 들리는지라, 큰 음성으로 여래의 공덕을 칭찬하며 및 영탁(鈴鐸)의 온갖 음악을 베풀어서 널리 세간에 부처님의 음성을 듣게 함에, 그러므로 이와 같은 광명을 얻은 것이다."하였다.

창패(唱唄)

창패(唱唄)[1]를 읊을 때엔 미묘한 범음(梵音)을 다하여 드날릴 것이니, 옛날 파제(婆提)가 범패(梵唄)[2]를 드날리매 맑은 메아리가 정거천(頂居天)까지 사무쳤고, 석존(釋尊)께서 정(定)에 드시매 비파의 노래가 석실(石室)을 떨쳐 원림(園林)과 누관(樓觀)이 모두 법계의 법문에 들었다. 이와 같이 음성과 어언(語言)이 모두 불종(佛種)의 불사를 이루는 것이다.

『비니모경(毘尼母經)』에는 부처님께서 비구들에게 고하시기를 "그대들의 범패 읊는 소리를 들으니 범패란 곧 모든 언설(言說) 가운데 사(辭~음률중의 가장 아름다운 말)[3]로다."하였고 십송률(十誦律)

---

1) 唱唄 : 音節이 屈曲昇降하여 곡조에 맞게 梵唄를 읊어 읽는 것.
2) 梵唄 : 唄는 唄匿을 줄인 말로 止斷 止息 또는 讚歎이라 번역. 이것은 梵土인 印度의 詠讚하는 노래이므로 梵唄라고 한다. 그러나 一般的으로는 法要의 方式을 말하는 것으로서 법회를 시작할 때 '如來妙色身…'의 게송을 읊으며 부처님의 높고 큰 덕을 찬탄함인데 이 梵唄에 依하여 十方世尊의 相好가 具足하고 모든 根이 悅豫하므로 큰 공덕을 성취한다 함.

에는 "제천(諸天)의 범패소리를 기쁜 마음으로 듣나니 혹 음악·무기(舞妓)와 나발(螺鉢)·소소(簫詔)로 즐겁게 갖가지 공양을 올리도다."고 하였다.

또 『법화경』에서는 이렇듯 사람들에게 음악을 연주케 하되 북을 치고 나팔을 불며 피리를 읊조리거나 거문고를 뜯거나 공후(箜篌)·비파(琵琶)와 꽹과리·동발(銅鉢) 등을 치게 하여 이와 같이 온갖 묘음(妙音)을 동원하여 공양케 하며, 혹은 기쁘고 즐거운 마음으로 부처님의 덕을 기리고 읊을 것이니 설사 조그만 음성으로라도 한다면 마침내는 모두가 불도를 이루리라."고 하였다.

권청(勸請)

혹은 모든 부처님께 간절히 권하여 법륜을 굴리시도록 청하며 열반에 들지 마시고 대비심으로 함식(含識)을 건지게 할 것이니, 「지론(智論)」에서 '보살의 법이 그러하여 언제나 시방 부처님께 권청한다는 것은 만일 목전(目前)이라면 제불께 권청하는 것이 가능하려니와 이제 시방의 무량불은 또한 눈으로 뵈올 수 없거늘 어떻게 가히 권청할 수 있겠는가.'라는 질문에 답하기를 "마치 자비한 마음을 일으켜 중생을 생각하고 모든 중생이 평안을 얻도록 기원한다면 중생은 비록 느끼는 바가 없어도 기원하는 이는 그렇게 기원하는 뜻만으로도 크게 복이 됨과 같이 부처님께 설법하시기를 권청함도 또한 그와 같다. 그리고 비록 중생이 직접 뵙고 부처님께 권청할 수는 없더라도 부처님은 언제나 그 마음을 보아서 또한 저의 권청함을 반드시 들으시는 것이다."고 하였다.

---

3) 辭: 漢文文章의 한 體로서 騷 및 賦에 비슷하며 흔히 韻語를 써서 音律을 아름답게 함.

수희(隨喜)

혹은 따라 기뻐하고 선(善)을 칭찬하여 다른 이의 뛰어난 인연을 돕는다면 마치 향 파는 사람을 가까이함에 모르는 사이에 향기가 배어드는 것같이 비록 직접 스스로 짓지는 않더라도 또한 한가지로 선을 훈습하는 것이다.

논(論)에 이르기를 "어떤 사람이 공덕을 지음에 그것을 보는 자가 마음으로 따라 기뻐하고 칭찬하며 말하기를 '장하다. 무상한 세계 속에서 치명(痴冥)으로 가리워진 바가 되었음에도 능히 큰 마음을 넓혀서 이와 같은 복덕을 건립하는구나.'라고 하면 이 보살은 다만 따라 기뻐한 마음만으로도 이승인(二乘人)들보담 훨씬 위를 지나겠거늘 하물며 스스로 행함이겠는가."고 하였다.

또 보살은 주야 육시에 항상 삼사(三事)를 행하나니, 첫째는 시방 부처님께 예배하여 삼세의 죄업을 참회하는 것이요, 둘째는 시방제불의 행하신 바 공덕을 따라 기뻐함이요, 셋째는 모든 부처님의 전법륜(轉法輪) 및 오랫동안 세간에 머무심을 권청하는 것이다.

이와 같은 삼사(三事)를 잘 수행하면 공덕이 무량하여 점점 불도를 이룸에 가까워질 것이며, 이렇듯 온갖 선을 행하여 모두 다 회향한다면 반드시 보리도를 성취하고 생멸에 떨어짐을 면할 것이니, 마치 가는 소리일지라도 뿔로 통해 들으면 드디어 멀리까지 이르러 들리는 것과 같고, 흡사 방울 물을 바다에 떨어뜨리매 곧 넓은 물과 한가지로 동화(同化)되는 것과 같아서 조그마한 선(善)이라도 마침내는 극과(極果)에 이르며 자그마한 뜻을 운용(運用)하더라도 끝내는 반드시 대심(大心)을 이루고 마는 것이다.

발원(發願)

대원(大願)을 발함은 실로 만행(萬行)의 초인(初因)으로서 능히 자비심을 길러 불종(佛種)을 끊지 않으며 큰 일을 판단해 이루고 짓는 바가 마침내 극증(極證)하게 됨에, 참으로 도를 이루고 중생을 이익케 하는 것이 모두가 오직 드넓은 원력으로 인한 것이다. 이러므로 행만 있고 원이 없으면 그 행함이 반드시 고루하게 되고 원만 있고, 행이 없으면 그 원이 반드시 헛되게 되는지라, 행(行)과 원(願)이 서로 좇아야만 비로소 자타(自他)를 겸하여 이익케 할 수 있는 것이다.

『화엄경』에 이르기를 "대원을 발하지 않는다면 마(魔)의 섭지(攝持)한 바가 되고 말 것이니 즐겨 적멸에만 처해서 번뇌를 끊어 제거하는 것도 마의 섭지한 바며, 길이 생사를 끊음도 마의 섭지한 바며, 보살행을 버리는 것도 마의 섭지한 바며, 중생을 교화하지 않음도 마의 섭지한 바이다."하였고 지론(智論)에는 "복을 지어도 원이 없으면 도업(道業)을 수립할 근거가 없나니, 반드시 원이 길잡이가 되어야 능히 이룰 수 있는 것이다. 비유컨대 금을 녹이매 금사(金師)의 짓는 바에 따르는지라 금 자체는 정함이 없는 것과 같아서, 보살도 그러하여 정토원(淨土願)을 닦은 뒤에야 이룰 수 있나니, 그러므로 반드시 원을 인하여 과(果)를 획득하는 것인 줄 알 것이다."하고 또 "만일 한번이라도 마음을 발하여 '원컨대 내가 마땅히 부처가 되어서 일체 중생의 고통을 멸하여지이다.'라고 한다면 비록 번뇌를 끊지는 못하고 아직 어려운 일을 다 행치는 못했더라도 심구(心口)의 맹세가 중하기 때문에 다른 중생보다 훨씬 뛰어난 것이다."고 하였다.

또 「대장엄론(大莊嚴論)」에는 "불국(佛國)의 일이 커서 홀로 행하는 공덕으로는 성취하기 어렵나니, 기어이 온갖 힘을 다하여라. 마치 소가 비록 힘을 쓰긴 하지만 수레를 끄는 데는 반드시 끄는 마부가 있어야 이를 수 있는 것과 같아서, 불국토를 청정히 하는 일도 반드시 원력으로 말미암아 이끌어 이루게 되는 것이다. 왜냐하면 복덕이 자라나서 잃어버리지도 파괴되지도 않으며 언제나 부처님을 뵈올 수 있는 것은 오직 이 원(願)의 힘이기 때문이다."고 하였다.

조성형상(造成形像)

또한 새로이 불상을 조성하고 옛것을 중수하며 존상(尊像)을 세우고 진영(眞影)을 그리며 가람(伽藍)을 건립하여 복지(福地)를 장엄할 것이니, 『법화경』에 이르기를 "어떤 이가 불법을 위해 온갖 형상을 건립하되 새기거나 쪼아서 중상(衆相)을 조성하면 그 공덕이 헛되지 않아 반드시 불도를 이룰 것이다. 칠보(七寶)로 조성하거나 놋쇠나 구리나 납이나 무쇠·나무 또는 진흙이나 아교 등 어떤 재료로든지 조성하여 엄식(嚴飾)한다면 마침내 모두 다 불도를 성취하며, 채화(彩畫)로 그리거나 백복(百福)으로 모습을 장엄하되 스스로가 하거나 또는 사람을 시켜서라도 하면 모두가 반드시 불도를 성취한다." 하였다.

그리고 『작불형상경(作佛形相經)』에는 우전왕(優塡王)이 부처님께 여쭙기를 '세존이시여, 만일 부처님이 멸도하신 뒤에 어떤 이가 부처님의 형상을 만든다면 어떠한 복을 얻겠습니까.'한데 부처님께서 왕에게 말씀하시기를 "만일 이 후세에 어떤 이가 부처님의 형상을 조성한다면 그 공덕은 무량하여 가히 헤아릴 수 없다. 천상에 나면 즐거움은 물론 신체가 항상 자마금색을 지을 것이며, 만일 인간세상에 난다면 언제나 제왕(帝王)이나 대신(大臣) 장자(長者) 또는 현선가(賢善家)의 자식이 될 것이며, 제왕이 되면 모든 왕 가운데서도 특존(特尊)이 되고 혹 전륜성왕이 되면 능히 사천하를 다스릴지니, 칠보가 스스로 이르고 천자(千子)가 갖춰지며, 천상에선 육욕천주(六欲天主)가 되고 범천에선 대범왕(大梵王)이 되며 뒤에 무량수불국에 나서 대보살이 되었다가 나아가 마침내는 반드시 부처를 이루어 니원도(泥洹道)에 들 것이다. 어떤 사람이든 부처님의 형상을 조성하면 이와 같은 복덕을 얻을 것이다."고 하였다.

또 『화수경(華首經)』에서는 부처님께서 사리불에게 이르시기를 "보살은 네 가지 법으로 마침내 무상보리(無上菩提)에서 물러나지 않나니 어떤 것이 네 가지인가. 하나는 만일 탑묘(塔廟)가 허물어진 것을 보면 마땅히 진흙 한 덩이나 내지 벽돌 한 장만이라도 수치(修治)함을 더하며, 둘은 네거리길의 많은 사람이 볼 수 있는 곳에 탑을 쌓고 형상을 조성해서 부처님을 염하고 선복(善福)의 인연을 짓게 하며, 셋은 만일 비구승이 두 파로 나뉘어 서로 다툼을 보면 부지런히 방편을 구해서 그들에게 화합토록 하며, 넷은 만일 불법이 멸하려 함을 보면 간절히 독송하고 설법해서 내지 한 게송이라도 끊어지지 않도록 하며 법을 보호하기 위하여 법사(法師)를 공경히 모시되 법을 옹호하는 데 마음을 오로지 하여 신명을 아끼지 않는 것이다. 보살이 이와 같이 이 네 가지의 법을 이루면 나는 곳마다 반드시 전륜왕이 되어서 나라연(那羅延)과 같은 대력신(大力身)을 얻으며, 또한 출가를 행하면 능히 수희함을 얻어서 네 가지의 범행(梵行)을 닦으며, 나아가 필경에는 반드시 위 없는 도를 이룰 것이다." 하였으니, 이러므로 원숭이가 희롱삼아 석탑을 만들고도 오히려 천상에 나고 나무꾼이 산에 들어 두려운 나머지 무심결에 불명호를 부른다 하여도 오히려 득도(得度)하거든 하물며 뜻과 정성을 다한다면 어찌 뛰어난 과보가 없겠는가.

건립 탑파주종(塔婆鑄鍾)

보탑(寶塔)을 일으키고 큰 종을 지어 붓되 내지 손가락 크기만큼이라도 조성한다면 반드시 천상의 복을 얻고 아울러 잠시 동안 한번이라도 쳐서 소리를 내면 반드시 지옥의 고통이 쉬어지는 것이다.

『무상의경(無上依經)』에 부처님께서 아난에게 고하시기를 "제석

천궁주처(帝釋天宮住處)에 대비각(大飛閣)이 있으니 상승전(常勝殿)이라 한다. 그곳에는 갖가지 보배장엄이 찬란하기 그지없는데 만일 어떤 이가 있어 이같은 상승보전을 수없이 만들어 시방의 중승에게 모두를 베풀더라도, 어떤 이가 여래께서 열반에 드신 후에 겨자씨만한 사리(舍利)를 취하며 씨앗만큼한 탑을 조성하며 바늘끝만한 대찰(戴刹)을 지으며 대추잎만큼의 노반(露盤)을 닦으며 보리 낟알만한 부처님의 형상이라도 조성한다면, 이 사람의 공덕은 앞에 말한 이보담 훨씬 뛰어나서 백 분의 일, 백천만 억 내지 아승지수 분의 일로도 비교할 수 없는 것이다. 왜냐하면 여래의 공덕이란 그와 같이 무량하신 때문이다."하였고 『열반경』에는 "불승(佛僧)의 상주물(常住物)을 잘 지키며 불승이 머무는 곳을 정돈하고 소재하며 엄지손가락만한 탑이라도 조성하되 언제나 기꺼운 마음을 내면 반드시 부동국(不動國)에 날 것이니, 이런즉 정토가 항상 엄정한지라 능히 삼재(三災)의 격동함을 입지 않을 것이다."고 하였다.

서사(書寫)

또한 대장경을 써서 진전(眞詮)을 계발(啓發)하되 혹은 돌에 새기거나 금으로 부어 새기며 가죽을 벗기고 피를 뽑아 써서 보고 듣는 이들마다 기쁘게 하고 십종(十種)[1]으로 전통(傳通)하며 맹세코 사은(四恩)을 갚으며 밝게 자칙(慈勅)을 준수할 것이니, 실로 이와 같이 한다면 부처님의 지혜로도 다 칭찬하여 미칠 수 없고 하늘의 복으로도 보(報)가 다함이 없어 선서(善逝)의 공과 가지런할지니 참으로 여래의 사자(使者)라 할 것이다.

---

1) 十種傳通:「辨中邊論」가운데 나오는 十行法을 말하며 十種受持라고도 한다. 자세한 것은 앞의 주(P.79) 참조

『법화경』에 이르기를 "만일 어떤 이가 이 『법화경』을 얻어 듣고는 스스로가 쓰거나 사람을 시켜서라도 쓴다면 그 공덕은 부처님의 지혜로서 다소는 헤아릴 수 있다 하더라도 그 바닥까지는 낱낱이 헤아릴 수 없다."고 하였다.

3. 기타 만행을 광설(廣說)

불법으로 외호(外護)

나아가 삼보(三寶)를 일으키며 자비의 바람이 온 누리에 퍼지게 하며 석문(釋門)의 울타리를 위력으로 외호하여 드디어 정법을 오랫동안 머물도록 힘쓸 것이니, 불도(佛道)가 융성하면 외감(外感)인즉 비바람이 순조롭고 집안과 나라가 안녕하며, 내보(內報)인즉 도업이 자람에 따라 더러움이 멸하여 과(果)가 가득하고 인(因)도 또한 원만하리라. 이것은 곧 부촉(付囑)하심을 준수하는 은혜이므로 마침내는 보리(菩提)의 기(記)를 잃지 아니하는 것이다.

권청출가(勸請出家)

혹 얽매여 있는 이들을 풀어주고 사람을 놓아 출가를 권하며 널리 승니(僧尼)를 권장하고 불종(佛種)을 이어 융성케 하여 출리(出離)의 도를 열고 인접(引接)의 문을 베풀 것이니, 그 뛰어난 인(因)을 헤아리매 온갖 경전에 갖추어 칭찬하지 않은 곳이 없다.

『출가공덕경(出家功德經)』에 이르기를 "만일 어떤 사람이든 신심을 발해 출가하도록 도와주고 권장하면 그 공덕은 한량이 없으리라." 하였고 『본연경(本緣經)』에서는 "다만 하루 동안만이라도 출가를 행하면 이십 겁 동안을 삼악도에 떨어지지 아니하리라."고 했으며 또

「승지율(僧祇律)」에는 "다만 하루 동안만이라도 출가하여 범행(梵行)을 닦는 이는 육백육천육십 세의 삼도고(三途苦)를 여의리라."고도 하였다. 술에 취한 채 머리를 깎고 장난 삼아 잠깐 옷을 벗어 메도 마땅히 도과(道果)를 기약하거든 하물며 자(慈~육친의 정을 끊음)를 끊고 애(愛~처자의 정을 끊음)를 버리는 것이리오. 정인(正因)을 갖추어서 보살승을 이루면 그 복됨이란 실로 가이 없으리라.

정법(正法)의 환경을 지킴

혹은 법을 위하여 몸을 잊고 삿된 무리들과의 사귐을 멀리하며 정법당(正法幢)을 세워서 마군의 얽매임을 끊는다면, 혜일(慧日)이 무명(無明)의 암실에 밝아지고 자운(慈雲)이 번뇌의 수풀에 덮이어서 삿됨을 믿는 이들에겐 삼탈(三脫)[1]의 문에 나아가게 하며 사견(邪見)을 고집하는 이들은 팔도(八倒)[2]의 그물을 찢게 하여, 중생들이 대업(大業)을 이루려 함에 보리심 발하는 것을 도와서 증상(增上)의 연(緣)을 짓고 불청(不請)의 벗이 될 것이니, 『열반경』에 이르기를 "사람을 도와서 보리심을 발하도록 하는 이는 설사 오계(五戒)를 파한다 하여도 가하다."하였다. 그러므로 알라. 자기를 덜면서도 남을 위함은 실로 대사(大士)의 평상행리(平常行履)인 것이다.

---

1) 삼탈: 三解脫門의 약칭이니 三空門, 三三昧라고도 한다. ① 空解脫門: 一切萬有가 모두 空임을 관찰함. ② 無相解脫門: 상대적 차별한 모양이 없음을 관찰함. ③ 無願解脫門: 無作解脫門이라고도 하니 일체 것이 구할 것 없음을 관찰함.
2) 八倒: 八顚倒이니 범부와 小乘 등이 미한 고집으로 바른 이치를 뒤바뀌게 아는 八種의 그릇된 견해. 有爲生滅하는 법을 常·樂·我·淨하다고 고집하는 범부의 四倒와, 無爲涅槃法을 無常·無樂·無我·無淨이라고 고집하는 二乘의 四倒를 말한다.

수행인의 소구(所求)를 도움

혹은 스님들을 청해 공양을 베풀고 갖추어 수행의 환경을 적극 도와서 크게 베푸는 문을 열며 널리 무차(無遮)의 회(會)를 세울 것이니, 한 숫갈의 밥을 덜어주고도 일곱 번이나 거듭 하늘에 나고 한줌의 밀가루를 베풀고도 현세에 왕위에 오른 것이다. 그러므로 경방(經房)이나 선실을 건립하며 혹은 화과원림(華果園林)을 베풀어 필요한 것들을 잘 공급하여 도업(道業) 행하는 일을 도울 것이니, 옛날 지변(支辨)이란 이는 참선하는 벗들을 평안히 돌보아줌으로써 천상의 복덕이 자연함에 이르고 아울러 매일 경전 외우는 사미승을 공급하고선 총지제일을 획득키도 하였다.

『대보은경(大報恩經)』에 이르기를 "만일 음식이나 재물을 사람들에게 베풀며 진심(嗔心)을 끊게 하면 이러한 인연으로 이상(二相)을 획득하리니, 하나는 금색(金色)이요, 둘은 항상 광명을 발하는 것이다."하였다.

나아가 탑을 소재하고 도량을 쓸며 대중을 받들어 모시고 공경심을 일으키면 모두가 은중(殷重)한 업을 이룰 것이니, 이와 같이 한 생각의 보잘것 없는 선(善)을 발할지라도 참으로 가이없는 정연(淨緣)을 이루게 되기 때문이다.

『보살본행경(菩薩本行經)』에 이르기를 "옛날 부처님께서 이 세상에 계실 적에 한 아라한이 있었는데 이름이 파다갈리(婆多竭梨)였다. 그의 인지(因地)를 관찰해 보니 일찍이 정광고불탑(淨光古佛塔)에 우거진 잡초를 베어내고 쓸고 닦아 깨끗하게 정돈하고는 뛸 듯이 기뻐하고 여덟 바퀴를 돌며 예배를 하고 돌아갔는데, 명을 마친 뒤엔 광음천(光飮天)에 나서 그 천수(天壽)를 다하고 이렇게 백 번을 돌이킨 다음에는 용모가 단정한 전륜성왕이 되어 보는 이마다 모두 기뻐하고 가는 곳마다 도로가 저절로 깨끗해졌으며 또 구십 겁 동안 천상인간에서 두루 다복하게 지내다가 이제 최후신에 석가모니 부처님을 만나 뵙고 드디어 모든 세간의 즐거움을 버리고 출가하여 아라한과를 이룬 것이다."고 하였다.

이와 같이 어떤 사람이든 기꺼이 불법승에 조그마한 미선(微善)이라도 짓되 터럭끝만큼이라도 지으면 나는 곳마다 보(報)를 받음이 넓고 커서 실로 다함이 없는 것이다.

만선행(萬善行)의 과보

『정법념경(正法念經)』에 이르기를 "만일 어떤 이가 청정한 마음으로 중승(衆僧)에 공양하고 여래의 탑을 깨끗이 정돈한다면 명을 마침에 의락천(意樂天)에 나리니, 그 몸엔 골육(骨肉)이 없으며 또한 더러운 때도 없어서 향기가 능히 일백 유순을 풍기며 그 몸의 정결함이 마치 맑은 거울과도 같을 것이다."하였고 「부법전(付法傳)」에는 이르기를 "국다(毱多)라는 한 비구가 있었는데 그를 관찰해보니 복을 짓지 않아 아무리 애를 써도 득도(得度)치 못하는지라 그에게 권하여 스님네들을 두루 모시고 공양케 하니 드디어 아라한과를 증득하였다."하며 또 "지야다(祇夜多)라는 한 아라한은 삼명육통(三明六通)을 갖추어서 전생의 일을 관찰해보니, 일찍이 개의 몸을 받아 잠시도 배 부른 때가 없었고 언제나 기갈(飢渴)을 참았을세 그 뒤로는 드디어 매일 손수 아궁이에 불을 때고 스님네들을 공급하였다."고 하였다.

『대보은경(大報恩經)』에는 "제법(諸法)의 깊고 묘한 뜻을 잘 사유하여 즐겨 선법을 닦되 부모와 스님네와 스승과 덕이 있는 이를 공양하거나, 나아가 도로나 불탑이나 승방에 자갈이나 가시덤불이나 온갖 더러운 것을 제거하고 소재하면 이러한 인연으로 실로 삼십이상(三十二相)중에 일일모(一一毛)가 우선(右旋)함을 얻는 것이다."고 하였다.

　나아가 병든 이를 돌봄과 목욕시키는 일, 우물이나 변소를 깨끗이 청소하고 위급한 일을 붙들어 구원하며, 때를 갖추어 제용(濟用)하는 등이 모두가 대보살의 마음인지라 능히 부사의행을 이룰 것이니, 이타(利他)가 이미 중하므로 과(果)를 얻음도 더욱 깊어서 혹은 길이 굳세어 허물어지지 않는 형상을 받으며, 혹은 항상 청정한 모습의 체를 얻기도 하며, 혹은 불국의 감로세상에 왕생키도 하며, 혹은 단박에 평안하여 자재한 몸을 얻기도 할 것이니, 모두가 삼십이상의 뛰어난 인(因)이요 실로 팔십종호의 미묘한 과보인 것이다.

　『대방편불보은경(大方便佛報恩經)』에 이르기를 "삼업(三業)이 청정하여 병난 이를 보면 약을 베풀고 교만심을 꺾어 음식에 만족할 줄 알면 이러한 인연으로 반드시 삼십이상 중의 평립상(平立相)을 얻으리라."하였고 『복전경』에선 부처님께서 천제(天帝)에게 이르시기를 "내가 아득한 옛적 파라나국에 있었을 때에 늘 변소를 짓고 또 깨끗이 소재도 하였는데, 이 공덕으로 나는 세상마다 청정해져서 오랜 세월을 행도(行道)함에 더러움이 물들지 않았으며 또 몸엔 금색이 언제나 찬란해서 티끌이나 때가 묻지 않았고 먹은 음식이 저절로 소화가 잘 되어 변비나 설사의 근심이 없었다."고 했다.

　또한 『백연경』에는 이르기를 "손타리 비구는 과거세에 장자(長者)가 된 적이 있었는데 향수를 마련하여 사람마다 목욕을 시키고 다시 온갖 보배를 물에 던지더니, 이생에 났을 때는 집안에 자연히 한 샘이 솟아올라서 향수가 냉미(冷美)하고 온갖 진보가 그 가운데 가득하며 용모도 또한 단정하고 수묘(殊妙)하였다."고 하였고, 『현우경』에는 "옛적에 바다에서 보물을 캐어 파는 오 백의 장사꾼이 있었는데 한번은 오계를 잘 지키는 우바새 한 분을 인도자로 모시고 갔었다. 바다에 이르니 해신(海神)이 나와 물을 한 웅큼 떠서 '손바닥의 물이 많은가. 바닷물이 많은가.'하고 물었다. 현자는 대답하기를 '손바닥의 물이 많다. 바닷물은 비록 많으나 때가 되면 반드시 말라 없어지고 말지만, 만일 어떤 이가 이 한 웅큼의 물로 삼보께 공양하거나 혹은 부모를 봉양하거나 가난한 이에게 주거나 짐승에게 공급한다면 이러한 공덕은 아무리 오랜 겁이 지나더라도 다하지 아니하리니, 이로써 보건대 바닷물은 적고 한 웅큼의 물이 많은 것을 알 수 있노라.'하니, 해신이 기뻐해서 곧 온갖 보배를 현자에게 주었다."고 하였다. 이로써 일체 만물이 오직 급함을 건져 때[時]를 이롭게 함에 응하는 줄 알 것이니 만일 이같이 쓰지 못한다면 비록 많으나 이익이 없는 것이다.

경에 이르기를 "만일 나무를 심어 원림(園林)을 만들거나 우물 변소 또는 교량 등을 만든다면 이 사람의 복은 주야로 증장할 것이다." 하였고 「고승전」에서 도안 법사(道安法師)는 어느 날 성승(聖僧)의 말씀을 감득하였는데 그 말씀은 곧 "그대의 행해(行解)가 보통사람들보다 뛰어나긴 하나 다만 연(緣)하여 복이 적으니 이후로 스님네들 목욕하는 일을 주선하여 주면 반드시 원하는 바가 열매를 맺으리라"고 하신 것이었다.

이와 같이 혹은 구덩이가 생긴 곳을 평탄하게 고르고 길을 닦아 통하게 하며, 혹은 건네는 배를 만들고 교량을 설치하며 길가 곳곳에 정자를 세우고 길가마다 꽃이나 과일나무를 심어서 가고 오는 사람의 피로함을 위로하고 구원하여 인축(人畜)의 행하는 바를 갖춘다면, 실로 육도문중(六度門中)에 크게 드날리는 뜻을 깊이 발하고 팔복전내(八福田內)[1]에 널리 자재(慈濟)의 마음을 운용할 수 있을 것이다.

---

1) 팔복전: ① 공경 공양하며 자비로써 이바지하여 한량없는 복이 되는 八種의 복밭

한 생각의 선인(善因)이 능히 두 가지의 보답을 부르나니, 첫째는 화보(華報)로서 인천의 즐거움을 받음이요, 둘째는 과보(果報)로서 끝내는 조불(祖佛)의 진원(眞源)을 증득하는 것이다.

구호중생(救護衆生)

혹 음식을 베풀고 병든 이를 구완하며 주처(住處)와 의복 등 일체 소용되는 것들을 즐겨 베풀 것이니, 유정(有情)을 평안하게 하는 것이 곧 제불(諸佛)의 가업(家業)이요, 곤경에 빠진 이를 어루만져 위로해 주는 것이 곧 대사(大士)의 항상된 의범(儀範)이라. 겨우 가리(訶梨)[1] 열매 하나를 베풀고도 구십 겁의 복락을 받았으며 한 숟갈의 밥을 나누어 먹고도 능히 천 배나 되는 자재(資財)를 얻은 것이다. 경에는 음식을 베풀면 얻는 이익을 다섯 가지로 말씀하셨나니 곧 "첫째는 명이 길어지고, 둘째는 몸이 건강해지며, 셋째는 힘이 세어지고, 넷째는 마음이 평안해지며, 다섯째는 변재(辯才)를 얻는 것이다."고 하셨다.

또 「지도론(智度論)」에는 "귀신은 사람에게 한 입 밥을 얻으면 그 천만 배로 갚는다."하였고 『화엄경』에 이르기를 "또 광명을 놓으니 이름이 안온(安穩)이라. 이 광명이 능히 질병자들을 비치매 일체 온갖 고통을 멈추게 하여주고 또한 정정삼매(正定三昧)의 즐거움을 얻

이란 말이니 곧 부처님·성인·스님네(이 셋을 敬田이라 함)·화상·아사리·아버지·어머니(이 넷을 恩田이라 함)·병든 사람(悲田이라 함)을 지극히 섬기고 모시고 돌보는 행위. ② 복받을 원인이 되는 8종의 좋은 일. 먼 길에 우물 파는 일, 나루에 다리를 놓는 일, 험한 길을 잘 닦는 일, 부모에게 효도하는 일, 스님네께 공양하는 일, 병든 사람 간호하는 일, 재난 당한 사람을 구제하는 일, 無遮大會를 열고 일체고혼을 제도하는 일.

1) 訶梨 : 天王이 가지고 있다는 약용열매로 功用至多 無所不入이라고 하였다.

게 하나니, 나아가 좋은 약을 베풀어 온갖 병을 구원하며 묘보(妙寶)로 명을 잇고 향수를 그 몸에 바르며 소유(蘇油)와 유밀(乳蜜) 등을 먹여 배부르게 하므로 이로써 이러한 광명을 이룬 것이다."고 하였다.

시무외(施無畏)

온갖 두려움에 떠는 이들을 위로하고 달래서 다툼을 잘 화합토록 할 것이니, 슬퍼하고 근심하고 괴로워하는 등 어렵고 위태한 지경을 구원하고 돌보아주는 행은 실로 하늘의 복됨이요, 대각(大覺)의 행인 것이다. 인(因)이 굳세면 과(果)가 뛰어나고 덕(德)이 두터우면 보답도 깊다고 하였다.

『화엄경』에 이르기를 "또 광명을 놓으니 이름이 무외(無畏)라. 이 광명이 공포자에게 비추이면 어떤 무리가 가진 독해라 할지라도 일체를 다 단번에 멸하여 능히 중생에게 두려움 없는 평안을 베푸나니, 괴롭힘을 만나게 되면 모두 그치도록 권해서 위난에 빠진 이나 외롭고 곤궁한 자들을 위로하고 건져주므로 이로써 이러한 광명을 이룬 것이다."고 하였다.

시자비선근(施慈悲善根)

또 자비희사(慈悲喜捨)의 갖가지 이익으로 가난한 이를 건져 중생들의 고통을 대신하고 생각을 굴려 애민심(哀愍心)을 베풀지니, 설사 축생에게 먹을 것을 베풀지라도 모두가 불업(佛業)의 무연자인(無緣慈因)인 것이다.

『법구경』에 이르기를 "인자(仁慈)를 행하여 널리 사랑으로 중생을 구제하면 열 한 가지의 드날림이 있게 되나니 곧 첫째는 복이 항상 몸을 따르고, 둘째는 자나 깨나 평안하며, 셋째는 악한 꿈을 꾸지 않고, 넷째는 하늘이 보호하고, 다섯째는 사람이 보호하며, 여섯째는 독해를 만나지 않고, 일곱째는 병란(兵亂)을 만나지 않으며, 여덟째는 물과, 아홉째는 불의 난을 만나지 않고, 열째는 있는 곳마다 축복을 얻으며, 열한째는 명을 마치면 하늘에 나는 것이다."고 하였다.

그래서 경에는 "온갖 성문과 연각과 보살과 또한 모든 부처님에게 있는 일체의 선근이 오직 자심(慈心)으로서 근본을 삼는다."하였고 「비사론」에는 "자심을 수행하는 자는 불이 태우지 못하고 칼이 상하지 못하며 독이 해치지 못하고 물이 빠뜨리지 못하며 또한 남이 능히 죽이지 못한다. 왜냐하면 자심이란 곧 불해(不害)의 법인 까닭이니 큰 위력이 있어 온갖 선신(善神)이 옹호하므로 어떤 해독이라도 감히 해치지 못하는 것이다."고 한 것이다.

『상법결의경(像法決疑經)』에는 이르기를 "어떤 사람이 무량한 세월을 몸으로 시방 모든 부처님 및 모든 보살 성문 대중을 공양하더라도 배고파 우는 축생에게 한 덩이 밥을 베풀어주는 것만 못하나니, 그의 베품이 저보다 헤일 수 없이 뛰어난 까닭이다."하였고 또 「장부론(丈夫論)」에서는 "자비심으로 한 사람에게 베푸는 공덕이 대지와 같다면 자기의 이익을 위하여 일체에 베푸는 것은 그 과보가 겨자씨만큼이나 보잘것없다. 그와 같이 한 사람의 어려움 당한 이를 구원하는 것이 어렵지 않은 일체에게 베푸는 것보담 비교할 수 없이 뛰어나나니, 수많은 별이 비록 빛이 있으나 한 달빛의 밝음만은 못한 것과 같다."하였다.

『화엄경』에 이르기를 "보살이 축생에게 한 톨의 밥을 베풀지라도 반드시 원(願)을 짓되 '마땅히 이들이 축생도를 버리고 이익하고 안락하며 끝내는 해탈함을 얻어 길이 고해를 건너고 길이 온갖 고통이 멸하며, 길이 고온(苦蘊)을 제거하고 길이 고각(苦覺)과 고취(苦聚)와 고행(苦行), 고인(苦因), 고본(苦本) 및 모든 고처(苦處)를 끊어서 원컨대 저 중생들이 모두 이러한 것들로부터 영원히 벗어나 위 없는 깨달음을 이루어지이다.'고 하여 이와 같이 그 마음을 오로지 해서 일체 중생을 계념(繫念)할 것이니, 반드시 저러한 선근을 머리로 하여 그들을 위해 일체 종지(一切種智)에 회향할 것이다."하였다.

또 『대열반경』에서는 "부처님께서는 과거세에 오직 한 자비심만을 수행하신 공덕으로 수없는 겁세(劫歲)를 지나오며 일곱 번이나 성괴(成壞)가 바뀌도록 이 사바세계에 나지 않으셨으니, 세계가 무너질 때에는 광음천(光飮天)에 나시고 세계가 이루어질 때에는 범천(梵天)에서 대범왕(大梵王)이 되었으며, 이와 같이 서른여섯 번을 천제석(天帝釋)이 되시고 한량없는 백천 세를 전륜성왕이 되시더니, 이제에 이르러 드디어 성불하신 것이다."고 하였다.

나아가 손가락에서 사자를 나타내매 취한 코끼리가 발에 예배하고, 자모(慈母)가 자식을 만나매 눈먼 도적이 밝음을 얻으며, 성(城)을 금과 유리 등으로 변하게 하고 돌을 허공중에 들어 올리며, 제석녀(帝釋女)의 상처를 아물게 하고 조달(調達)의 병을 낳게 하는 등 이같은 뭇 자취들이 모두 오직 본사(本師)께서 오랜 세월 동안을 훈습해 닦으신 자비하신 선근이 힘으로, 능히 해롭게 하는 자들로 하여금 이와 같은 일을 보게 하기 위함이었거니와 이제 이미 받들어 옛 선사들의 수행하신 자취를 이으려 함에 어찌 마땅히 이와 같은 현종(玄蹤)을 본받지 않으랴.

또한 생명을 놓아 목숨을 잇게 하고 애민심을 일으켜 살생하는 업을 그치며, 태우고 삶는 재앙을 끊고 갇힌 우리를 풀어 수명의 바다를 잇고 혜명(慧命)의 인(因)을 이룬다면, 나아가 수륙(水陸)의 형상이 온전함을 얻어 그물에 빠지고 바늘을 삼키는 고통을 쉬며, 아울러 날짐승 길짐승이 성품에 맡겨 타는 수풀이나 마른 못의 근심에서 벗어나, 구멍에선[짐승의 집] 새로이 새끼를 잉태하는 일이 없어지고 동지에선[날짐승의 집] 새로이 알 품을 일이 없어져[축생도가 길이 끊어짐], 실로 뜨거운 곳에서 기름이 녹고 칼날 아래서 고기가 다져지는 고통들이 영원히 끊어질 것이다.

『범망경』에 이르기를 "불자야, 자비한 마음으로 생명을 놓아주는 일에 힘쓸 것이니, 일체 남자는 곧 나의 아비요 일체 여인은 곧 나의 어미니라. 내가 세세생생 나는 곳마다 곧 그를 의지해 생명을 받지 아니함이 없기 때문에 실로 육도중생이 모두가 나의 부모인 것이니, 죽여서 먹는다면 곧 나의 부모를 죽임이요 또한 나의 옛 몸을 죽임이 되기 때문이다. 그러므로 일체의 지수(地水)는 곧 나의 선신(先身)이요 일체의 화풍(火風)은 곧 나의 본체(本體)라, 언제나 힘껏 방생을 실행할 것이니, 이와 같이 하지 않는다면 경구죄(輕垢罪)를 범함이 되느니라."고 하였거니와 참으로 유정·무정을 막론하고 가히 해치거나 상하지 말아야 할 것이다.

또 『화엄경』에서는 "불자야, 보살마하살이(그 위신력으로) 대국왕이 되어 온갖 법에 자재하매, 널리 교명(敎命)을 펴서 죽이는 업을 없애게 하되 염부제 안의 일체 성읍취락에 일체 도살(一切屠殺)을 금단(禁斷)케 하여 무족(無足)이거나 이족(二足) 다족(多足) 등의 갖가지 생류(生類)들에게 오직 널리 두렵고 속이고 빼앗음이 없는 마음만을 베푸나니, 이와 같이 널리 온갖 행을 닦되 오직 자비로 중생에 임해서 침뇌(侵惱)를 행하지 아니하며, 묘보심(妙寶心)을 발하여 중생들을 안온케 하며, 부처님 계신 곳을 깊이 즐거워하는 뜻을 세워 항상 스스로 삼종정계(三種淨戒)에 안주하며, 겸하여 중생들에게도 두루 이와 같이 머물도록 권장하는 것이다. 또 보살마하살은 이와 같이 중생들에게 다 같이 오계에 머물러서 길이 살생 등의 악한 업을 끊도록 권하고는 이러한 선근으로 회향하되 이른바 '원컨대 일체 중생이 보살의 마음을 발하여 지혜를 구족하고 길이 수명을 보전하여 다함 없게 하여지이다.'하는 것이다."고 하였다.

 또한 중생들이 잔인한 마음을 품어 인축(人畜)을 해침을 보거나 형상(신체의 부분)을 잘라내어 온갖 초독을 받는 이러한 일들을 보면, 반드시 대자비심을 일으켜 슬픔에서 구원하며 부디 이러한 악업을 버리도록 권할 것이니, 『열반경』에 이르기를 "일체 물생(物生)들은 모두가 신명을 아껴서 칼이나 몽둥이를 두려워하지 않는 이가 없나니, 부디 나를 용서하는 것으로서 깨우침을 삼아 때리거나 죽이지 말라."고 하였다.

 옛날 등은봉 선사(鄧隱峰禪師)는 어렸을 적의 어느 날 원숭이 새끼를 활로 쏘아 죽인 일이 있었는데 조금 뒤에 보니 어미원숭이가 와서는 또한 땅에 떨어져 죽는지라, 이상히 생각하여 그 어미의 배를 갈라 열어보니 간장이 마디마디 끊어져 있었다. 그는 이 일로 인하여 드디어 활 쏘는 업을 버리고는 출가하였는데, 이로써 알라. 사람의 형상이나 짐승의 모습이 보(報)를 받음은 천 갈래이나 사랑으로 정근(情根)을 맺고 있음은 그 유(類)가 한결같아 평등한 것이다.

 그러므로 숲을 잃고 궁지에 몰린 범은 풀속에서라도 몸을 숨겨 그 명을 위탁하는 법이고, 날갯죽지를 상하여 쫓기는 새는 드디어 몸을 사람사는 방 안에라도 던지는지라, 일찍이 양생(楊生)이 새를 길렀음이 그 뜻이 어찌 옥환(玉環)에만 있었겠는가. 공씨(孔氏)가 거북을 놓아주었던 일도 결코 금인(金印)에 뜻이 있은 것은 아니었다.

 명(命)이 이미 대소가 없거늘 죄인들 어찌 현우(賢愚)를 격(隔)하리오. 삼업(三業)의 베품을 마땅히 간절히 삼가할 것이니, 실수로 잘못 상하거나 죽였다 할지라도 오히려 남은 보답으로 재앙을 받을 것인데 짐짓 일부러 짓고 범한다면 어찌 업의 자취를 피할 수 있으랴.

재계(齋戒)

혹 하루 동안이라도 계를 받거나 팔관재(八關齋)[1]를 지니며, 혹 유정물(有情物)을 먹지 않거나 또는 길이 냄새나고 피흐르는 음식을 끊는다면 삼재(三災)의 땅을 만나지 않고 반드시 육욕(六欲)의 천상에 오르리니, 이미 장수(長壽)의 연(緣)을 맺었고 대자(大慈)의 종자를 심었기 때문이다.

경에 이르기를 "옛적에 가라월(迦羅越)이란 사람이 있어 대단(大檀)을 베풀고 부처님과 스님들을 청하였는데, 그때 어떤 사람이 우유를 사거늘 불러서 사는 것을 멈추게 하고 재(齋)를 지니고 경을 듣도록 권하였다. 그 사람은 시킨 대로 행하다가 저녁이 되어 집에 돌아가 부인에게 말하기를 '내가 아침부터 지금까지 먹지 않았노라.'하니 그 부인도 남편을 기다리느라 먹지 않고 있다가 드디어 남편을 졸라서 재를 파하게 하고 말았다. 그러나 이 사람은 반나절 동안 재를 지닌 복으로도 오히려 천상에 태어났고, 일곱 차례나 인간세상에 오도록 항상 의식이 자연히 구족하였던 것이다. 더구나 하루 동안을 온전히 지닌다면 육십만 세 동안의 양식이 구족함을 얻는 것이겠는가." 하였다.

또 재를 지니는 데서 오는 다섯 가지의 복됨을 말하였으니, 이른바 "첫째는 병이 적고, 둘째는 몸과 뜻이 안온하며, 셋째는 음심(婬心)이 없어지고, 넷째는 누워 앓는 일이 적으며, 다섯째는 명을 마친 뒤

---

1) 팔관재: 八齋戒 八支齋法 八所應離라고도 함. 집에 있는 이가 하루 밤 하루 낮 동안 받아 지니는 계율. ① 죽이지 말라. ② 훔치지 말라. ③ 음행하지 말라. ④ 거짓말하지 말라. ⑤ 술먹지 말라. ⑥ 사치와 풍류를 금하라. ⑦ 호화롭게 꾸민 평상에 앉지 말라. ⑧ 때 아닌 때에 먹지 말라. 이 가운데 제 ⑧은 재에 해당하고 나머지 ⑦은 戒에 해당함. 關이란 금지한다는 뜻.

엔 신식(神識)이 하늘에 남을 얻고 더불어 항상 숙명(宿命)을 알게 되는 것이다."고 하였다.

참괴(慚愧)

자기의 잘못을 뉘우치고 부끄러워하는 마음을 품는다면 항상 다행스럽다는 마음이 날 것이며 분수를 알고 은혜를 잊지 않는다면 언제나 보답하여 갚겠다는 생각을 일으키리니, 『잡아함경』에 이르기를 "두 가지의 청정한 법이 있어 능히 세간을 보호하나니, 이른바 뉘우치고 부끄러워하는 것이다. 가령 세간에 이 두 가지의 법이 없다면 부모나 형제·자매·처자·종친·스승·존비(尊卑) 등의 차례가 있음을 알지 못하여 그 뒤바뀌고 혼란함이 마치 축생들의 모임과도 같으리라."하고 게(偈)로서 거듭 설하기를 "세간에 만일 참괴(慚愧)의 두 법이 없다면 청정도를 어겨넘어 영원히 생로병사에 빠지려니와, 참괴의 두 법이 있는 한 청정도가 나날이 증장하여 마침내 생사의 문은 닫혀지고 말리라."하였다.

애민중생(哀愍衆生)

다른 이의 벌을 내가 대신 받더라도 힘써 사람의 목숨을 죽음에서 구하며, 옥에 갇힌 이들을 풀어주어 형벌을 사면케 하며, 혹은 변두리로 쫓긴 사람들을 다시 돌아오게 하고 도망 간 백성들을 불러들이며, 혹은 관방(關防~국경의 수비니 국경을 튼튼히 하여 외래의 침입을 막아 백성에게 마음 놓고 생업에 종사케 함)을 배치하여 두게 하고 모든 세금을 가볍게 해주며, 혹은 가난한 이들을 돕고 병든 이를 구원하며, 또한 외롭고 고독한 이들을 어루만져 위로해주어 항상 어질고 용서하는 마음을 품고 언제나 은혜와 사랑을 생각하며 자나깨나 자비심을 잊지 말아서, 나아가 고물거리는 벌레에 이르기까지도 널리 덮어 보호해야 할 것이다.

『화엄경』에 이르기를 "불자야, 보살마하살은 옥에 갇힌 죄수가 몸이 결박되어 온갖 고통을 받으며 쫓고 다그치고 막아서 장차 그 목숨이 끊어지려 함을 보거든 반드시 스스로 신명을 내던져 온갖 고통을 대신 받을 것이니, 보살은 이런 일을 보면 그 주자(主者)에게 말하되 '나의 몸을 버려 저의 목숨을 대신하려 하니 그 같은 온갖 고통을 나에게 베풀되 저 사람에게 하듯이 하여 뜻 대로 다하라. 설사 저 사람이 받던 고통보담 더 심하여 몇 배나 된다 해도 내가 또한 달게 받을 것이니 저 사람을 해탈케 하라. 내가 만일 저 사람이 장차 죽임 당하는 것을 보고도 모른 척한다면 나는 곧 보살심에 머문다 하지 못할 것이니, 왜냐하면 나는 온갖 중생을 구호하기 위하여 일체지(一切智)의 보리심을 발했기 때문이다.'고 할 것이다." 하였다.

또 『정법념경(正法念經)』에는 "사원을 하나 건립하는 것이 죽어가는 목숨 하나 구원하는 것만 못하다." 하였으니, 경전을 두루 열람하여 온갖 복되는 일들을 헤아려 비교해본다면 실로 자비심만한 것이 없으매 참으로 일체의 생명을 가엾게 여겨 구원하는 것이 그 복됨이 가장 뛰어난 것이다.

효순(孝順)

또한 충성을 다하고 효순의 도리를 세워서 나라를 건지고 집안을 다스리며 겸양의 풍속을 행하고 은공의 도를 실천할 것이니, 부모를 경양(敬養)하여 모시면 으뜸가는 복전이 되고 존현(尊賢)을 이어 받들면 하늘의 정로(淨路)가 열리는 것이다.

『현우경(賢愚經)』에 이르기를 "집을 나오거나[出家] 집에 있거나[在家] 자심(慈心)과 효순으로 부모님께 이바지할 것이니, 그 복됨이란 너무나도 뛰어나 생각으로 도저히 헤아리기 어려우니라. 돌이

켜보건대 내가 과거세에 자심과 효순으로 부모님을 모셨으며 내지 신육(身肉)으로 부모님의 위급한 액운을 건졌던 공덕으로 위에서는 천제(天帝)가 되었고 아래에서는 성왕(聖王)이 되었다가 이제에 이르러는 부처를 이루어 삼계의 특존(特尊)이 되었나니, 실로 이 모두가 오직 부모님을 정성껏 모신 복덕의 결과인 것이다."고 하였다.

보살수행의 초점

나아가 남의 덕을 칭찬하고 드날려 온갖 선행을 장려하고 그의 이름을 찬탄해서 어진 이를 드러내는 길을 열 것이니, 사람의 온갖 아름다움을 이룸에 용맹한 마음으로 돕고 남의 번영된 일을 기뻐하여 좋은 일을 함께 일으킬 것이다. 질투의 독한 가시를 뽑고 원한의 독한 바람을 쉬어버리면 사무량(四無量)의 마음을 이루어 만물을 자기 몸처럼 포용하고 또한 사안락(四安樂)의 행을 성취해 유정을 널리 이익되게 할 수 있기 때문이다.

이러므로 모든 보살은 생각하기를 지나간 세상에 고해의 물결이 드높았음은 온갖 악한 일들만 지어 공덕을 덜어 없애고 오직 업의 싹만 길렀기 때문이라 하였다. 이제 앞날의 잘못을 반성하고 불법을 잘 수행하여 정진의 갑옷을 입고 금강과 같은 굳센 마음을 발하며 온갖 선행을 널리 펴서 법리(法利)를 두루 일으킬 것이다.

세간삼매(世間三昧)에 들어 공교한 신통을 나타내고 빛을 감추어 진로(塵勞)에 함께 하여 잠행밀용(潛行密用)하고 무명의 업화(業火)를 소멸하며, 교만의 깃대를 꺾어버리고 근기에 수순해서 온화한 모습으로 가르칠 것이다. 애어(愛語)로 섭수하고 자안(慈眼)으로 돌아보아 어리석고 눈먼 이를 열어 가르치고 놀라고 두려워하는 이를 평안히 위로하며, 세상을 비추는 해가 되고 어둠을 깨뜨리는 등불이 될 것이니, 감옥(삼계무명의 감옥)의 두터운 문을 열고 화택의 치열한 불꽃을 식히며, 구하는 자의 원을 여의주처럼 채워주고 병든 자의 뿌리를 선견(善見)의 영약처럼 뽑아준다면, 마침내는 고해가 말라 자비해(慈悲海)를 이루고 고륜(苦輪)이 파괴되어 지혜륜(智慧輪)을 이루리라.

 빈궁을 건지매 변하여 복덕의 나루가 되고 생사의 들판을 굴리매 보리의 도에 합하리니, 실로 제불의 법 안에서는 하지 못할 일이 없으며 중생계 가운데는 또한 건지지 못할 것이 없기 때문이다. 그 든든함이란 마치 땅에 실리고 교량 위에 올라선 것과 같아서 무명의 업장을 소멸함이 바람에 날리듯, 물에 씻기듯, 불에 태워지듯 하고 무량한 보리의 싹이 흡사 봄에 온갖 싹이 돋아나듯 한지라 그 푸근함이 허공에 용납됨과 같고 구름속에 싸인 것과도 같아, 드디어 그의 이름을 듣는 자들은 모두 해탈하고 그 그림자를 밟는 이는 평안함을 얻으며 그 빛에만 닿아도 더러운 몸이 가볍고 깨끗해지고 생각만 하여도 둔갑스런 마음이 조복되리라.

 이것이 모두 다 미세함으로부터 현저함에 이른 점점 쌓인 선근의 힘이라, 행이 가득하고 공이 뚜렷하면 마침내는 반드시 이러한 대사를 이루게 되는 것이다. 어찌하여 선업도(善業道)를 헐어 악취문을 쓸며 마(魔)의 인연으로 부처의 종자를 단멸케 하겠는가.

제3장

만행중선의
이치론

I. 여러 측면에서 본집을 짓는 이유

1. 개설(概說)

　대저 일념(一念)이 돈원(頓圓)하면 삼덕(三德)[1] 이 다 갖추어 있는지라 한 법도 마음의 근원을 떠나서는 있지 않나니, 설사 만행(萬行)을 닦는다 하여도 모두가 진법계(眞法界)로 좇아 이루어지는 것이요. 또한 습기(習氣)를 다스린다 하여도 반드시 불지견(佛知見)을 써서 끊어지는 것이다.

　그러나 이른바 이룸이 없는 이룸[이루었다 하나 이루어진 자취가 없음]이라[成德] 무엇이 묘행(妙行)에 방해로울 것이며, 끊음이 없는 끊음인지라[斷德] 어찌 원만한 수행에 장애가 되겠는가. 극악한 역경이라 할지라도 오히려 인식(認識)[2]을 도와 발생하거든 미덕이나 가선

---

1) 삼덕: 佛果의 공덕을 셋으로 나눈 것이니 ① 智德: 부처님이 평등한 지혜로 일체 것을 두루 아시는 덕. ② 斷德: 부처님이 온갖 번뇌를 다 끊어 남김이 없는 덕 ③ 恩德: 부처님이 중생을 구제하려는 서원으로 말미암아 중생을 구제하여 해탈케 하는 덕.
　또 하나는 열반을 얻은 이에게 갖춘 덕 ① 法身德: 부처님의 본체이니 迷界의 苦果를 벗어나서 얻은 상주불멸의 果體. ② 般若德: 만유의 실상을 아는 진실한 지혜. ③ 解脫德: 지혜에 의하여 참다운 자유를 얻은 것. 이것을 『열반경』에서는 三德秘密藏이라 하였다.

2) 원문은 지식. 認識을 일으켜 아는 작용을 뜻한다.

(嘉善)이 어찌 도(道)에 진취가 되지 않으리오.

2.만행문을 시설(施設)한 이유

문 그렇다면 어찌하여 바로 본제(本際)를 밝히지 아니하는가. 근본만 세우면 도(道)는 거기서 자연히 생길텐데 이와 같이 행문(行門)만을 설명한다면 도리어 곁으로만 돌아 막히지 않겠는가.

답 이치는 도의 근본이고 행문은 도의 자취이다. 그러므로 근본을 인하여 자취를 드리우는지라 근본이 없다면 자취를 어떻게 베풀 것이며, 자취를 인하여 근본을 나타내는지라 자취가 없다면 근본인들 어찌 홀로 성립되겠는가. 그래서 이르기를 '근본과 자취는 비록 다르나 부사의(不思議)함은 동일하다.' 하였으니, 먼저 그 종지를 바로 밝혀야 바야흐로 도에 나아갈수 있음을 알 것이다.

만일 한결같이 지말(枝末)만을 좇는다면 실로 막히지 않는 곳이 없을 것이니, 그러므로 경에 이르기를 "진여를 요달치 않고서는 능히 그 행을 이룰 수 없다. 마치 환상이 흡사 실제로 있는 듯하지만 마침내 참된 것이 아닌 것과 같다"고 한 것이다. 원근돈수(圓根頓修)의 인(人)은 곧 쌍차쌍조(雙遮雙照)[1]에 걸림이 없나니, 차(遮)에 즉(即)하여 조(照)하므로 쌍비(雙非)가 곧 쌍행(雙行)이요, 조(照)에 즉(即)하여 차(遮)하므로 쌍행(雙行)이 곧 쌍견(雙遣)인 것이다.

그러므로 근본을 파괴하지 않은 채 항상 지말인지라 만행을 아무리 일으키더라도 조금도 번거롭지 않고, 지말을 파괴하지 않은 채 항

---

1) 앞의 주(P.71) 참조

상 근본자리인지라 일심(一心)이 언제나 고요할 수 있는 것이다.

3. 만행으로 정진을 삼는 이유

문 『법구경』에 이르기를 "만일 마음을 일으키지 않는다면 그대로 끝없는 정진이다"고 하였는데 어째서 일을 만들고 마음을 일으켜서 지음 없는 도를 어기려 하는가.

답 마음에 나아가 마음이 없는지라 사(事)가 능히 이(理)를 방해하지 않고, 지으나 짓는 자취가 없는지라 성품이 온갖 반연(攀緣)에 장애가 되지 않는다. 그러므로 현수 국사(賢首國師)가 이르기를 "연기(緣起)의 체(體)가 고요하므로 일으키나 항상 일으키지 않으며, 체(體)가 연(緣)을 따르는 줄 알므로 일으키지 않아도 항상 일으킬 수 있는 것이다."하였고 『대집경(大集經)』에는 "정진(精進)에 두 가지가 있으니 첫째는 비로소 발(發)하는 정진이요, 둘째는 마침내 이룬 정진이다. 보살은 시발정진(始發精進)으로 일체 선법(善法)을 익혀 이루고, 종성정진(終成精進)으로 일체법을 분별하되 자성(自性)을 얻을 수 없는 것이다[般若智成就]."고 하였으며 『금광명경(金光明經)』 가운데서도 "비록 불과(佛果)를 얻었으나 정진은 쉬지 않는다."고 하였으니, 그러므로 대중 가운데서 일어나시어 신골(身骨)에 예를 하였거니와 하물며 나머지 범부 하근의 무리로서 정진하지 않고 어찌 저절로 이룰 수 있겠는가. 그래서 십팔불공법(十八不共法) 가운데서도 정진(精進)만은 감(減)한 데가 없는 것이다. 「대론(大論)」에 이르기를 "보살은 일체 정진이 모두 곧 허망한 것인 줄 알지만 항상 성취하여 물러나지 않나니, 이를 이름하여 진실정진(眞實精進)이라 한다."고 하였다.

4. 중선(衆善)을 시위(施爲)하는 이유
〈일체가 實相[空]을 바탕으로 한 견해〉

문 일체법의 공(空)함이 다 상(相)이 없음으로 바탕이 되거늘 어찌 중선(衆善)을 벌려서 유상(有相)의 마을 일으키려 하는가.

답 제법(諸法)이 마침내 있는 바가 없으므로 곧 만선(萬善)을 베풀 수 있는 것이니, 만일 제법이 결정된 성품이 있다면 곧 일체를 성립치 못하고 말 것이다. 그러므로 『반야경』에 이르기를 "만일 제법이 공(空)하지 않다면 곧 도(道)도 없고 과(果)도 없으리라."하였고 『법구경』에는 "보살은 마침내 공(空)한 가운데서 치연히 건립한다."하였으며 『금강삼매경』에는 이르기를 "만일 법이 다만 하나라고 말한다면 이 상(相)이란 털바퀴와도 같으며 물과 불이 서로 뒤바뀜과도 같으니 모든 것이 허망하기 때문이요, 만일 다시 법이 없다고 본다면 이 법이란 허공과 같은지라 마치 장님이 눈이 없어 넘어지는 것과 같고 아울러 법을 설한다는 것도 거북의 털과 같은 것이 되고 말 것이다."고 하였다.

또 경에 이르기를 "차라리 유위(有爲)를 수미산만큼이나 비방할지언정 무위(無爲)는 겨자씨만큼도 비방해서는 안된다."하였는데 논(論)해 이르기를 "제법의 실상 가운데는 결정된 상(相)을 얻을 수 없으므로 얻을 바가 없다고 이름하거니와 복덕과 지혜가 결코 선근(善根)을 증익(增益)함이 없는 것은 아니다."고 했다.

또 이르기를 "사견인(邪見人)은 모든 법을 부정해서 공(空)하게 하거니와 공을 관찰하는 사람은 모든 법이 진공(眞空)임을 알되 부정하지도 허물하지도 않나니, 비유컨대 시골사람이 처음엔 소금을 모르다가 어느 귀인이 소금으로 갖가지 음식에 양념을 쳐서 먹는 것을 보고는 묻되 '왜 그렇게 하는가.' 답하되 '이 소금이 능히 모든 음식의 맛을 내기 때문이라.'하니 이 사람이 문득 생각키를 '이 소금이 능히 모든 음식을 맛있게 한다 하니 스스로의 맛도 반드시 많으리라.' 하고는 소금만 한 입 가득히 먹어, 짜고 쓴 맛으로 입을 상하고는 찡그리며 묻기를 '어째서 네가 소금이 능히 맛을 낸다고 거짓말을 하였는가.'하매 귀인이 꾸짖기를 '어리석은 사람아, 그것은 마땅히 그 음식의 양에 따라 많거나 적게 넣음을 헤아려 조정하고 화합토록 하여 맛을 내는 것이거늘 어찌하여 순전히 소금만 먹었더냐.'고 함과 같아서 지혜가 없는 사람도 공해탈문(空解脫門)이라고 듣고는 애써 공덕은 행치 않으면서 다만 공(空)만 얻으려 한다면 이것을 어리석은 사견(邪見)이라 하며, 또한 모든 선근을 단절하는 행위라 하는 것이다."고 하였다.

여산원 법사(廬山遠法師)가 해석한 『열반경』에는 '만일 얻을 바가 없다면 어떻게 선(善)을 짓습니까'라고 한 물음에 부처님께서 답하시기를 "환하게 모든 중생이 현재 불성이 있어서 반드시 불과(佛果)를 얻나니, 마치 자식이 태안에 있으매 멀지 않아 결정코 태어나는 것과 같으므로 이치가 모름지기 선행(善行)을 수습(修習)해야 하는 것이다"하였고 또 '저가 지금 나아갈 바 입처(入處)를 알지 못하오니 어떻게 선(善)을 지어야 하겠습니까.'라고 한 물음에 답하시기를 "여래장(如來藏)이 있어서 가히 취향(趣向)해 드는 것이니, 그대는 마땅히 선업(善業)만을 닦으라."고 하였다.

또 「홍명집(弘明集)」에는 이르기를 "혹 악취(惡趣)가 있어 저 공(空)에 단견(斷見)을 내면 설하는 입은 같은 듯하나 쓰는 마음은 곧 아득히 다른 것이다"고 하였으니, 정법(正法)은 공(空)으로써 탐욕을 제거하고 사설(邪說)은 공(空)으로써 그 애욕을 돕듯, 대사(大士)는 공(空)을 체달(體達)하여 덕에 나아가거니와 소인(小人)은 공(空)을 설하면서도 선(善)에서 물러나는 것이다. 이와 같이 실로 정언(正言)을 반대로 씀을 말미암아 사집(邪執)을 내나니, 공(空)을 관찰하여 허물을 버리려고는 하지 않고 도리어 다만 공(空)을 취하여 선을 폐하고 마는구나.

또 선악 등 제법이 공적(空寂)하여 일정한 형상이 없되 그러나 선법(善法)은 도업(道業)을 돕고 악법(惡法)은 도리어 업장을 내는 것이니 그러므로 알라. 만법의 참된 성품은 한결같아서 인연법의 만 가지 차별을 불구하고 서로 방해로움이 없는 것이다. 그래서 경에서도 "깊이 인과를 믿는 것이 결코 대승을 비방함이 아니다." 하여 삼세인과를 부처님께서 속이지 아니하사 십력(十力)으로 경계하기를 권하셨나니, 그 말씀을 들었다면 마땅히 의심치 않아야 할 것인데 그래도 굳이 '선악이 모두 공(空)하므로 손해볼 것도 이익될 것도 없다.'고 이르겠는가.

대저 법안(法眼)은 명료하여 포함해 다하지 아니한 법이 없고 설상(舌相)은 넓고 길어 말씀에 실답지 아니함이 없어서, 그 유(有)를 쪼갠즉 한 터럭으로도 만(萬)이 되고, 그 공(空)과 같이한즉 만상이 모두 하나인지라, 단상(斷常)이 허물이 생김을 막고 겸하여 공유(空有)가 병이 됨을 제거하나니, 성인의 말씀을 그릇되다 하는 자 반드시 흉하고, 정도(正道)에 순하는 자 반드시 길하리라. 진실치 못하다 이르지 말라. 실로 밝은 해와 같은 것이다.

그러므로 「중론(中論)」에 이르기를 "제불께서 공법(空法)을 설함은 다만 유(有)를 다스리기 위함이거니와 만일 다시 공(空)에 집착해 버린다면 실로 제불께서도 교화하지 못하시리라." 하였고 『금강삼매경』에는 "만일 무(無)를 떠나 유(有)를 취하거나, 또한 유를 파하고 공(空)만을 취한다면 이것은 거짓된 공이요 참된 무가 아니다." 하였으니, 지금 비록 유(有)를 떠나되 공(空)도 두지 아니하여 실로 이와 같아야 곧 제법(諸法)의 진무(眞無)를 얻을 것이다.

또 이런 까닭에「조론(肇論)」에서도 이르기를 "만일 유(有)로서 유를 삼는다면 곧 무(無)도 무로서 무를 삼는 것이어니와, 유가 이미 유가 아닌지라 곧 진무(眞無)란 것도 없는 것이다. 대저 무도 두지 않고서 법을 관찰한다면 참으로 법의 실성(實性)을[1] 본다고 할 수 있으리라"고 하였으니, 어찌 굳이 공(空)으로서 유(有)를 장애하고 유로서 공을 헤쳐서 일미(一味)의 근원을 어기고 이견(二見)의 구예(垢穢)를 이루겠는가.

이는 아울러 말에만 의지하고 뜻을 잃은 것이요, 지혜를 잃고 분별의 정만 둠이라. 비록 유를 파한다 말하지만 유의 근원에도 달하지 못하였고 억지로 다시 공을 고집하나 공의 지취(旨趣)도 헤아리지 못했으니 이제 간단히 그것을 가려서 삿되고 걸림을 없애주리라.

대저 유(有)란 곧 유 아님의 유라서 실다운 유가 아니요, 공(空)이란 것도 곧 공 아닌 공이라 그러므로 단멸(斷滅)의 공이 아니니, 만일 결정된 유라 할진댄 곧 환유(幻有)가 아니라서 막히고 걸림을 낼 것이며, 또 만일 텅 비어 없음을 공이라 할진댄 곧 태허공과 같아서 묘용(妙用)이 없을 것이다.

그런 까닭에 연(緣)을 좇아 있되 성품이 없기 때문에 공(空)이라 하는 것이다. 성품이 없는 공이므로 공이 유에 장애되지 않고 연을 좇는 유이므로 유가 공에 방해되지 않으며 또한 유는 공을 인하여 성립하는지라 원지(圓智)를 이루되 만행(萬行)이 비등(沸騰)하며, 공은 유로 좇아나는지라 묘혜(妙慧)를 일으키되 일진(一眞)으로 허적(虛寂)하나니, 어찌 다만 공을 집착해 단견을 내어 복해(福海)를 기울여 마르게 하며 또한 실유(實有)를 의지해 상심(常心)을 일으켜서

---

[1] 肇論原文엔 見자가 識자로 되어 있음.

교만의 산이 높이 솟도록 하리오.

이러므로 제불께서는 공을 설하사되 "무명(無明)이 공하여 복업(福業)을 이룬다."하시어 변계〔遍計所執〕를 파하여 원성〔圓成實性〕을 요달케 하셨거니와 어리석은 사람은 공을 설하면 곧 망령된 알음알이를 내어 부처님의 뜻을 비방하고 공견(空見)만을 더하여 선인(善因)을 멸하는 것이다. 또 단멸공(斷滅空)인즉 선도 악도 없고 인(因)도 과(果)도 없거니와 제일의공(第一義空)[2]은 업(業)도 있고 보(報)도 있되 다만 작자(作者)를 볼 수 없는 것을 이른다.

5. 유위(有爲)를 빌리는 이유

문 다만 깊이 무생(無生)에 들어서 자연의 도에 합할 것이다. 유위는 허물됨이 많거늘 어떻게 초심(初心)을 이익되게 하겠는가.

답 실로 세속자(世俗慈)로 인하여 진자(眞慈)에 들며 중생인(衆生忍)으로 부터 법인(法忍)을 갖추어, 배움은 비록 처음과 뒤로 나뉘어지지만 그렇다고 위(位)가 어찌 넘치리요. 또 생(生) 그대가 곧 무생(無生)이거늘 어찌 성공(性空)의 땅을 격(隔)하였겠으며, 무위(無爲) 그대로가 곧 위(爲)이거늘 어찌 실상(實相)의 근원에서 달아나겠는가. 다만 취사(取捨)의 정(情)만 없어지면 곧 진속(眞俗)의 참된 이치가 나타나는 것이다. 그러므로 경에 이르기를 "보살은 유위(有爲)를 다하지도 않고 또한 무위(無爲)에도 머물지 않는다."하였고 또 조법사(肇法師)는 이르기를 "유위가 비록 거짓이긴 하지만 그러나 버

---

2) 一切業報가 緣을 좇아 있되 自性이 없으므로 연이 멸하면 업보도 스스로 없는 것이다. 왜냐하면 따로 고정된 作者가 있는 것이 아니기 때문이다.

린다면 곧 대업(大業)을 이루지 못하고 무위가 비록 실답긴 하지만 그러나 거기에 집착해 머문다면 혜심(慧心)이 어두워지는 것이다."고 하였으며, 『화엄경』에서는 "여래의 몸은 허공과 같지 않은 줄 알 것이니 일체 공덕 무량묘법이 두루 원만하신 까닭이다."고 하였고 또 『대집경』에서는 "대자비심을 버린 채 무생(無生)을 관찰한다면 이것은 마(魔)의 업이요, 또한 유위(有爲)의 공덕이라고 싫어한다면 이것도 곧 마의 업이 된다."고 한 것이다.

6. 수행을 빌리는 이유

문 무루(無漏)의 성덕(性德)은 본래 스스로가 구족하거늘 어찌 밖으로 닦음을 가자(假藉)하여 내선(內善)을 이지러지게 하겠는가.

답 스스로 수성(修性)의 이덕(二德)과 내외의 이연(二緣)이 있는데 만일 성덕(性德)을 본래 갖추었으면 나무 가운데 불과 같으려니와 사용(事用)을 이루지 못하면 반드시 수덕(修德)을 가자(假藉)해야 할 것이니, 인연을 만나면 바야흐로 능히 현현(顯現)하기 때문이다. 이러므로 수행을 인하여 성품을 나타내고 또한 성품으로서 수행을 이루는 것이니, 만일 본래 성덕이 없다면 수행 또한 이루지 못하려니와 수(修)와 성(性)이 둘이 없으므로 화합하여 비로소 원만하게 갖추어질 수 있는 것이다.

또 안으로는 본각(本覺)이 있어서 항상 성종(聖種)을 훈습하고 밖으로는 선연(善緣)을 의지해서 각지(覺地)를 도와 여는 것인 바 내(內)만 있고 외(外)를 궐(闕)한다면 보리를 원만히 성취하지 못할 것이다. 『화엄경』에 이르기를 "법이 이와 같으므로 내인(內因)의 근본이 있고 부처님의 위신력인 까닭에 외연(外緣)으로 가피하시는 것이다."고 하였는데 이러므로 만일 만선(萬善)을 닦는다면 곧 법성(法性)을 순하는지라, 청정으로 모든 염오(染汚)를 빼앗으매 그로해서 성덕이 바야흐로 일어나는 것인데 범부는 이 성덕을 비록 갖추고는 있으나 항상 악을 지어 선을 어기므로 그 때문에 본성이 드러나지 않고 또한 묘용을 이루지 못하는 것이다.

7. 연기법(緣起法)을 빌리는 이유

문 "반연(攀緣)함을 잊으면 단박에 도(道)에 들어간다."고 교(敎)에 밝힌 바가 있는데 이제 무엇이 그릇되다고 다시금 인연법을 좇으라 하는가.

답 돈교(頓敎)의 일문(一門)은 또한 상근기(上根器)의 수용할 바이니, 반연을 잊고 뜻을 청정하게 하는 것이 참으로 여실한 수행이 되거니와 이제 논하려는 것은 법에 집착한 사람이 편견을 내는 때문이니, 한결같이 사(事~공이라고 집착해서 아무 것도 할 것이 없다고)를 헐어서 원종(圓宗)을 요달하지 못하므로 다만 그릇된 정견(情見~情執의 분별견해)을 쪼개고자 할 따름인 것이다. 어찌 교(敎)의 참된 가르침을 제거하려 함이리오.

오교(五敎)의 가르침을 약설

다만 저 불(佛)을 보는 한 법의 견해에 따라서 다섯 등급의 교인(敎人)이 있다.

● 소승인(小乘人)의 견해

불(佛)을 보되 몸은 곧 부모가 낳은 몸이나 마음은 외래(外來)로 좇아서 (소리가 있으므로 듣고 빛깔이 있으므로 본다고 하여 마음이란 바깥 경계로 인하여 있다 함) 상호(相好)의 분제(分劑)가 있다고 하여 의식(意識)의 훈습하는 바에서 분별함이 있으나 유식의(唯識義)를 모르기 때문에 견(見)이 오직 바깥으로 좇아온다 하고,

• 대승초교(大乘初敎)의 견해

불(佛)을 보되 다만 곧 화신(化身)으로 나타난 것이요, 상호가 있는 것이 아니라고 하나 그러나 그 실체는 공(空)하여 있는 바가 없으므로 '만일 삼십이상으로 여래를 본다면 전륜성왕도 곧 여래일 것이다.'고 하였으며,

• 대승종교(大乘終敎)의 견해

불(佛)을 보되 상호광명이 낱낱이 동일한 진성(眞性)이므로 신(身)이 곧 비신(非身)이요, 비신이 곧 신인지라, 이(理)와 사(事)가 걸림이 없는 것이다.

• 돈교(頓敎)의 견해

불(佛)을 보되 시(始)와 말(末)이 다름이 없거니 어찌 나타나고 응하는 차별이 있으리오. 따라서 가히 성립할 상호도 없으니 그것은 곧 일체분별은 진리가 아니기 때문이다. 이와 같이 '생각 떠난 진리'를 부처를 본다고 하는 것이다.

• 일승원교(一乘圓敎)의 견해

불(佛)을 보되 이 생각 떠난 진리가 곧 피상(彼相~내가 보는 상대적인 경계라는 분별상)이라는 이치를 내지 않을 뿐 아니라 곧 만상이 무성하게 일어남에도 걸림이 없어서 의보(依報)와 정보(正報)를 구족하고 이(理)와 사(事)를 모두 섭(攝)하여, 인(因)과 법(法)에 두루 평등 원명(圓明)하므로 일사(一事)가 시방에 두루하면 일체 세계가 동시에 비춰 나타나지 않음이 없는 것이 마치 제석의 그물이 펴짐과 같다 하였다.

원교(圓敎)와 돈교(頓敎)의 연기(緣起)에 대한 견해

● 돈교(頓敎)

이 연기(緣起)의 일문(一門)은 만일 곧 돈교(頓敎)라면 연기를 설하지 않나니, 이는 곧 사상(事相)이라 진리를 나타나지 못하게 하므로 반드시 상(相)이 다함을 말미암아서 곧 실성(實性)이 되기 때문이다. 그러므로 돈교의 입장에서 연기를 설한다면 마치 병든 눈으로 허공꽃을 보는 것과 같다.

● 원교(圓敎)

그리고 만일 원교의 입장이라면 법계가 일어남에 반드시 일다(一多)가 서로 섭(攝)하는지라 유력(有力)이든 무력(無力)이든 바야흐로 성립할 수 있나니, 그러므로 일(一)과 다(多)가 걸림이 없고 섭(攝)과 입(入)이 동시임을 대연기(大緣起)라고 하는 것이다.

권실(權實)을 함께 거두어 버릴 수 없음

이상과 같이 다섯 문이 다 각각 드는 길이 있는지라 소승(小乘)이라도 오히려 꾸짖지 않음은 방편문(方便門)이 폐할까 근심스럽기 때문이거든 하물며 원교(圓敎)를 배척하여 실덕(實德)을 막을까 보냐.

태교(台敎)에 이르기를 "대승(大乘)을 수행하는 이라고 하여 소승(小乘)을 배척한다면 곧 부처님의 공교한 방편을 잃고 말 것이다."고 하였는 바 다못 저 고덕(古德)이 그와 같이 편벽한 말씀을 남긴 것은 모두가 곧 중생을 위하여 집착심을 버리게 하려 하심이었는데 요즈음 사람들은 다만 그 말만을 흉내낼 뿐 그 뜻은 알려하질 않는구나. 또 온전히 돈문(頓門)에도 들지 못한 채 다만 망령되이 비방만 일삼는다면 잃는 바가 너무 지나치매 이제 그것을 가엾게 여기는 것이다.

그러므로 원교(圓敎)의 『화엄경』 「이세간품」에 이르기를 "불자야, 보살마하살이 또 이렇게 생각하기를 아뇩다라삼먁삼보리는 마음으로서 근본을 삼나니, 마음이 청정하면 곧 능히 온갖 선근을 원만히 하여 저 불보리에 반드시 자재함을 얻으며, 아뇩다라삼먁삼보리를 이루고자 하여도 뜻에 따라 곧 이룰 것이며, 만일 일체 인연을 제거 단절코저 하여 일향도(一向道)에 머물더라도 내가 또한 능히 얻어서 끊지 아니하며, 구경(究竟)엔 불보리(佛菩提)를 위하고저 하는 고로 또한 곧 무상보리(無上菩提)도 증득하지 않나니, 왜냐하면 본원(本願)을 원만히 하여 일체 세계가 다하도록 보살행을 행하여 중생을 교화하기 위한 때문이다. 이것을 곧 금강과 같은 대승의 서원심(誓願心)이라 하는 것이다."고 하였다.

이러므로 연(緣)으로만 치달려 성품을 잃어버린 채 잡념을 쌓아 범부가 되며, 또한 연을 떠나 증득함을 구하여도 편공(偏空)에 빠져서 결국 소승(小乘)만을 이루고 말거니와 연과 성(性)에 걸림이 없다면 곧 대보리(大菩提)가 되는 것이다. 실로 진로문(塵勞門)을 떠나지 아니하고 무위종(無爲宗)을 이루며 실제해(實際海)에 빠지지 아니한 채 유작(有作)의 물결을 따르나니, 드디어 진(眞)과 속(俗)이 녹아 융합하고 유(有)와 무(無)도 걸리지 않는지라, 가히 '비도(非道)를 밟아 정도(正道)에 이르며 세법(世法)에 즉(即)하여 불법(佛法)을 갖추었다.'고 이를 것이다.

8. 만선(萬善)을 빌려서 원돈(圓頓)을 이루는 이유

문 만선의 위의는 성문(聲聞)의 열행(劣行)이라, 끝내는 방편의 화첩(華疊)에 돌아 막히고 분별의 초암(草庵)에 엎드리고 마는 것이니 어찌 대심(大心)이라 하겠으며 또한 어떻게 원돈(圓頓)을 이룰 수 있겠는가.

답   삼승(三乘)의 초학(初學)도 저 법에는 어리석지 않다. 그러므로 『법화경』에 이르기를 "만일 비구가 있어 아라한과(阿羅漢果)를 실제로 이루고도 만약 이 법을 믿지 않는다면 옳지 못하다."하였고 또 "그대들이 행하는 바 보살도는 점점 닦아 배워나가면 모두가 반드시 부처를 이루려니와 대개는 도중에서 증득함을 취하여 주착심(住着心)을 일으키고 마는구나."고 하였으니 이는 제불(諸佛)께서도 꾸짖고 권하시어 오직 끊임없이 행을 일으키게 하신 것이다.

또한 이승인(二乘人)도 모두가 성위(聖位)에 올라서 구지(九地)의 번뇌를 뛰어넘고 삼계의 업신(業身)을 끊어 한 가지로 해탈의 상(牀)에 앉고 이미 신통의 지혜를 갖추었거늘 어찌 박지(薄地)의 구박범부가 오직 의통(依通)[1] 따위만을 숭상하고 실다이 닦아 증득함은 없는 데다 비교하리오.

그러므로 진각 대사(眞覺大師)는 이르기를 "이승(二乘)이 무슨 허물이 있어서 닦지 않으려 하는가. 교중(敎中)에서 혹은 빈척하고 혹은 칭찬도 한 것은 다만 그 당시(當時)를 억양(抑揚)함에 불과했을 뿐인데 범부가 알지 못하고 미리 두려워하여 꾸짖음을 입으니, 어찌 오히려 견애(見愛)에 막혀 있어 소승(小乘)에 가기도 심히 먼 줄을 알겠는가. 비록 다시 그것도 수도(修道)라고 말은 하지만 혹(惑)과 사(使)를 온갖 곳에서 제거하지 못하니, 오직 신구(身口)만 단정치 못할 뿐 아니라 또한 마음도 그로 말미암아 사곡(邪曲)하구나, 견(見)은 자의(自意~邪解)를 내며 해(解)는 진전(眞詮)을 등져서 성인의 가르치신 바에 의지하질 않으며, 더구나 밝은 스승의 가르침도 일

---

1) 依通: 呪術이나 약의 힘으로 신통을 얻는 神仙과 같은 類

찍이 받들어 받지도 않은지라, 근기와 인연이 숙세(宿世)에 익힌 것이 아니며 또한 견해가 미리 나서 아는 것이 아니로되 능히 세지변총(世智辨聰)으로 담론해서 종일토록 이르며, 때로는 다시 정전의 말씀을 끌어오기도 하되 삿된 마음으로 곡회(曲會)해서 삿되게 설명함을 따라 어리석은 이들을 속이며, 인과를 무시하고 죄복(罪福)을 배척(排斥~없다 함)하도다. 뜻에 순한즉 기뻐하여 사랑함을 내고, 뜻에 거슬리면 미워하여 진심(嗔心)을 품어 삼수(三受)[2])의 모양이 짐짓 그러하건만 위(位)를 일컬음에는 보살이라 참칭하니, 초편(初扁)의 그릇됨도 면하지 못하였거든 다른 이들보다 훨씬 더한 허물에다 또 얽어매는구나. 대승도 수행치 않으면서 다시 소학(小學)들을 꾸짖음을 서슴치 않아 한 때의 강구(强口)를 방자히 하여 마침내는 비방하는 말의 근심이 쇳소리와 같으니, 참으로 삼도(三途)의 고륜에서 장겁(長劫)토록 과보를 받을 것이다."고 하였고 서(書)에는 이르기를 "옛사람은 말할 때를 당해서 두려워하고 말을 해놓고는 근심한다." 하였으며 또 "물이 끓는 것을 그치게 하려면 타는 나무를 제거함만한 것이 없듯, 허물을 없애는 데는 말없음만한 것이 없다"고 하였다.

또 경전에는 설하기를 "범부가 유루(有漏)의 산심(散心)으로 나무불(南無佛)을 한번 일컫거나 내지 잠시라도 머리를 숙인다면, 그러한 인연으로도 오히려 불도(佛道)를 성취하거든 하물며 이승(二乘)은 무루(無漏)의 성심(聖心)으로 길이 후유신(後有身)을 끊고 친히 인공(人空)의 지혜를 증득하였거니 어찌 익힌 바의 온갖 행(行)이 정위(正位)에 오르지 않겠는가."라고 하였다.

---

2) 삼수: 苦 樂 捨. 자세히는 앞의 주(P.130) 참조

9. 유작(有作)의 만행(萬行)을 기술하는 이유

문 유공의 공[有功之功~有漏功德]은 다 산멸(散滅)로 돌아가거니와 무공의 공[無功之功~無漏功德]은 지공(至功)이 상존(常存)하는 것이다. 어찌하여 변치 않는 뜻은 버리고 유작(有作)의 행(行)만을 기술(記述)하려 하는가.

답 「조론(肇論)」에 이르기를 "여래는 공(功)이 만세를 흘러도 상존(尚存)하시고 도(道)가 백 겁을 통하여도 더욱 견고(堅固)하시다."하였고 또 경에서는 "삼재(三災)가 더욱 얽매여도 행업(行業)은 담연(湛然)한 것이다."고 하였으니, 참으로 이제 그 말씀을 믿겠다. 그러므로 알라. 털끝만한 선(善)이 비록 유위(有爲)라 할지라도 이같이 보리(菩提)를 도와서 바로 성불함에 이르고 무너지지 아니하는 것이니 대겁화(大劫火)가 다투어 일어나도 마침내 허공은 태우지 못하며 비록 생사의 물결이 가이 없더라도 실로 진선(眞善)만은 침몰시키지 못하는 것이다.

10. 사상(事相)의 과보를 설하는 이유

문 제법은 체(體)가 없는지라 연(緣)으로 좇아 환생(幻生)하고, 중연(衆緣)은 또한 의지할 데가 없는지라 도리어 법으로 좇아 일어나는 것이다. 그러므로 연(緣)과 법(法)이 함께 성(性)이 없어서 마침내 다 같이 허망하여 주(主)도 인(人)도 없고 생(生)도 멸(滅)도 없는 것이어늘 어찌하여 무상(無常)한 사상(事相)을 널리 논하며 다시 또 허망한 과보를 설하는가.

답 진심(眞心)은 자성을 지키지 아니하고 연(緣)을 따라서 제유

(諸有)를 이루는지라 비록 있는 것 같으나 곧 공(空)해서 이미 허(虛)인 체(體)가 사(事)를 이루나니, 마치 나무 그림자가 비록 허(虛)하되 오히려 그늘로 덮는 뜻이 있는 것과 같으며, 잠자는 가운데의 꿈이 실된 것이 아니로되 또한 슬프거나 기쁜 정이 나는 것과 같아서 비록 작자(作者)의 능위(能爲)는 없으나 인연의 과보를 잃지는 않는 것이다.

그래서 『정명경』에서도 "나[我]도 없고, 지음도 없고 아울러 받는 자도 없으되 선악의 업(業)은 없어지지 않는다."고 하였다. 또 교(敎)에서 밝힌 바 공(空)은 '가히 얻을 수 없는 까닭은 실성(實性)이 없기 때문'이라고 하시어 단멸해 버린 무(無)라 한 것이 아니거늘, 어찌 거북의 털, 토끼의 뿔과 같은 마음을 일으켜서 뱀의 발, 소금의 향기와 같은 견해를 짓겠는가.

11. 구경위(究竟位)의 중행장엄(衆行莊嚴)

문 초심입도(初心入道)엔 언행으로 상부(相扶)하고 만선으로 도와 훈습함이 그 이치가 없는 것은 아니로되, 과지(果地)의 구경위(究竟位)에 가서는 대사(大事)를 이미 마친지라 경(境)과 지(智)가 허한(虛閑)한대 무엇하려 온갖 행을 다시 구하겠는가.

답 과(果)에 나아가 불위(佛位)를 얻는다면 필경에 함이 없으려니와 만일 가이없는 행문(行門)으로 말한다면 팔상(八相)으로 성도(成道)하심이 모두가 곧 불도를 이룬 뒤의 보현행(普賢行)에 거두어지는지라 미래제가 다하도록 뜻에 맡겨 항상 그러할 것이다.

그러므로 『유마경』에서는 "비록 불도를 얻어서 법륜을 굴리고 열반에 들지라도 보살의 도를 버리지 아니함이 곧 보살행이다."하였고 또 『화엄경』에서는 "법계가 가이없고 일체제법이 한 모양도 모양이 없는 것임을 깨달아 앎을 곧 구경법계(究竟法界)에서 보살도를 버리지 않는 것이라 말하며 비록 법계가 가이없긴 하지만 일체의 갖가지 차별상을 알아서 대비심을 일으켜 모든 중생을 제도하되 미래세가 다하도록 피염심(疲厭心)이 없음을 곧 보현보살(普賢菩薩)이라 한다."고 한 것이다.

12. 만행(萬行)이 반야(般若)로 돌아감

중행산선(衆行散善)을 널리 설한 이유

문 오도(五度)는 장님과 같고 반야(般若)는 인도자와 같은 것이다. (그런데 어찌하여 반야의 도리는 밝히지 아니하고) 중행(衆行)만을 널리 찬탄하고 산선(散善)만을 널리 밝히는가.

답 지금까지 논해온 바의 중선(衆善)들은 모두가 오직 반야를 성취하기 위함이다. 그러므로 경전에서 혹 유위(有爲)를 꾸짖으신 것은 다만 탐집심(貪執心)을 파하고자 한 것이니, 만일 취사심(取捨心)을 내지 않는다면 일체에 걸림이 없으려니와 또한 그와 같이 반야를 밝히지 못하였다면 반드시 만행으로 연(緣)을 도와야 하는 것이다.

『법화경』에 이르기를 "부처님의 명호가 시방에 두루 들림은 널리 중생을 요익(饒益)케 하려함이니, 실로 일체의 선근을 갖추어 무상심(無上心)을 돕기 때문이다."하였고 『화엄경』에서는 "비유컨대 일체의 법이 온갖 인연으로 하여 일어나는 것과 같아서 부처님을 뵙는 것도 또한 그와 같이 온갖 선업(善業)을 빌려야 하나니, 이와 같이 반야를 이미 밝혔다면 온갖 만행으로서 장엄을 삼는 것이다."고 하였으며, 또 『법화경』에서는 "반야의 수레가 높고 넓어서 온갖 보배[萬

行]로 꾸며져 있으며, 내지 수없는 시종[大乘菩薩]들이 위요(圍繞)하여 모시는 것이다."고 하였다.

그러므로 '만선이 함께 돌아가 모이는 곳'[1]이라 (제목을 붙인 것이다.) 그와 같이 실로 반야를 떠난 밖에는 다시 한 법도 없나니, 그것은 마치 온갖 냇물이 바다에 흘러들매 다 같은 한 맛으로 되고[2] 잡새들이 수미산을 가까이함에 다시 다른 색의 차별이 없어지는 것과 같은 것이다.

육도만행(六度萬行)은 반야(般若)가 주(主)가 됨

만일 반야를 증득하지 않은 채 다만 유위(有爲)만을 익힌다면 이미 생사의 인(因)을 이룬 것인데 그것으로 어찌 열반의 과(果)를 얻겠는가.

보시하되 반야가 없다면 일세의 영화는 얻는다 하더라도 뒤에는 반드시 나머지 빚을 갚는 재앙에 이를 것이며, 계를 지니되 반야가 없으면 잠깐은 욕계천상(欲界天上)으로 가서 난다 해도 보(報)가 다하면 도리어 윤회의 바퀴로 떨어지고 말 것이며, 인욕하되 반야가 없다면 형상이 단정한 보(報)는 얻는다 하더라도 적멸인(寂滅忍)은 마침내 증득치 못할 것이며, 정진하되 반야가 없으면 한갓 생멸하는 공(功)만 일으키는지라 진상(眞常)의 대해(大海)에는 나아가지 못하며, 선(禪)을 하되 반야가 없다면 다만 색계선(色界禪)을 행하는 것이라 금강정(金剛定)에는 들지 못할 것이며, 또한 만선(萬善)을 행하되 반야가 없다면 헛되이 유루인(有漏因)만을 이루는지라 끝내 무위

---

1) 萬善同歸集이라 題名을 붙인 이유.
2) 수미산은 온갖 만물을 다 함께 포용함으로 하나의 산색이 됨과 같이 만선이 구경에는 오직 하나의 반야로 동화됨을 이름.

(無爲)의 과(果)에는 계합치 못할 것이다.

그러므로 알라. 반야란 곧 험한 길을 잘 인도해주는 길잡이요, 캄캄한 방 안을 밝혀주는 등불이며, 생사 바다를 건너는 지혜 돛대요, 번뇌병을 치료하는 어진 의사이며, 삿된 산을 무너뜨리는 큰 바람이요, 마군을 파멸하는 용맹한 장수며, 캄캄한 길을 비춰주는 햇빛이요, 혼혼한 업식을 놀라게 하는 번갯불이며, 우맹(愚盲)의 눈을 치료하는 금바늘이요, 갈애를 씻어 주는 감로며, 어리석음의 그물을 잘라내는 지혜 칼이요, 가난을 구제하는 보배 구슬이니 이와 같이 반야를 밝히지 못하고서는 어떤 만행(萬行)이라 할지라도 한갓 허설(虛設)이 되고 마는 것이다.

그러므로 조사(祖師)께서도 이르기를 '현지(玄旨)를 알지 못하면 한갓 염정(念情)만을 수고롭힐 따름'이라 하신 바, 가히 잠시라도 반조(反照)함을 잊거나 서로 어겨서는 안되리라. 나아가 부처를 이룬 구경위(究竟位)에 가서도 오직 정혜력(定慧力)으로 장엄하고 아울러 그것으로 함식(含識)을 제도하는 것이니, 그래서 부처님께서도 "내가 낮이나 밤이나 항상 반야를 설하노라."고 하신 것이다.

13. 만행인연(萬行因緣)을 문답으로 베푼 이유

문 제법의 적멸상(寂滅相)은 가히 말로써 베풀 수 없는 것이다. 그렇다면 어찌하여 바로 그 일[大事]을 가리키지 아니하고 널리 인연을 거쳐 온갖 문답을 벌이는가.

답 『능가경』에 이르기를 "만일 일체법을 설하지 않는다면 교법(敎法)은 곧 괴멸해 버리고 말 것이며, 교법이 괴멸한다면 또한 부처님이나 성문·연각·보살 등도 없어질 것이니 이같이 모두가 없어진다면 누가 누구를 위하여 설할 수 있겠는가. 이러므로 대혜(大慧)여, 보살마하살은 언설에 집착하지 말고 마땅히 방편을 따라서 널리 제법을 설해야 하리라."[1] 하였다.

그러므로 알라. 총지(總持)엔 문자(文字)가 없으나 오직 문자로써 총지를 나타내나니, 이치를 떠나서는 설할 것도 없고 또한 설함을 떠나서는 이치[眞理]도 없다. 진성(眞性)이 널리 두루하기 때문에 '가히 설할 수 없음[不可說]'이 '가히 설할 수 있음[可說]'과 다르지 않으며, 인연에 의지해 닦되 고정된 성품이 없으므로 또한 가설이 불가설과 다르지 않은 것이다.

만일 사실성(四實性)[2] 및 제법의 자상(自相)[3]에서 본다면 곧 설함이 불가능하거니와 또한 이렇듯 사실단(四悉檀)[4] 및 제법의 공상(共相)[5]에 의지한다면 모두가 곧 설할 수도 있다.

이러므로 제불께서 항상 이제(二諦)에 의하여 법을 설하시되 다만 원지(圓旨)만을 얻도록 하셨으매 설하심이 곧 허물이 없으신 것이다. 한결같이 말이 없는 것만을 주장한다면 무엇으로 말미암아 깨달을

---

1) 『大乘入楞伽經』 권5 「無常品」 제3의 2에 나오는 인용
2) 四實性: 性이란 나면서 부터 가진 본연의 성품 또는 사물의 본체로서 현상차별의 상대적 모양에 대하여 본래부터 고쳐지지 않는 不變不改의 성질. 곧 地의 堅性, 水의 濕性, 火의 熱性, 風의 動性 따위. 여기서 實性을 네 가지로 말한 것은 제법의 本實性을 말한 것으로 곧 一・異・俱・不俱의 일체 相對性을 부정한 如實性의 自相을 지칭함.
3) 自相: 일체법에서 다른 법과 공통하지 않고 그 자체만이 가지는 體相. 곧 불의 뜨거움, 물의 차가움 등과 같이 자신이 직접 대어 보고서야 비로소 알게 되고 타인에게는 알려줄 수 없는 모양.
4) 四悉檀: 앞의 주(P.136) 참조.
5) 共相: 여러 가지 것에 공통한 모양. 이를테면 낱낱 물건의 자체는 自相이나, 잎이 푸르고 옷 빛깔의 푸른 것 등은 자타가 공통하게 알 수 있는 푸른 빛이므로 이런 측면을 共相이라 한다.

수 있겠는가. 말 가운데서 살펴 이치를 구하게 함에 이치를 원만히 알았다 하더라도 혹 말에 치우치는 일이 있으므로 "언설로써 미치지는 못하나 그렇다고 무언(無言)이라고는 말하지 않았다."고 한 것이다. 성품이란 비록 말을 떠나 있어 말로써 할 수는 없지만 요컨대 말로써 표현하여야 바야흐로 불가설(不可說)인 줄 알 수 있기 때문이다.

대저 도의 근원을 실천하여 부처님의 종자를 이으려 한다면 반드시 먼저 반야를 밝혀 진심(眞心)을 가려낼 것이니, 그래서 반야를 만행의 스승이요 천성(千聖)의 어머니라 하며 또한 진심을 곧 군생(群生)의 근본이요 제법의 근원이라 하는 것이다.

이와 같이 만일 반야를 온전히 통달하지 못한다면 진심은 더욱 어두워지고 말 것이니, 마땅히 일체삼보에 귀명하여 삼세의 온갖 죄업을 참회할 것이다. 시라(尸羅~持戒)로는 허물을 점검하여 그릇됨을 막고, 선정으로 혼매(昏昧)를 제거하고 산란을 섭호(攝護)하여 착한 벗을 가까이 하고 대승을 찬송(讚誦)하며, 만선(萬善)으로 훈습해 다스리고 다문(多聞)으로 닦아 익혀서 부지런히 진성(眞性)을 도와 나타낸다면 대번에 보리의 땅에 이르고 말기 때문이다.

그리하여 업장이 다하면 묘정(妙定)이 스스로 밝아지고 지혜가 발하면 진심(眞心)이 청정하게 드러나리라. 이미 자리(自利)에 이와 같이 능할진대 다시 듣지 못한 이를 가엾게 여겨 널리 무루(無漏)의 복전을 짓고, 제도(諸度)를 두루 행해서 부처님의 가업을 이으며, 대법당(大法幢)을 건립하여 일미(一味~一乘味)의 법우를 내리매 모든 혹진(惑塵)을 소탕하고, 지음이 없는 등불을 밝히매 능히 어둡고 미함을 열어 비추리니, 실로 공덕과 만행이 처음과 뒤가 아울러 일어남은 모든 부처님의 가르침 가운데에 으레 법이 이와 같기 때문이다.

그래서 『화엄경』에서는 "보살마하살은 뭇 중생을 핍박하여 괴롭게 하지 않고 다만 세간을 이익케 하는 일만을 설하신다."하였고 『법화경』에는 "만일 어떤 사람이 이 경전을 수지 독송하고 다른 이를 위하여 설해주며, 스스로 경전을 기록하거나 사람을 시켜서 기록케 하며, 탑을 일으키고 승방을 건립하며 성문중승(聲聞衆僧)을 공양 찬탄하고 온갖 법을 갖추어 보살의 공덕을 칭찬하며, 이웃을 위하여 갖가지 인연으로 편의함을 따라 이 경전을 해설하고 청정하게 계를 지녀 유화한 이들과 함께 모여 지내며, 인욕하여 화내지 않고 입지(立志)가 견고하며 항상 좌선하기를 귀히 여기고 온갖 깊은 정(定)을 얻어서 용맹하게 정진하며, 모든 선법(善法)을 보호하고 이근(利根)의 지혜로 잘 질문에 답한다면 온갖 인천(人天)이 한가지로 이 사람의 앉던 곳, 섰던 곳, 다니던 곳 등에 탑을 일으켜 부처님을 공경하듯 하리라."고 한 것이다.

Ⅱ. 선법(善法)의 체상(體相)

1. 선법의 종류

무릇 선법을 간략히 나눈다면 4종으로 들 수 있다. 첫째는 자성선(自性善)이니 탐진치 등이 없는 세 가지의 선근(善根)이요, 둘째는 상응선(相應善)이니 선심(善心)이 일어날 때에 심왕(心王)과 심소(心所)에 일시에 함께 일어나는 것이며, 셋째는 발기선(發起善)이니 신어(身語)의 업을 발하여 내심의 생각한 바를 표하는 것이요, 넷째는 제일의선(第一義善)이니 체성이 본래 스스로 청정한 것을 이른다. 또 간략히 둘로 나눈다면 첫째는 이선(理善)이니 곧 제일의(第一義)요, 둘째는 사선(事善)이니 곧 육도만행(六度萬行)을 이른 것이다.

2. 특히 사선(事善)의 필요성

요즈음 많이들 사선(事善)은 소홀한 채 막연하게 이선(理善)만을 주장하나 그러나 이선(理善)으로 논한다면 천제(闡提)라 할지라도 또한 다 갖추고 있거늘 어째서 그들은 부처를 이루지 못하는가. 실로 그러하므로 반드시 사선(事善)을 행하여 현리(顯理~理善)를 장엄하고 아울러 큰 복덕을 닦아 쌓아야 비로소 묘신(妙身)을 성취할 수 있는 것이다. 이것은 마치 광물(鑛物)에 금이 감추인 것과 같고 산에 옥이 감추인 것과 같으며, 돌에 불이 모여있는 것과 같고(돌을 치면 불꽃이 튐) 땅에서 샘이 솟는 것과 같아서, 인연을 만나지 못하면 온전히 건져 씀을 이루지 못하기 때문이다.

3. 선법(善法)은 불과(佛果)를 이루는 인연

이와 같이 비록 본래 그렇게 갖추어져 있기는 하나(마땅한 인연을 빌리지 못하면) 있다는 것이 또한 없는 것과 같으니 중생의 삼인(三因)도 이와 같아서 무릇 심성(心性)에 정인(正因)을 본래 다 갖추고 있으나 연인(緣因)과 요인(了因)을 얻지 못하면 법신을 성취하지 못한다.

다시 말하면 요인(了因)으로 지혜를 장엄하고 아울러 정해(正解)를 도와 관찰하며, 연인(緣因)으로 복덕을 장엄하고 아울러 묘행(妙行)을 현발(顯發)하면, 삼인(三因)이 구족함에 십호(十號)가 밝게 드러나 원만한 자리이타(自利利他)의 이치가 실로 이에서 다하는 것이다.

그러나 『법화경』에 이르기를 "내가 상엄신(相嚴身)으로 밝게 세간을 비추이니 일체중(一切衆)의 높이는 바라, 그들을 위하여 쉴 새 없이 실상인(實相印)을 설하거니와 또한 박덕한 소복인(小福人)은 능히 이 법을 감당해 받지 못하는도다."고 하였는데 대저 선근은 잃어버리기가 쉽고 악업은 제거하기가 어렵기 때문이다. 또 『열반경』에도 비유로 이르기를 "돌에다 글을 새기면 그 글이 오래도록 지워지질 않고 물에다 글을 쓰면 이내 흔적이 없어지듯, 진심(嗔心)은 마치 돌에다 새기는 것과 같고 제선(諸善)의 근본은 마치 저 물에다 쓰는 것과 같은 것이다."고 하였는 바 이런 까닭에 이 마음이란 매우 조복하기가 어렵다고 하는 것이다.

Ⅲ. 패괴법(敗壞法)을 경계

1. 중생계의 무상(無常)을 경계

대저 착한 일[善事]일수록 잊어버리기 쉽고 또한 사람의 몸은 얻기가 어려운데 어찌 엄벙덤벙하리오. 이세(異世)가 실로 찰나간인 것이다.

『제위경(提謂經)』에 이르기를 "마치 한 사람은 수미산 위에서 실을 아래로 드리우고 또 한 사람은 아래에서 바늘로 그 실을 맞으려 하는데, 그 한가운데는 회오리의 맹렬한 바람이 실을 날려서 좀처럼 바늘귀에 꿰어넣기가 어렵듯, 사람의 몸을 얻기는 이보다 더욱 심한 것이다."하였다.

또 『보살처태경(菩薩處胎經)』에서는 "눈먼 거북일지라도 때로는 뜬 나무를 만날 수 있거니와 사람이 한번 목숨을 잃으면 억겁토록 다시 회복하기가 어렵나니, 바닷물이 비록 깊고 광대하다 하나 삼백삼십육이라고 정해진 분량이매 바늘 한 개를 빠뜨렸다 해도 그것을 찾는 일은 오히려 가능한 것이다."하고 또 "내가 무수 겁토록 생사도(生死道)에 왕래하면서 몸을 버리고 또 받음에 포태법(胞胎法)을 여의지 않았었다. 내가 이제 이렇게 지나 나온 바를 두루 헤아려 그 가운데 하나만을 기억해 보더라도 순전히 흰 개의 몸만을 받았던 것이 그 뼈를 한 데다 쌓는다면 수억의 수미산만큼이나 되어서 어느 곳이든 바늘로 땅에 꽂아 내몸 아넌 데가 없을 터이매, 하물며 잡색의 개로 받았던 몸까지 헤아리자면 그 수를 어찌 알 수 있으랴. 그러므로 나는 그 마음을 잘 섭(攝)하여 다시는 탐착커나 방일하지 아니하는 것이다."고 하였다.

실로 잠깐 동안 얻은 사람의 몸이니 만큼 열두 때 가운데 한 순간이라도 부디 선행할 것을 잊지 말지니, 찰나 동안이라 할지라도 악업이란 참으로 쉽사리 자라나기 때문이다. 이토록 만나기 힘든 금생의 사람의 몸인 것을 어찌 잠시라도 헛되이 흘러감을 용납하겠는가.

또 무상(無常)은 신속한지라 생각생각에 옮겨가는 것이 석화풍등(石火風燈)과 서파잔조(逝波殘照)와 이슬이나 번갯불 등으로도 족히 비유할 수 없으니, 『법구경』에 이르기를 "세상에는 네 가지의 일이 있어 가히 오래감을 얻지 못하는데 그 네 가지란 이른바 유상(有常)이라 할지라도 결국에는 무상(無常)으로 돌아가고, 부귀라 할지라도 반드시 빈천하게 되며, 모여 있던 것은 반드시 흩어지게 되고, 강건하던 것도 반드시 죽음을 당하게 되는 것이다."고 하였고 또 "공중이나 바닷속이나 산석간(山石間)에도 들 수 없나니, 어느 곳으로라도 벗어나 죽음을 피할 곳은 없다."고 한 것이다.

2. 보리심을 장애하는 두 가지

위에서 밝힌 바 만덕(萬德)의 중선(衆善)과 보리의 자량(資糧)에 있어서 반드시 제거치 않으면 안될 두 가지의 장애물이 있으니, 이른바 불신(不信)과 진에심(瞋恚心)이다. 불신이란 아직 행하지 못한 선(善)과 앞으로 행하고 싶은 선을 장애하고, 진에(瞋恚)란 이미 행한 선과 현재 행하고 있는 선을 멸각(滅却)하기 때문인데, 믿지 않으므로 끝내 못쓰는 씨앗과 같아서 길이 선근을 끊고 정종(正宗)을 허물어 사견(邪見)만을 무성케 하며, 진에심(瞋恚心)을 내므로 좋은 공덕을 태우고 보리심을 막아 악취문을 열고 인천(人天)의 길을 폐쇄하고 마는 것이다.

대저 부드러운 마음은 자비로부터 우러나고 큰 믿음은 지혜로 인하여 이루어지나니, 지혜의 칼날은 휘두르자마자 의심의 뿌리가 단박에 끊어지고, 자비의 구름이 이미 윤택하다면 진심(瞋心)의 불길이 시원히 소멸해 버리기 때문이다. 그러므로 지혜로 인하여 고해의 나루를 건너고 믿음으로 인하여 보리의 문호(門戶)에 들어가며, 자비로 인하여 대각(大覺)의 집에 머물게 되고 인욕함을 인하여 여래의 옷을 입게 되는 것이다.

『화엄경』에서는 믿음의 공덕을 찬탄하되 "믿음은 온갖 도(道)의 으뜸이요 모든 공덕의 어미라. 일체의 온갖 선법(善法)을 길이 길러내나니 이 믿음은 능히 지혜공덕을 자라게 하며, 여래의 땅에 이르게 하며, 제근(諸根)을 밝고 깨끗하게 하는 것이다. 또한 믿음의 힘은 굳세어 그 어떤 것으로도 감히 파괴할 수 없나니, 이 믿음이 능히 일체 번뇌를 길이 멸하며 온전히 부처님의 공덕으로 향하게 하며, 또한 이 믿음이 공덕이 되어서 선근의 종자가 더욱 튼튼해지며 능히 보리수를 생장케 하며, 능히 최승지(最勝智)를 증익케 하며 능히 일체 부처님을 시현(示現)하는 것이다."고 하였다.

『대장엄법문경(大莊嚴法門經)』에서는 진심(瞋心)을 경계하여 이르기를 "성내고 한탄하는 이는 백 겁 동안 애써 쌓은 선업(善業)을 한꺼번에 소멸할 것이다." 하며 『화엄경』에는 "보살이 한번 진심(瞋心)을 일으키면 온갖 장애의 문이 열리는 것이다." 하였고 또 "공덕을 겁탈하는 도적으로 진에(瞋恚)보다 더한 것이 없다." 하였으며 또 "온갖 마음 가운데서 진에심(瞋恚心)이 가장 대도(大道)의 원적(寃賊)

이 된다."고도 하였던 것이다.

3. 수행상의 경책 — 방일(放逸)

문 무릇 만선(萬善)을 닦는 것이 모두 보리심을 돕는다면 어찌하여 혹자는 머무르고 막혀 이루지 못하는 이도 있으며 반대로 빨리 원만함을 얻는 이도 있는가.

답 실로 방일(放逸)하고 게으름으로 인해 이루지 못하며, 용맹스럽게 정진함으로 속히 판단하는 것이다.

『비유경』에 이르기를 "한 비구가 있었는데 다만 배부르게 먹고 방 안에서 문을 걸고 몸의 편안함을 즐기며 잠만 자다가 그뒤 7일 후에는 목숨이 마치려 하매 부처님께서 불쌍히 여기시어 그 비구에게 나아가 말씀하셨다. '돌아보니 그대는 유위불 때에 일찍이 출가는 하였으나 경계(經戒)는 염하지 않고 다만 배부르게 먹고 잠자기만 일삼더니 그 뒤 목숨이 마치매 혼신(魂神)이 지네가 되어 5만 세를 지났고, 목숨이 다하여는 다시 물속의 고동 조개와 나뭇속의 좀벌레 등이 되면서 각각 5만 세 동안씩을 지났었다. 이 네 종류의 벌레들은 어둠 속에 살면서 몸을 탐하고 즐거운 곳만 찾아 애착하나니, 오직 어두운 곳으로만 즐겨 찾아 집을 삼는지라 밝은 곳을 기뻐하지 아니하고, 한번 잠들면 백 세가 되어야 겨우 한번 잠을 깬다. 그래서 죄의 그물에 얽매여 있어도 벗어남을 구하지 않는 것이다. 그대는 이제야 비로소 죄업을 다 마치고 겨우 사람몸을 받아 사문(沙門)이 되었거늘 어찌 다시 잠만 자며 싫어할 줄 모르는가.' 그 말씀을 들은 비구는 부끄럽고 두려워 스스로를 꾸짖으매 그로해서 오개(五蓋)[1]가 곧 제거되고 드디어 아라한과를 이룬 것이다." 하였다.

『대보적경(大寶積經)』에는 "비유컨대 비단천이 머리에 감겨 있는데 불이 그 비단천을 태운다면 가히 구원할 여가가 없으리니, 왜냐하면 그 이치가 실로 급박하기 때문이다."고 하였다. 이와 같이 밝히신 교지(教旨)가 환하거늘 어찌 감히 소홀히 여겨 일각(一刻)인들 헛되이 보낼 것인가. 원컨대 간고(懇苦)하신 구경(究竟)의 말씀을 준수하여 부디 어기지 말기 바란다.

4. 전도지견(顚倒知見)을 경계

문 자비의 만선(萬善)이 그 깊이가 부처님의 청정하신 업과 같은 줄 과연 알겠다. 그러나 조교(祖教)에서는 혹 배척하기도 하고 혹은 찬탄하기도 하여 위에서 비록 밝히긴 하였지만 오히려 아직 남은 의심이 있어서 부처님의 뜻이 마침내 돌아가는 곳을 살피기 어려우니, 바라건대 다시 자세히 가르쳐 쌓인 의심을 풀어주기 바란다.

답 조사께서 언전(言詮)을 세우시고 부처님께서 교적(教跡)을 드리우심은 다만 치우친 분별심으로 집착하는 것[遍計所執性]을 파하기 위함이요, 연기(緣起)의 법문을 배척하신 것은 아니다. 이른바 변계성(遍計性)이란 것은 분별정(分別情)만 있을 뿐 이치(실상을 보는 눈)가 없으므로 마치 노끈을 뱀이라는 생각을 내고 그루터기를 귀신으로 잘못 보는 것과 같아서, 본래 없는 데서 계교(計較)를 짓는 것이라 온통 허망하거니와, 의타성(依他性)이란 것은 곧 인연인데 이것이 만일 정연(淨緣)을 따른다면 곧 바로 성(聖)을 이루고, 염연(染緣)을

---

1) 五蓋 : 앞의 주(P.102) 참조.

따른다면 범부도 되기 때문이다. 자성(自性)이 없이 연(緣)을 좇으므로 이것을 또한 원성실성(圓成實性)이라고도 부른다.

『법화경』에 이르기를 "제불양족존(諸佛兩足尊)께서는 법이란 자성이 없어 불종(佛種)도 연기(緣起)로 좇아 남을 아시므로 일승(一乘)을 설하시는 것이다."하였고 논(論)에서는 "이와 같이 인연법을 본다면 곧 부처를 본다고 할 수 있다."고 하였다.

그러므로 알라. 한 티끌이라도 곧 이사(理事)에 합당치 않은 것이 없으며 한 법도 곧 불승(佛乘) 아닌 것이 없으나, 다만 모두가 곧 만법의 처음 근원과 일진(一塵)의 자성을 요달치 못하였기 때문에 드디어 정집(情執)을 내어 명상(名相)에 막히고 미(迷)한 구덩이에 빠져 망령되이 자타(自他)를 분별하는 것이다.

억지로 떠나고 합한다는 마음을 내매 이(理)와 사(事)가 흡사 물과 불이 서로 다투듯 상극(相克)이 되며, 각각 이변(二邊)에 의거하므로 끝내 일미(一味)를 이루지 못하고 스스로 눈을 가려 밝은 구슬에 때가 끼게 하듯 심관(心觀)만을 고집하여 만선(萬善)에 흠을 내나니, 이는 참으로 음노치(婬怒痴)의 성품이요 삿된 견해라 정도(正道)가 아닌 것이다. 그렇지 않고 오히려 해탈의 문에 이르기 위하여 삼보(三寶)를 존숭(尊崇)하며 중선(衆善)으로 남을 이익케 하면 무엇이 가히 장애되는 일을 이루겠는가.

이러므로 실상(實相)을 요달하면 기왓조각이라도 금으로 삼아 쓸 수 있거니와 집착해 취(取)한다면 묘약이라도 도리어 독약이 되고 마는 것이다.

그래서 경에 이르기를 "허망이 곧 실어(實語)가 됨은 사집(邪執)을 제거했기 때문이요, 실어가 허망이 되는 것은 말에 집착하는 견(見)을 내었기 때문이다."고 한 것인데 이와 같이 다만 집착의 정만 제거해 버린다면 모두가 온전히 현통(玄通)의 도를 밟을 것이라, 사견정

집(邪見情執)의 그물이 이미 찢어지매 오직 한결같은 진심(眞心)일 뿐 진로(塵勞)의 티끌이 제거됨에 어디든 불국토 아님이 없으리라.
그러므로 『대반야경(大般若經)』에 이르기를 "나는 곧 모든 법에 집착치 않으므로 곧 반야바라밀다(般若波羅蜜多)라고 하며, 또한 제불께서는 이와 같이 집착함이 없는 곳에 머무시기 때문에 곧 진금색신(眞金色身)을 얻어서 항상한 광명이 한 길이나 뻗치는 것이다."고 하였다. 이렇듯 허물이 없고자 하려면 다만 이(理)와 사(事)에 두루 통달할 것이니, 행(行)과 원(願)이 서로 좇으면 자비와 지혜를 아울러 이루게 되기 때문이다.

5. 집착함을 경계

「화엄론(華嚴論)」에 이르기를 "이치만을 치우쳐 닦는다면 적멸에 빠지고 또한 지혜만을 치우쳐 닦는다면 자비심이 없으며, 자비만을 치우쳐 닦는다면 곧 염습(染習)이 증장하고 다만 발원(發願)만 하고 실행이 없다면 유위(有爲)의 정이 일어난다. 그러므로 보살은 법에 융통하여 제거하지도 않고 집착하지도 않는 것이다." 하였다.
그리고 규봉 선사(圭峰禪師)는 이르기를 "스승과 제자가 서로 전하고 받음에는 반드시 약과 병을 알아야 하나니 위로부터 내려오던 모든 방편은 다 반드시 먼저 본성(本性)을 열어보여서 성품에 의지해 수선(修禪)토록 하였거니와 그런데도 성품을 깨닫기가 쉽지 않음은 대개가 상(相)에 집착하기 때문인 것이다. 그러므로 성품을 나타내려 한다면 먼저 반드시 집착심부터 파해야 하나니, 집착을 없애는 방편은 무엇인가. 모름지기 범부와 성인이라는 분별정집(分別情執)을 제거하고 공(功)과 업(業)을 함께 걷어내어, 마음을 집착할 곳이 없게 하고 나서야 비로소 선정(禪定)을 수행할 수 있는 것이다. 그러나 후학의 천식(淺識)들은 도리어 이 '말'만을 집착해서 구경(究竟)의 도를 삼거나 또 수습(修習)하는 문에 다달아 대개는 게으르기 때문에, 뒤에 널리 좋아하고 싫어함과 탐하고 성내는 마음을 꾸짖고 힐책하며 오직 부지런히 힘쓰는 것만을 찬탄하여 몸과 마음을 고루어 도에 들어가는 차례를 말한 것이다. 그러나 후인들은 이것을 듣고도 도리어 본각(本覺)의 용(用)을 미한 채 한결같이 상에 집착하여 교(教)에 막히고 종취(宗趣)를 어기는 것이다. 또 일부 배움이 옅은 사람은 때[垢]를 씻고 나서야 청정해지고, 장애를 벗어나야 해탈하는 줄만 알기 때문에, 선문(禪門)의 '마음이 곧 부처'라는 가르침을 부정하며[教者의 허물], 혹은 다못 자성이 본래 청정하다는 것과 성정해탈(性淨解脫)만을 알기 때문에 [禪者의 허물], 교상(教相)의 지율(持律)과 좌선의 조복(調伏)등 실수행면을 가볍게 여기고 마는 이들도 있거니와 반드시 먼저 자성이 청정함과 성정해탈(性淨解脫)임을 깨달은 뒤 점점 닦아 나아가 원만의 청정과 구경의 해탈을 얻어 몸과 마음에 옹색하고 막힌 데가 없게끔 해야 할 것이다."하였다.

또 이르기를 "공종(空宗)은 다만 차전(遮詮)에 미해서 '범부도 아니고 성인도 아닌지라, 일체를 가히 얻을 수 없는 것이다.'하여 성종(性宗)의 차(遮)도 있고 표(表)도 있는 것을 깨닫지 못하고, 차언(遮言)만을 깊게 여기고 표언(表言)은 대수롭지 않게 여기기 때문에 오직 비심비불(非心非佛)만을 주장하거니와, 이것은 진실로 차언(遮言)의 비심비불이라는 '말'만을 미묘하게 여긴 나머지 친히 힘껏 수행해 스스로의 원만한 법체를 증득하려 애쓰지 않기 때문에 그와 같은 것이다."고 하였다.

위에 인용한 바와 같이 조사(祖師)의 가르침이 분명하여 다만 꾸짖는 바는 그 성(性)을 떠나 따로 있는 상(相)이라고 고집하여 상견

(常見)을 내는 이와, 또는 상을 떠나 따로 있는 성이라 하여 단멸(斷滅)을 이루는 이들을 파함이요, [破二見之顚倒] 혹 칭찬함은 곧 상에 즉한 성이라 용(用)이 체(體)를 여의지 않았고, 성에 즉한 상이라 체가 용을 여의지 않음을 잘 요달함인 것이다.

그러므로 알라. 상(相)이란 곧 성품의 용(用)이요 성품은 곧 상의 체(體)니, 이와 같이 성(性)을 긍정하려 한다면 곧 상(相)을 긍정함이며, 또한 상을 부정하려 한다면 다못 성품을 부정함이거늘 어찌하여 망령되이 취사(取捨)의 마음을 일으켜서 다르다는 견해[分別見]를 낼 것인가. 그러나 일승법문(一乘法門)엔 한번 들어 오기만 하면 곧 헐고 칭찬하는 분별심이 단박에 쉬어지고 마는 것이다.

6. 선성(先聖)의 수행방법

문 위에서 질문한 뜻은, 다만 요사이 흔히들 이치만 취한 나머지 사(事)를 익힘은 소홀히 하고도 저마다 현학(玄學)이라 일컬어 '물(物)을 여의고 진로(塵勞)를 벗어났다.' 하니 이같이 불과(佛果)도 오히려 대수롭잖게 여겨 닦지 않거늘, 하물며 미미한 편선(片善)을 어찌 종(宗)을 삼아 즐겨 행하겠는가-하는 것이다. 상고(上古) 때에도 수행을 이렇게 하였는지. 다시 의심을 풀어 삿된 그물에 떨어지지 않게 하여 주기 바란다.

답 옛 성현들께서는 참으로 입지(立志)가 크시고 마음이 순박하사, 진리를 궁구함에 한 순간도 허술히 잊지 않으시고 가만히 행하심에 신령들도 헤아려 알지 못하였다. 하루 해 보내기를 깊은 데 나아가 엷은 얼음 밟듯 하시고, 빨리 증득해 나가기를 발등에 불이 붙듯 타는 머리 구원하듯 하시어, 실다움을 중히 여기고 헛된 짓을 중히 여기지 않으시며, 실행을 귀히 여기고 허설(虛說)을 따르지 않으시며, 유(有)를 섭(攝)하되 유에 머물지 않고 공(空)을 행하되 공에 막히지 아니하시어, 조그마한 선(善)으로 좇아서도 뛰어난 공덕을 쌓으시고, 보잘것없는 인(因)으로도 힘써 대과(大果)를 이루셨다.

그러나 요즈음 사람들은 세상이 탁해지고 시절이 거짓되어 입지(立志)는 미미(微微)하고 근기(根機)는 둔해졌으며, 아만(我慢)의 때[垢]는 두텁고 해태(懈怠)의 업장(業障)은 깊은지라, 한 가지의 행실(行實)도 이루지 못하면서 백 가지의 그릇됨만 즐겨 익히는구나.

승계(乘戒~一乘의 진리를 궁구하는 일과 [理] 그 일을 도우는 선법행을 가지는 일[事])가 함께 없으매 이(理)와 사(事)도 한꺼번에 없어서, 무지(無知)한 구덩이에 떨어지고 캄캄한 무명의 감옥 속에 들어앉아, 사(事)에 나아가 곧 이(理)인 지취를 요달하지 못하고 헛되이 '집착하는 병통을 파한다'고 말만 하니, 지혜있는 이는 깊이 탄식하려니와 어리석은 이들은 본래 그런 줄만 알고 그대로 본받아서 이미 삿된 길에 깊이 자국을 새긴지라, 대번에 이러한 사견(邪見)을 물리치기란 참으로 어려운 것이다.

이러므로 널리 불조(佛祖)의 깊으신 마음을 갖추어 인용해 경론(經論)의 대의(大意)를 드러냄은, 바라건대 옛적의 고집을 버리고 이전의 잘못을 바루어서 오직 선성(先聖)의 끼치신 자취를 한가지로 밟고 함께 각왕(覺王)의 자비하신 가르침을 품(稟) 받으며, 본분(本分)의 입지(立志)를 매몰치 말고 사은(四恩)의 심중(甚重)함을 등지지 말며, 가지런히 해탈의 문을 열어 다 함께 생사를 떠난 도를 드날리고 마침내 제불의 도업(道業)을 이루어, 온 법계에 오직 대보리로 충만케 할 것이다.

삿된 길을 막으면 저절로 정도(正道)가 열리고 신근(信根)을 굳세게 하면 의심의 독한 가시도 여지없이 괴멸하리니, 오직 바라밀의 지혜 돛대로 대반야의 자항(慈航)을 저어간다면, 삼유(三有)의 고해를 건너 길이 보현(普賢)의 대원해(大願海)에 들어가리라. 법계의 거센 비바람을 지나 열반의 대성(大城)을 건립하고 진로계(塵勞界)로 돌아와 오취(五趣)를 제도하여 두루 쉼없고 끝없음이 실로 보현의 대원(大願)이어니, 미래제가 다하여도 이 원은 다하지 않을 것이며 허공계가 다하여도 이 행은 실로 다함이 없으리라.

오직 부처님의 정안(正眼)을 우러러 뵈옵건대, 널리 군령(群靈)들을 위하여 이 글을 공경히 짓는 나의 작은 정성을 증명하여 주소서.

Ⅳ. 돈점(頓漸)의 요간(料簡)

1. 네 가지의 요간(料簡)

문 대번에 자성을 깨친 상상근인(上上根人)도 도리어 만행(萬行)을 빌려서 도(道)를 훈습해 닦아야 하는가.

답 규봉 선사(圭峰禪師)께서는 이 문제에 대하여 네 가지 유형으로 간추렸다. 이를테면 첫째 '점점 닦아 대번에 깨침〔漸修頓悟〕'이니 마치 나무를 베어낼 때 조각조각 쪼개 들어가다 보면 한꺼번에 단박에 넘어지는 것과 같고, 둘째 '몰록 닦아 점점 깨닫는 것〔頓修漸悟〕'이니 마치 어떤 이가 활쏘기를 배움에 '단박에 된다' 함은 표적에 맞추어야 한다는 것은 익히지 않아도 대번에 알게 되는 것과 같고, '점점 된다' 함은 오래오래 노력하다 보면 바야흐로 표적에 명중하는 것과 같으며, 셋째 '점점 닦아 점점 깨치는 것〔漸修漸悟〕'이니 마치 9층의 누각에 오를 때 발을 디딜수록 점점 높아지고 보이는 곳도 점점 멀어지는 것과 같고, 넷째 '단박에 깨닫고 단박에 닦는 것〔頓悟頓修〕'이니 마치 한 타래의 실을 물들임에 만 가닥이 한꺼번에 물드는 것과도 같다 하였다.

2. 따로 돈오점수(頓悟漸修)를 나타냄

위에서 말한 네 구절은 모두가 깨달아 증득함[證悟]을 주장하였거니와 여기서는 오직 '단박에 깨닫고 점점 닦는 법[頓悟漸修]'으로 깨달아 앎[解悟]을 드러내는 것이니 마치 해가 대번에 솟아오름에 산천의 이슬은 점점 녹아 없어지는 것과 같은 것이다.

『화엄경』에서도 설하기를 "처음 마음 발할 때에 문득 정각(正覺)을 이루고 그런 후에 지위(地位)에 올라 차례로 닦아 중하는 것이니, 만일 깨닫지 않고 닦는다면 진수(眞修)라 하지 못한다."고 하시어 오직 돈오점수(頓悟漸修)만을 불승(佛乘)에 합하여 원지(圓旨)를 어기지 않는 것이라 하였다.

왜냐하면 돈오돈수(頓悟頓修)라는 것도 실은 다겁생(多劫生)에 점점 닦은 것이 모여 금생에 와서 대번에 익은 것이기 때문이니 이것은 당인(當人)이 그때에 다달아 스스로 점검할 수 있으리라.

이와 같이 실로 말하는 것이 행함과 같고 행하는 것이 말함과 같아, 양(量)이 법계의 끝까지 다하며 마음이 허공의 이치에 낱낱이 합한다면, 드디어 팔풍(八風)에도 동하지 않고 삼수(三受~苦樂捨)가 적연(寂然)해서 종자(種子~業因)와 현행(現行~業果)이 함께 녹아지며 근본번뇌(根本煩惱)와 수번뇌(隨煩惱)가 한가지로 다하고 말 것이다.

만일 혹 자리(自利)만을 들어 말한다면 무엇하러 만행(萬行)의 수행을 빌리겠는가. 병이 없으면 약을 먹을 필요도 없거니와, 그러나 이타(利他)를 든다면 또한 폐할 수 없는 것이니, 이와 같이 스스로가 짓지 않는다면 어찌 다른 이에게 권할 수 있으리오. 그러므로 경에서도 "스스로가 계를 지녀야(그런 뒤에) 남에게도 계를 지니게 권할 수 있으며, 스스로가 좌선을 하여야 남에게도 좌선을 권할 수 있다."고 한 것이며, 또 「지론(智論)」에도 이르기를 "마치 백 세의 늙은이가 춤을 추는 것은 아손(兒孫)에게 가르쳐 주기 위함인 것과 같이 먼저는 곧 끌어당기는 듯하나 그 모두가 뒤에는 마침내 불지(佛地)에 들게 하려는 데 뜻이 있는 것이다."고 하였다.

혹 현행(現行)이 번뇌를 끊지 못하고 습기(習氣) 또한 농후하다면 눈에 닿는 것마다 정식(情識)을 내고 부딪치는 진로(塵勞)마다 걸림을 이루고 말 것이니, 비록 무생(無生)의 뜻을 요달하고는 있다 하나 그 힘이 충분치 못하다면 "내가 이미 번뇌성(煩惱性)이 공적(空寂)함을 깨달아 마쳤다."고 고집해 말하지 못하리니, 이렇게 마음을 일으켜 닦는다면 [有相心修] 도리어 전도(顚倒)가 되고 말기 때문이다.

그런즉 번뇌성(煩惱性)이 비록 공적(空寂)은 하지만 분명히 또한 업(業)을 받으며 업과(業果)도 또한 성(性)이 없지만 다시 고인(苦因)을 지으며, 고통이 비록 텅 빈 것이라 하나 실제로는 참기가 어려운 것이다. 비유하면 큰 병이 났을 때 병의 성품이 온전히 공한 것이라면 무엇하러 의사를 부르고 온갖 약을 복용하겠는가. 그러므로 알라. 말과 행실이 서로 어기면 그 허실(虛實)됨을 스스로가 증험할 것이니, 다만 스스로의 근력(根力)을 헤아려서 부디 교만하지 말며 생각을 살펴 그릇됨을 막아 마땅히 간절하고 자세하게 힘써야 할 것이다.

V. 불법(佛法)을 선양(宣揚)하는 이유

1. 유·불·도(儒·佛·道) 삼교(三教)의 차이

문 노자(老子)도 또한 행문(行門)을 연설하고 중니(仲尼)도 크게 선(善)을 끌어서 일으킨 바가 있다. 그렇거늘 어째서 홀로 부처님의 가르침만 치우쳐 찬탄하며 아름답다 하는가.

답 노자(老子)는 성(性)과 지(智)를 끊어 일(一)을 품고[1] 자(雌)를 지켜[2] 청허담박(淸虛淡泊)으로 생(生)을 삼지만, 오직 선(善)만을 홀로 힘쓸 뿐 악(惡)을 미워하도록 가르치므로 과보가 한 생 안에 있고 일신(一身)의 명(命)만 보전하여 지키는 데 그치는 것이다. 이는 곧 환중(寰中)의 가까운 창도(唱導)는 되지만 상외(象外)의 멀고 큰 말씀은 아니니, 대의(大義)가 겸제(兼濟~利他)의 도에 어기고 이(利)를 고루 베품이 없기 때문이다.

또한 중니(仲尼)는 충의(忠義)를 세워 행하고 덕(德)과 인(仁)을 드리워 천양(闡揚)하나, 오직 세간선(世間善)만을 폈을 뿐 말을 잊은 신해(神解)엔 능하지 못하므로 역시 대각(大覺)의 도라고는 할 수 없

---

1) 抱一: 老子道德經 十章 '載營魄抱 一 能無離乎云云' 又二十二章 '聖人抱一爲天下式' 又 '衛生之經能爲抱一' 이라 하다.

2) 守雌: 上老經二十八章 '知其雄守其雌爲天下谿云云' 이라 하다.

나니, 그러므로 중니(仲尼)가 계로(季路)의 물음에 대답하기를 '삶과 인사(人事)도 네가 오히려 다 모르는데, 죽음과 귀신의 일에 대하여 내가 어찌 다 알겠는가.'라고 한 것이다.

이와 같이 이 두 가르침은 아울러 속(俗)의 범위를 넘지 못했고 오히려 진로의 울타리 속에 국한되어 있는 것이매 어찌 법계의 현종(玄宗)을 밝혀 가이없는 묘행(妙行)을 운전하겠는가.

2. 정법구전(正法久傳)의 방편

문 부처님의 행법(行法)은 위가 없으시어 모든 성인들의 높이는 바요. 유(儒)와 도(道)의 이교(二敎)는 이미 그 흠풍(欽風)함이 다하였다면 그러면 어떻게 먼 후대까지도 길이 정법(正法)을 미치게 하며, 또한 어떠한 방편으로 비방하거나 믿지 않는 이들을 인도할 것인가.

답 유도(儒道)와 선종(仙宗)은 모두가 실로 보살의 화현(化現)이니 돕고 드날려 교화함에 한가지로 불승(佛乘)을 찬탄하였다. 일찍이 노자(老子)는 이르기를 "우리의 스승은 호가 불(佛)이니 온갖 백성을 깨닫게 하는 분이시다."하였고 『서승경(西昇經)』에는 이르기를 "우리 스승은 천축(天竺)에서 화유(化遊)하시다가 잘 니원(尼洹)에 드셨다."고 하였으며, 또 부자(夫子)는 이르기를 "노 씨(老氏)의 스승은 이름이 석가문(釋迦文)이다."고도 하였던 것이다.

또 「열자(列子)」에 "상태재비(商太宰嚭)가 공구(孔丘)에게 묻되 '부자(夫子)는 성인입니까.' 공자(孔子) 답하되 '구(丘)는 널리 알고 많이 기억은 하고 있지만 성인은 아닙니다.' '그러면 삼왕(三王)이 성인입니까.' '삼왕은 지(智)와 용(勇)은 잘 썼지만 성인은 아닙니다.' '오제(五帝)가 성인입니까.' '오제는 인의(仁義)를 씀에 최선을 다하였으나 구(丘)로서는 성인인지 아닌지는 알 수가 없습니다.' '삼황(三皇)은 성인입니까.' '삼황은 인시(因時)에 잘 맡겨 썼으나 또한 구(丘)의 알 바가 못됩니다.' 태재비가 크게 놀라며 이르기를 '그렇다면 누가 성인입니까.' 부자(夫子)가 얼굴빛을 고치며 이르기를 '구(丘)가 듣기로는 서방(西方)에 성자(聖者)가 있으니, 다스리지 않아도 어지럽지 않고 말하지 않아도 스스로 믿으며 교화하지 않아도 스스로 행하여 탕탕(蕩蕩)하기 짝이 없는지라 사람들이 그 이름을 모르는 이가 없다고 하더이다.'고 하였다."

또 「오서(吳書)」에 이르기를 "오주손권(吳主孫權)이 상서령감택(尙書令闞澤)에게 묻되 '공구(孔丘)와 노 씨(老氏)를 부처와 더불어 서로 비교할 수 있겠는가.' 감택이 대답하되 '만일 공노이가(孔老二家)를 불러서 원방(遠方)의 불법(佛法)에다 비교한다면 멀다면 참으로 멉니다. 왜냐하면 공(孔)과 노(老)가 교를 베푸는 것은 오직 하늘을 본받아 쓰므로 감히 하늘을 어길 수 없으나, 제불(諸佛)의 교는 모든 하늘도 받들어 행하여 감히 부처님의 가르침을 어기지 않나니, 이로써 보건대 실로 서로 대하여 비교할 수 없음이 환한 것입니다.'고 하였는데 오주(吳主)가 크게 기뻐하여 태자부(太子傅)를 삼아 썼다."고 하였으며, 또 『기세계경(起世界經)』에서는 부처님께서 이르시되 "내가 진단(震旦)에 두 성자(聖者)를 보내어 교화를 행하게 하였으니, 하나는 노자(老子)로서 곧 가섭 보살(迦葉菩薩)이요, 또 하나는 공자(孔子)로서 곧 유동 보살(儒童菩薩)이니라."고 하였다.

이와 같이 옛부터 금일에 까지 다만 인간을 이익하게 하는 이는 모두가 밀화 보살(密化菩薩)이시라 오직 대사(大士)께서 밝게 아실 바요, 상정(常情)으로서는 측량할 바가 아닌 줄 알 것이다.

그러나 드디어 과문(寡聞)하고 천식(淺識)한 이들은 비방을 일으킴이 연기처럼 자욱한지라, 아울러 본종(本宗)을 요달치 못하고 망령되이 어리석은 고집을 내나니, 노군(老君)을 섬기는 이들은 다만 날아다니고 달리는 부적을 만들고 금석(金石)을 연소(燃燒)하며 초제(醮祭)[1]하는 성단(鯹羶)[2]을 베풀고 신선의 광탄(誑誕)을 익히며, 또한 공문(孔門)에 든 이들은 뜻이 순박(淳朴)을 어기고 오히려 부화(浮華)하여 앵무와 같은 광재(狂才)를 빙자하고 거미줄 같은 조그마한 재주를 오로지 할 뿐이니, 이는 모두가 선성(先聖)의 뜻을 위배해서 스스로 본종(本宗)을 잃은 것이라, 이런 사람들이 실로 비방하지 않는다면 어찌 본종의 그 깊음을 드러낼 것이며, 또 하사(下士)들은 비웃지도 못하거니 하물며 어떻게 그 도를 엿볼 수나 있겠는가.

이러므로 불법이 바다와 같아서 포용하지 아니하는 바가 없으니, 지극한 진리가 오히려 공(空)한지라 어떤 문인들 또한 들어오지 못하겠으며, 뭇 현철(賢哲)들이 명합(冥合)해 모이고 천성(千聖)이 사귀어 돌아가는지라 실로 진(眞)과 속(俗)을 가지런히 행하고 우(愚)와 지(智)를 한꺼번에 비추이는 것이다.

속제(俗諦)를 연즉 충성으로 신하를 권하고 효(孝)로서 자식을 권하며, 잘 이음으로써 나라를 권하고 화합으로써 집안을 권하며, 또한 선(善)을 넓혀서 천당의 즐거움을 보이고 그릇됨을 징계하여 지옥의 고통을 나타내며, 이와 같이 오직 한 글자로만이 드날리는 것이 아니어니 어찌 오형(五刑)을 그침으로만 계(戒)를 지었겠는가.

또한 진제(眞諦)를 편즉 시(是)와 비(非)가 함께 없고 능(能)과 소(所)가 한 가지로 공적(空寂)하며, 만상을 거두어 일진(一眞)을 삼고 삼승(三乘)을 모아 원극(圓極)으로 돌아오게 한다. 따라서 이제

---

1) 醮祭:별에 지내는 제사
2) 鯹羶:비린내 나는 水陸의 고기를 음식으로 차림.

(二諦)가 가지런한 것이 아니거니 어찌 백가(百家)가 엿보아 미칠 바 이겠는가.

Ⅵ. 사상수행(事相修行)의 필요성

문 도는 없는 곳이 없고 진성(眞性)은 옮기지 않아서 부처가 있든 없든 성(性)과 상(相)이 상주(常住)하는 것이다. 이는 곧 일체 삼보(一切三寶)가 언제나 세간에 나투시는 것인데, 그렇다면 어찌 굳이 금단(金檀)으로 새긴 형상과, 죽백(竹帛) 등에 기록한 경전과, 체발(剃髮)하고 진세(塵世)를 벗어난 수행자 등으로서 삼보를 삼는 것인가.

답 상근(上根)의 인(人)이라면 현묘(玄妙)함을 알지니 다시 무엇 하러 형상 등을 빌리리요만은 그러나 중하(中下)의 근기는 반드시 사(事)를 의지해서야 마음을 발하므로 바른 형상을 보지 아니하면 다만 사풍(邪風)에만 물들고 마는 것이다.

그러므로 이 땅에서도 불상(佛像)과 경교(經敎)[1]가 전래(傳來)되지 않았을 때엔 오직 외도(外道)만이 흥기(興起)하여 진위(眞僞)를 알지 못하고 신령스러운 자취를 가리지 못하다가, 한(漢)의 효명제

---

1) 像敎 : 여기서는 종교로서의 형태와 체제를 갖춤을 말하니 중국 한나라 효명제 때 먼저 불상이 전래되고 다음 『四十二章經』을 위시한 교가 들어왔으므로 像敎라 함.

(孝明帝) 때에 이르러 꿈 속에 금신(金身)의 서상(瑞像)을 나투시고, 오제(吳帝) 때에 사리(舍利)의 상서(祥瑞)를 나타내신 이후로 비로소 국왕과 장자들이 귀경(歸敬)의 문을 알게 되고, 철사(哲士)와 명인(明人)들이 다투어 서신(棲身)할 땅임을 깨우치니, 이러므로 알라. 자취란 능히 근본을 나타내는 것이고 형상은 가히 진리에 통하는 것이라. 통발로 인해 고기를 잡듯이 이(理)와 사(事)를 폐할 수 없는 것이오. 또한 나무는 색이 변하는 일이 없고 금상(金像)은 광명을 펴는지라, 도(道)는 사람의 폄을 가자(假藉)하고 물생(物生)은 정(情)으로 말미암아 느끼는 것이다.

능히 청정한 종자를 낸다면 가상(假像)이라도 공경함에 마음이 열리고, 믿음의 인연을 맺지 못하면 참된 의식(儀式)을 만나더라도 끝내 보지 못하고 마는 법. 이러므로 미(迷)한 즉 본(本)과 말(末)을 한꺼번에 잃고, 요달한즉 진(眞)과 가(假)에 한꺼번에 통한다고 하는 것이니, 이로 미루어 보더라도 어찌 감히 취사심을 낼 것인가.

즐겨 널리 공양함을 일으키고 아울러 큰 뜻과 정성을 발한다면 의업(意業)의 공(功)이 깊고 수행으로 인한 힘도 또한 커지리니, 그러므로 가난한 여인은 뜨물 찌꺼기라도 정성을 다하여 올리고는 위(位)가 벽지불에 올랐고, 어떤 아이는 흙으로 정성껏 떡을 만들어 올리고도 윤왕(輪王)의 보(報)를 받았다고 한 것이다.

Ⅶ. 자비교화(慈悲教化)의 이유

문 인연의 뜻이 공적(空寂)하고 자타(自他) 또한 성(性)이 없어 열반과 생사가 다름없는 일체(一體)이거늘, 어째서 부질없이 일부러 자비를 행하여 널리 섭화(攝化)함을 드리우겠는가.

답 비록 인(人)과 법(法)이 본공(本空)하고 피(彼)와 아(我)가 허현(虛玄)하지만 중생의 미(迷)함이 마치 꿈 속에서 생긴 일인 것과 같아서 도무지 깨달아 알지 못하는지라, 그러므로 보살이 자비를 일으키사 진실법을 보이는 것이다.

『대반야경(大般若經)』에 부처님께서 선현(善現)에게 이르시되 "그대는 마땅히 알라. 유정(有情)이 비록 자성이 공하여 온갖 형상을 멀리 떠났지만 가히 청정하게 해야 할 잡염(雜染)이 있는 것이다." 하였다.

또 「기신론(起信論)」에서는 "비록 제법(諸法)의 자성(自性)이란 나는 것이 아니되 다만 인연으로 하여 화합하는 것이라, 선악의 업(業)과 고락(苦樂) 등의 보(報)가 없어지지 않고 허물어지지도 아니하는 것임을 생각해야 하며, 비록 그같이 인연과 선악과 업보(業報) 등을 생각하되 그러나 또한 그 생각하는 염성(念性)도 가히 얻을 수 없음을 알아야 할 것이다."고 하였는 바 이러므로 수행자는 연기(緣

起)를 관찰하여 열반에도 머물지 말고, 아울러 성공(性空)임을 깨달아서 생사에도 머물지 말아야 하는 것이다.

Ⅷ. 수행상의 전도지견(顚倒知見)

1. 외도(外道)의 전도지견

문 서천(西天)의 구십육 종 외도(九十六種外道)도 또한 각각 수행의 문을 세워서 부지런히 힘쓰는 선업(善業)이 없지 않은데, 어찌하여 보(報)가 다하면 도리어 윤회에 떨어져 해탈을 얻지 못하고 마는가.

답 이들은 무엇보다 근본 무생(無生)의 바른 이치를 깨닫지 못하고 오직 생멸함의 인(因)만을 닦되, 탐착의 마음을 일으키고 희망의 뜻만을 품음으로 마침내 고(苦)로써 고를 버리려 하고 미(迷)로 좇아 미를 쌓아 이리저리 육도(六途)로 오르내리며 윤회하여 마지 않는 것이니, 어찌 모래를 쪄서 밥을 지으려는 비유와 다르겠는가.

2. 내교(內敎)의 전도지견

문 외도는 그렇다 하거니와 내교(內敎)에 의지해 수행하면서도 또한 도를 얻지 못하는 이들은 왜 그런가.

답 이는 모두가 오직 아상(我相)으로 인하여 맺어 끊음을 얻지 못하고 마는 것이니, 무릇 수행할 때에 다달아 생각하기를 '내가 능히 수행을 지으므로 반드시 경계를 따라 얻는 바가 있으리라.'고 하여 인과(因果)에 머물러 집착하기 때문이다. 만일 먼저 두 가지 인무아(人無我)와 법무아(法無我)의 이치를 요달하고 오직 일심(一心)임을 증해(證解)하여 진로(塵勞)에 동하지 않는다면 반드시 그 당처(當處)에서 해탈을 얻고야 말 것이다.

문 수행할 때 다달아서 어떻게 아(我)가 없음을 요달하겠는가.
답 모든 작위(作爲)가 오직 연(緣)으로 말미암아 일어나는 것이라 일체의 시위(施爲)가 따로 주재(主宰)하는 물건이 없어서, 내는 바 음성은 바람에 흔들리는 풍경 소리와 같고 기관(機關)[1]을 따라 움직이는 것이 모두 목인(木人)과 같아 다만 업력(業力)의 하는 바에 의지할 뿐 따로 아성(我性)이라는 것을 얻을 수 없다.

사대(四大)가 모였다 흩어짐에 생멸이 오직 연(緣)을 따를 뿐 나아가 육취(六趣)의 몸을 받는 것도 또한 이와 같아서 실로 사람이 있어서 오고 가는 것이 아니다. 『화엄경』의 "마치 기관목인(機關木人~꼭두각시, 로봇트)이 갖가지 소리를 내나 저는 아(我)도 아(我) 아님도 없듯, 우리의 업성(業性)도 또한 저와 조금도 다를 바가 없다." 한 대목을 논(論)에도 해설하되 "인연이기 때문에 하늘에도 나고 혹 지옥에도 떨어지는 것이니, 만일 '이것이 곧 나요 인연이 아니라'한다면 악업을 지었더라도 어찌 하늘에 나지 못하고 지옥으로 떨어지는가. '내'가 어찌 저 지옥의 고통을 좋아하겠는가. 이와 같이 이미 악업을 지었으매 또한 쾌락을 받지 못하는 것이다."고 하였거니와 그러므로 알라. 선악의 보(報)를 느끼는 것이 오직 이 인연이요 곧 '내'

---

[1] 機關: 활동할 수 있도록 장치를 구비한 기계니 곧 온갖 부속품을 움직일 수 있는 중심점의 스위치.

가 아닌 것이 분명한데, 중생들은 나(我)도 없고 지음[作爲]도 없는 가운데서 망령되이 '내가 짓는 것이다.'고 오인하여 그것[顚倒之心]으로 주인을 삼되, 참으로 망식(妄識)이 하는 바요 결정코 따로 짓는 자가 없음을 알지 못하는구나. 외도(外道)들도 마찬가지로 집착하기를 '실제로 신아(神我)가 있어서 짓는 것이니, 만일 신아가 없다면 다시 누가 짓는 것이겠는가.'라고 하니 「지론(智論)」에서 그러한 망집(妄執)을 깨뜨려 파하기를 "마음이란 곧 식(識)의 상(相)이기 때문에 스스로 능히 몸을 부림에 따라 신(神)을 기다리지 않는다."고 하였는데 이는 곧 불의 성질이 물건을 태움에 결코 다른 힘을 빌리지 않는 것과 같다는 말이다.

「유식론(唯識論)」에 이르기를 "모든 이들이 집착하는 바 '실로 아체(我體)가 있다.'는 것은 생각함이 있어서 되는가. 생각함이 없이도 되는 것인가. 생각함이 있어 되는 것이라면 마땅히 항상됨이 없는 것일지니(일정함이 없음), 일체시에 생각함이 있지 않기 때문이요, 만일 생각함이 없이도 그렇게 된다면 이는 허공과 같은지라 능히 일체 업(業~一切施爲)을 짓지 못할 것이니, 역시 과보도 받을 것이 없기 때문이다. 그러므로 아(我)라고 고집하는 이치가 이루어지지 않는 것이니, 이로 말미암아 실로 결정된 아(我)란 없고 다만 온갖 식(識)만 있어서, 비롯 없는 옛적부터 앞이 멸하면 뒤가 곧 생하여 인(因)과 과(果)로 서로 계속되고, 망령된 훈습으로 말미암아 흡사 '나'라는 상이 나타난 듯함을 알지로되 그러나 어리석은 이들은 이 가운데서 망령되이 '나'라고 고집하여 버리지 못하는 것이다."고 하였다.

무아(無我)란 곧 무성(無性)이란 말이니 성(性)은 곧 체(體)요, 체란 곧 질(質)을 주관한다는 뜻이다. 무릇 한 법일지라도 모두가 오직 인연으로 하여 이루어지는지라 실로 본체가 없는 것이니, 체가 없기 때문에 곧 공적(空寂)한 것이다.

그러나 중생들은 저 성품이 공한 가운데서 '실로 있는 것'이라고 집착하여 안으로는 '나'에 구속이 되며 밖으로는 육진(六塵)에 얽매이기 때문에 수행하여도 마음과 경계에서 벗어나지 못하며, 과(果)를 얻음에 이르러서도 인(因)한 바를 떠나지 못하나니, 오르고 내림은 비록 다르나 항상 온갖 유위(有爲)에 얽매이며, 서로 높고 낮음이 된 채 시종(始終)토록 윤회하게 되는 것이다. 이와 같이 실로 온갖 잘못되는 원인이 곧 '나'라고 하는 것이 그 근본이 되는 줄 하루 속히 깨달아야 할 것이다.

Ⅸ. 제법(諸法)의 체성(體性)

1. 제법은 체성이 없음

문 이미 만법이 체가 없어서 본래 스스로 공한 것이라면 어찌하여 다시 제법의 건립됨이 있는가.

답 다못 공적(空寂)하여 체성이 없되 다만 연(緣)으로 좇아 나는 것이다. 만일 자체가 있는 것이라면 곧 다시 연(緣)을 빌리지 않을 것이요, 이미 연(緣)을 빌려서 난 것이 아니라면 곧 만법이 각각 정한 체가 있을 것이며, 또 만일 일정한 상이 성립된 것이라면 곧 상도(常道)의 허물을 이루어서, 선과 악이 가히 바뀌어 옮길 수 없고 인과과도 드디어 뒤섞여 어지러움을 이루므로 악업을 지어도 마땅히 천상에 나야 하고 선업을 지어도 마땅히 지옥으로 떨어져야 할 것이니, 이것은 곧 '인(因)'이 없기 때문이요. 선을 지어도 마땅히 받을 복이란 게 없고 악업을 지어도 마땅히 죄됨이 없을지니, 이것은 곧 '과(果)'가 없기 때문이다.

이러므로 만법이 체가 없고 그렇기 때문에 정해짐도 없어 다만 반연(攀緣)으로 좇아 나타날 따름이니, 연으로 나기 때문에 성(性)이 없어 모든 법이 다 공(空)하고, 또한 성(性)이 없기 때문에 다만 연(緣)으로 좇아 나서 제법을 건립케 되는 것이다.

『화엄경』에도 밝히기를 "보살은 자성이 없는 가운데서 온갖 불사

(佛事)를 건립한다."고 하였거니와, 실로 공(空)을 인해서 유(有)가 성립하므로 유무(有無)란 스스로 명상(名相)일 뿐이요, 아울러 유(有)로 좇아 공(空)을 가리므로[辨] 그 공은 저절로 자체가 없는 것이 아닌가.

2. 인연생멸임을 밝힘 [一切皆緣實無我性]

문 제법이 발생하고 있음을 현재에도 보이거늘 어찌하여 각기 그 성품이 없다 할 수 있는가.

답 생에 즉하여 생함이 없으므로 무성(無性)이라 하는 것이다. 만일 실제로 생함이 있다고 하면 이것은 곧 스스로가 났거나[自生], 남이 낳았거나[他生], 함께 났거나[共生], 아니면 인연 없이 난 것[無因生]이 되는데, 실은 이 네 가지의 어느 곳에도 해당이 될 수 없기 때문에 생함이 없다고 한다.

● 非自生

왜냐하면 스스로가 났다면, 비유컨대 자기 몸이 만일 부모가 아니었던들 어찌 생겨날 수 있었을까. 그러므로 '이 몸은 곧 부모님께서 끼쳐주신 몸'이라 하는 것이니 과거의 업연(業緣)이 내인(內因)이 되고, 부모의 몸에 의탁함이 외연(外緣)이 되어서 내외의 인연이 화합하여 있게 되었으므로 스스로가 난 것이라 할 수 없다.

● 非他生

또한 남이 낳았다면, 만일 숙업(宿業)에 자인(自因)이 없었다면 마침내 태내(胎內)에 의탁치 못할 것이니, 모두가 자업(自業)으로 좇아 있게 된 것이다. 비유하면 밖으로 물과 땅을 다 갖췄으나 만일 종자를 뿌림이 없다면 결코 싹이 나지 않는 것과 같다.

● 非共生

또 함께 났다면, 인(因)을 빌려서 연(緣)이 이루어지는지라 어찌 자체에 용(用)을 포함하고 있었겠으며, 연(緣)으로 좇아 인(因)이 일어났는지라 외조(外助)의 공능(功能)이 없으므로 인과 연이 각각 화합할 수 없는 것이다. 어찌 한 개의 모래알에 기름이 없는데[因] 많은 모래를 모은다고 기름이 있겠으며[緣], 한 장님이 보지 못하는데 많은 장님을 모은다고 다시 볼 수 있으랴. 그러므로 함께 난 것도 아니다.

● 非無因生

만일 인연이 없이 난 것이라면, 곧 석녀(石女)도 아이를 낳고 또한 거북의 털로 불자(拂子)도 만들 수 있으리니, 유인(有因)도 오히려 없는 것인데 무인(無因)이 어찌 있을 수 있겠는가. 유인(有因)으로 좇아 무인(無因)도 세워지는 것이니, 유인(有因)이 이미 없는 것이라면 무인(無因)도 또한 자취가 있을 수 없기 때문이다.

다만 자타(自他~一切分別)의 양 구절에 무생(無生)임을 요달한다면 곧 사구(四句)를 다 파한 것이라, 이미 자타(自他)가 없거니 다시 무엇을 가져 화합이니 무인유(無因由) 등의 견해를 짓겠는가. 그러므로 사구(四句)[1]가 자연히 시비없이 연적(宴寂)한 것이다.

---

1) 四句: 또는 四句分別. 辯證法의 한 형식으로 2개의 思想이 있을 때 四句의 범주로서 분별 해석하는 방법. 定立·反定立·肯定綜合·否定綜合을 말하는데 예컨대 有와 空으로 萬有諸法을 판정할 때 제1句의 有는 定立, 제2句의 無는 反定立, 제3句의 亦有亦無는 肯定綜合, 제4句의 非有非空은 否定綜合이며, 처음 2句는 兩單, 뒤의 2句는 俱是俱非 또는 雙照雙非라고 한다. 여기 對하여 百非라고 함은 否定을 거듭하는 것으로서 수없이 否定을 거듭하더라도 참으로 사물의 진상을 알기 어려우므로 중생들의 有無의 견해에 걸림을 없애게 하는 것이다.

이상의 논한 바대로 실로 생함이 없는 가운데의 생함이라 환상(幻相)이 완연하며, 생하는 가운데의 생함이 없는 것이라 진성(眞性)이 담연하므로, 『금강삼매경』에 이른 '인연으로 나는 바의 뜻'이란 곧 멸하여 생하지 않는다는 뜻이요, '모든 생멸을 멸한 뜻'이라 함은, 이는 곧 생하여 멸하지 않는다는 뜻인 것이다.

3. 중생의 실제과보 — 전도(顚倒) —

상전도(想顚倒)

문 이미 일체 제법이 자성도 없고 남이 없다면[無性無生] 어찌하여 중생들은 경계의 반연을 집착하여 실제로 과보를 받는 것인가.

답 다못 무생(無生)임을 요달치 못하고 미(迷)하여 실제 있는 것으로 삼기 때문에 실보(實報)를 받거니와, 그 성품이 공(空)한 것임을 요달한다면 곧 탐착심을 내지 않으리니, 이미 탐착하지 않는다면 뜻대로 시위(施爲)함이 그 인(因)에 머무르지 않으므로 마침내 과(果)도 받지 않게 되는 것이다.

그러므로 경에 이르기를 "마음을 내면 온갖 법도 따라 난다."하였으며, 또 이르기를 '일체가 오직 마음의 지음'이라 하였으니, 이렇듯 마음을 일으키지 않는다면 외경(外境)은 언제나 허망한 것이고 또한 경계가 성이 공한 것임을 요달하면 그 마음은 스스로 고요한 것이라. 망심(妄心)이 이미 쉬어 고요하다면 환상(幻相)이 어찌 날 수 있겠는가. 이와 같이 마음과 경계가 함께 고요하다면 자연히 도에 합할 것이다.

『화엄경』에 이르기를 "안이비설신(眼耳鼻舌身)과 심의제정근(心意諸情根)이 일체가 공(空)하여 자성이 없지만 오직 망심(妄心)으로 있다고 분별할 따름"이라 하였고, 또 이르기를 "세간의 온갖 법이 오직 마음으로서 주인을 삼나니, 그러므로 온갖 형상을 따라가며 알음알이만을 취한다면 곧 전도(顚倒)라 실함이 아닌 것이다."고 하였다.

문 이미 실보(實報)를 받는다면 어찌 일체가 공한 것이라 말하겠는가.

답 분명히 이르기를 "중생이 스스로가 망령되이 실제로 있다고 오인하는 것"이라 하였으니, 그 성품은 언제나 공하여 비록 고락(苦樂)을 받고서 싫어하고 좋아하는 정이 난다 하나 인(人)과 법(法)은 함께 공하여 하나도 얻는 바가 없는 것이다. 마치 꿈 속에서 좋고 나쁜 것을 보고 싫어하고 좋아하는 마음으로 꽉 찼다가 꿈을 깨고 나서는 환하게 아무 일도 없는 것과 같이, 깨고 나면 있는 것이 아니지만 그러나 꿈 속에선 없는 것이 아닌지라 이미 전도(顚倒)된 인(因)을 익혔으매 허망한 과보가 또한 없지 않은 것이다.

견전도(見顚倒)

문 망심(妄心)과 환(幻)의 경계는 본래부터 없는 것인가. 오늘로 좇아서 없어지는 것인가.

답 마음과 경계란 본래부터 없는 것이다.

문 이미 본래 없는 것이라면 중생들은 어찌하여 해탈을 얻지 못하는가.

답 본래 얽매임이 없었거늘 어찌 풀어준다고 말하리오. 다만 본래 없음을 깨닫지 못한 때문에 망령되이 실제로 있다는 전도된 견해를 내어 비롯 없는 옛적부터 익혀온 습기(習氣)인 줄 깨달아 알지 못한 채 마침내 업을 따라 돌거니와, 그러나 비록 업의 구속 안에 있지만 본성은 언제나 청정한 것이다.

4. 구경청정(究竟淸淨)

문 어찌하면 구경의 청정함을 얻겠는가

답 이것은 두 가지의 뜻이 있다. 첫째는 그 본래 없음을 요달하여 자성이 청정함을 얻음이요, 둘째는 그 망념(妄念)을 정화(淨化)해서 더러움을 떠난 청정을 얻는 것이다. 본성이 이미 청정하다면 망념이 날 수 없고 번뇌와 소지(所知)의 이장(二障)을 모두 녹여 없앴다면 신구의(身口意)의 삼업(三業)이 모두 환하게 사무칠지니 그와 같이 본명(本明)의 근원에 돌아가 계합하면 종자(種子~因)와 현행(現行~果)이 다 함께 고요하고 청정하리라.

5. 구경원만(究竟圓滿)

문 불도(佛道)가 멀리 융성하여 범성(凡聖)이 한가지로 품(禀) 받거늘 어찌하여 이에 흥하고 바뀜의 성쇠가 일정치 않아 타락하고 허물어지는 자가 있게 되는가.

답 대저 만물은 옮겨 변함이 있거니와 삼보(三寶)는 언제나 머무르시어 고요히 동(動)치 않으시며 느낌을 따라 통하여 [感而隨通] 교화하시니, 실로 처음 왕궁에서 탄생하신 것이 아니요, 또한 쌍림(雙林)에서 길이 가신 것도 아니다. 만일 중생의 복이 박한즉 불사(佛事)가 얼음 녹듯 없어지고 만일 국토가 인연이 깊으면 범찰(梵刹)이 구름 피듯 솟으리니, 사람에게 있어 스스로 얻고 잃음을 내는 것이요, 법에 성쇠(盛衰)가 있는 것은 아니다. 그러므로 『법화경』에 이르기를 "중생의 겁(劫)이 다하여 크고 작은 불이 모두를 태워버림을 볼지라도 나의 이 땅은[實際覺地] 안온해서 천인이 항상 충만하다."고 한 것이다.

X. 수행의 보응

문 이미 온갖 선행(善行)의 보응(報應)이 헛되지 않다면, 어찌하여 부지런히 애써 구하는 사람은 있으나 온전히 증득한 이는 볼 수 없는가.

답 선행을 수습(修習)하는 사람은 스스로 현익(顯益)과 당익(當益)의 두 가지로 이익이 밝게 드러남을 볼 것이니 법화현의(法華玄義)에선 이를 네 구절로 간추려 설명하였다.

이른바 첫째는 명기명응(冥機冥應)이니, 만일 과거에 삼업(三業)을 잘 닦은 이는 현재에 심구(心口)를 운용(運用)치 않아도 지난 세의 선력(善力)을 빌리므로 이를 명기(冥機)라 하고, 비록 신령스러운 보응(報應)을 보지는 못하여도 가만히 법신의 더하는 바가 되어 보지도 듣지도 깨닫지도 알지도 못하는 것을 명응(冥應)이라 한다(보고 느끼지 못해도 자기 몰래 가만히 이익되는 바가 있음). 또한 응신(應身)이 응함은 현응(顯應)이라 하고 법신이 응함을 명응(冥應)이라고 한다.

둘째는 명기현익(冥機顯益)이니, 과거에 선행을 심어 명기(冥機)가 이미 성숙한 이가 문득 부처님을 만나 뵙고 법 설하심을 듣게 됨이 현전에 이익을 얻음이니 이것을 현익(顯益)이라 한다. 이와 같이 부처님께서 세상에 나오심에 최초로 도탈(度脫)함을 얻은 이는 현재에 어찌 일찍이 수행을 하였겠는가. 실로 제불께서 그의 숙세인연을 비춰보사 스스로 가셔서 제도하신 것이다.

셋째는 현기현익(顯機顯益)이니 현재 신구(身口)로 부지런히 정진하여 게으르지 아니하면 능히 영험의 상서가 내림을 느끼기도 하는데, 예컨대 도량을 정갈하게 배설하고 예참(禮懺)을 간절하게 정성을 다하여 행하면 신령스러운 서응(瑞應)을 느끼게 되는 등이다.

넷째는 현기명익(顯機冥益)이니 사람이 일세 동안 애써서 현세에 선행을 많이 쌓으면 비록 현세에 감응이 나타나지 않더라도 다음 세상에는 반드시 이익을 느끼게 됨을 말한다.

이와 같이 위에 말한 사구(四句)의 뜻을 잘 헤아려 알면 일체의 — 얼굴을 내리고 손을 드는 곳마다[日用行履處] — 복을 헛되이 버리지 않으리니, 종일토록 감응함이 없어도 종일토록 후회함이 없을 것이다.

XI. 업보순환(業報循環)의 절차

1. 업보의 순환을 약설

문 어떤 이는 평생 선행을 쌓지만 현재 악보(惡報)에만 얽혀 있고 어떤 이는 종일 악업(惡業)만 지어도 좋은 일만 보게 되는 것은 왜 그런가.

답 대저 업이란 삼세(三世)에 통하여 생(生~설은 것)과 숙(熟~익은 것)이 일정치 않으며, 또한 삼보(三報)에 통하여 두텁고 엷음이 서로 기우는 것이다. 서천(西天)의 제19대 조사(祖師)이신 구마라다(鳩摩羅多)가 이르기를 "전세에 공덕을 쌓았으나 그 공(功)이 반쯤의 강(强)에 이르고 말았다면, 악업을 파괴하는 힘이 적으므로 공덕으로 향하던 마음을 돌려 다시 악업을 행하기 쉽다.

죄업이 공덕보다 적어 또한 죽으매 먼저 복을 받아 바로 즐거움을 받을 때는 마음이 안락을 얻은 듯하다가도 홀연히 점점 온갖 쇠뇌함으로 떨어져 그 집안이 점점 허물어지고 마는 것이다. 그러나 이것은 저 먼저의 악업을 이어서 이에 이른 것이요, 금시(今時)의 닦은 복이 이러한 악보(惡報)를 부른 것은 아니다.

또 전세에 악업을 지어 그 죄업의 강함이 공(功)의 반쯤에 이른 이가 우연히 한 지혜 있는 이를 만나 그 가르침을 받고 복덕을 닦게 된다면, 비록 몸소 수행하나 지난 악업의 힘으로 하여 좀처럼 그 선

(善)이 저를 만나기 어렵다.

　공덕이 죄업보다 적어 또한 죽으매 빈궁한 곳에 나서 마음이 부처님을 공경하여 믿지도 않고 또한 삼보도 소중히 여기지 않으며 이같이 반을 넘어 지나다가도 그 집안이 점점 부유해져서 점점 생활이 풍족하여 지나니, 이것은 곧 저 먼저의 선업을 이어서 이에 이른 것이요 금시(今時)의 악업이 이러한 선보(善報)를 부름이 아닌 것이다."고 하였는데 논(論)에 해설하기를 "내가 지금 고업(苦業)을 받는 것은 모두가 과거의 지은 것을 인함이요, 금생에 복덕을 닦는 것은 그 보(報)가 당래(當來)에 있는 것이다."고 하였다.

　이와 같아서 실로 장수(長壽)함을 좋게 여긴다면 먼저 가난한 이에게 즐겨 베풀 것이니, 이 말을 굳게 믿는다면 사견(邪見)을 내지 않으려니와 만일 이같은 뜻을 알지 못하면 근심하고 의심하여 이치를 잃어버리고는 '한갓 공(功)을 헤아리나 선악이 영험이 없다'고 할 것이다.

　부디 선행을 수습(修習)할 때에 한마음으로 물러나지 아니하여 끊임이 없다면 복과(福果)가 언제나 새로우려니와, 중도에서 의심하고 근심하면 다만 스스로를 막아 장애하는 결과를 빚을 따름이니, 식달(識達)한 현사(賢士)는 이러한 뜻을 밝게 깨우쳐야 하리라.

2. 업은 삼세(三世)에 통함

문　악이란 능히 선을 가리므로 화(禍)가 일어나면 복(福)이 기울어지고 선이란 능히 악을 등지므로 업장이 다하면 도가 드러나는 것이라 하였다. 그렇다면 어찌하여 혹은 평생을 좇아 선업을 쌓고도 도리어 재앙을 받는 일이 있는가. 양(梁)의 무제(武帝) 같은 이는 평생을 삼보에 귀의하고도 하루 아침에 곤고(困苦)하게 죽어 전혀 영험의 가피를 볼 수 없었는데 이는 누구나가 의심하여 마지 않는 일이 아닌가.

답   앞에서 이미 업이 삼세에 통하는 것임을 밝힌 바 있거니와 이제 거듭 자세히 설명하여 의심을 풀도록 하겠다.

성현의 밀화(密化)

제불보살께서는 세간을 수순하여 나타나사 고락을 함께 하며 천변만화로 힘껏 중생을 유인(誘引)해 들이시나니, 혹은 평안한 곳에 거하면서 홀연히 위험을 맞기도 하여 물(物)이 극에 달하면 도리어 반(反)하는 이치를 보이시며, 혹은 영화로운 데 처하면서 대번에 곤고(困苦)해지는 모습도 보여 성(盛)하면 반드시 쇠퇴하게 되는 이치를 나타내 영화를 탐하는 이들에게 세상이 무상한 것임을 일깨우게 하시고 복록을 믿어 교만에만 빠진 이들에게 삶이란 한정이 있는 것임을 알아 탐구(貪垢)가 없어지게 하여 공교히 정진(情塵)을 씻어도 주시며, 정(正)과 사(邪)를 보임에 혹은 역(逆)으로 혹은 순(順)으로 하심이 이것이 모두 밀화(密化)하시는 부사의한 비술(秘術)이라 범부의 소지(所知)로서는 헤아릴 바가 못되는 것이다.

과보의 무정성(無定性)

또한 선과 악은 일정치 않고 과보도 오직 그 연(緣)을 좇는지라 중생의 업력이란 실로 생각으로 헤아리기 어렵고 가히 그 형세(形勢)를 막을 수 없는 것이다. 그래서『열반경』에서는 업보의 세 가지 종류를 말씀하셨는데 이른바 "첫째는 현보(現報)이니 현재에 선악업을 지어서 현재에 고락과를 받는 것이요, 둘째는 생보(生報)이니 금생에 지은 업을 내생에 과보로 받는 것이며, 셋째는 후보(後報)이니 혹 금생에 지은 업을 백천 생을 지나서야 비로소 그 보(報)를 받게 되는 것이다."라고 하였다.

또 경에 이르기를 "어떤 업이 고통스럽게 나타남은 고보(苦報)로 하여 있는 것이나 어떤 업은 고통스럽게 나타나도 또한 낙(樂)의 보답일 수도 있으며, 어떤 업이 즐겁게 나타남은 낙보(樂報)로 있는 것이나 어떤 업은 즐겁게 나타나더라도 고(苦)의 보답일 수도 있다. 혹은 나머지 복연(福緣)이 다하지 않았더라도 악업이 곧 더할 수 없기도 하며, 혹은 숙세(宿世)의 재앙이 아직 있어도 홀연히 선연(善緣)이 문득 발하기도 하는 것이다. 또 만일 선업이 많고 악업이 적으면 곧 먼저는 즐거움을 누리다가도 뒤에 가서는 재앙을 당할 것이니 이것은 즉 복이 다해 화가 생기는 것이요, 혹은 선업이 적고 악업이 많으면 곧 먼저는 괴로움을 받다가도 뒤에는 즐거움을 누리리니 이것은 즉 재앙이 다하매 온갖 경사가 모인다는 말과 같다."고 하였는데 이것은 모두 아울러 후보(後報)를 말한 것이어니와 선악의 업이 익으면 금생에 아무리 선력(善力)을 익혔다 하더라도 결코 벗어나기 어려우니 결업(結業)을 끊고 성(聖)을 증한 이도 오히려 묵은 빚을 갚아야 함은 마치 사자 비구(師子比丘)나 일행 선사(一行禪師) 등과 같은 지라 하물며 업에 매인 범부로서 어찌 이와 같은 근심에서 피해 벗어날 수 있겠는가.

선근정진력의 보응(報應)

혹은 선근이 두터워 부지런히 정진하고 결정한 뜻에 의심없이 맹세함이 쇠처럼 굳센 이라면 현세에 보를 가벼이 받을 뿐 아니라 능히 깊은 허물도 끊을 것이니, 그러므로 경에 이르기를 "금생에 악을 행함이 적고 선행을 쌓음이 많은 이는 지옥의 중함을 돌려 현세에 미리 가볍게 받고, 혹은 선을 쌓음이 적고 악을 행함이 많으면 곧 현세의 가벼움을 돌려서 지옥에서 무겁게 받으리라. 그러나 순전히 선행만을 수행하여 한결같이 힘쓰는 이는 예컨대 현세에 잠시라도 두통을 앓음이 곧 백천 세의 지옥업을 멸하는 것이다."하였으니 이러므로 보살은 발원하기를 "원컨대 금생에 모든 악업이 다 갚아지고 악도에 들어 고통에 시달리는 일이 없어지이다."고 하는 것이다.

악하게만 살았던 사람은 비록 현재에 고통스런 일을 당하지 않더라도 반드시 과보가 아비 지옥에 있는지라 끝없이 태워지고 쉴 새 없이 고통을 받으려니와, 그러나 이런 사람이라 할지라도 힘껏 수행하여 그 수행력이 마침내 이르러 윤회에서 벗어나게 되면 임종시에 비록 경미한 고통을 느낄지라도 반드시 무시이래의 악업이 일시에 다 녹아버린다.

예컨대 저 당(唐)의 삼장 법사(三藏法師)는 9세에 스님이 되어 복덕과 지혜가 언제나 다른 이의 으뜸이라고 일컬어졌는데 과연 크게 성교(聖敎)를 넓히고 널리 불승(佛乘)을 연설하여 가이없는 중생을 교화하매 그 뛰어난 공덕은 헤아릴 수가 없었다. 천화(遷化)하실 때를 다달아 간병승(看病僧)인 명장 선사(明藏禪師)가 보니 키가 일장(一丈)이나 되는 두 사람이 흰 색의 연화를 받들고 법사전에 이르러 말하기를 '스님께서는 비롯 없는 옛적부터 유정(有情)들을 해롭게 하였던 온갖 악업들이 지금의 소질(小疾)로 인하여 남김없이 소진(消殄)함을 얻으셨으니 기뻐하십시오'하였다. 법사가 돌아보시고 합장하며 드디어 오른쪽으로 누우시거늘 제자가 묻되 '화상께서는 틀림없이 미륵의 내원(內院)에 나십니까.'하니 화상께서 '그러하다.'하고 기식(氣息)이 점점 가늘어지더니 평안히 떠나가시었다.

이와 같이 만일 삼보(三報)의 뜻을 밝힌다면 참으로 인과를 아는 사람이라 하려니와 그렇지 않아 혹 이 글을 잘못 안다면 마침내 의심을 놓지 못하고 비방하게 될 것이다.

XII. 수선대치(修善對治)

1. 재가인의 기악대치(棄惡對治)

문 대저 선행(善行)을 닦음에 순수하다면 어찌 다시 악을 저지르겠으며 이미 악행을 지었다면 어떻게 다시 선행으로 돌이키겠는가. 그렇거늘 이렇듯 선악을 동시에 함께 행한다면 공력(功力)만 헛되지 않겠는가.

답 만일 출가하여 일생을 온전히 수행에만 전념(專念)하는 보살이라면 아무런 장애 없이 순수하게 선행을 쌓아 바로 보리지(菩提地)에 이르려니와 재가보살들은 세간의 크고 작은 사업 등에 얽매여 온전히 깨끗함만을 얻기는 어려우므로 더욱 틈틈이 힘써 선으로 돌이키기 위한 환경을 만들어서 대치(對治)를 삼을 것이다. 대개 업력이란 단박에 옮기기는 어렵고 악업은 또한 대번에 끊어지지 않는지라 실로 점점 공덕을 쌓아야 비로소 보리지에 나아갈 수 있기 때문이다.

만일 선업의 수행이 어렵다고 다시 악업만 쌓고 공덕을 닦지 않는다면 악이란 실로 다할 때가 없나니, 그러므로 더욱 힘써 선업을 행하여 악이 되는 원인을 빼앗도록 해야 할 것이다.

『비유경』에 이르기를 "옛날 어떤 국왕이 있어 매일 사냥을 나갔다가 돌아오는 길에 절에 들려 탑을 돌며 정성껏 예배를 하매 신하들이 보고는 웃는지라 왕이 곧 비웃는 줄을 깨닫고 신하들에게 물었다. '가

마솥 안에 금이 들어 있는데 만일 가마솥의 물이 펄펄 끓고 있다면 손으로 금을 꺼낼 수 있겠는가.' '꺼낼 수 없겠습니다.' '차가운 물을 가마솥에 부어 솥을 식힌다면 어떻겠는가.' '그렇다면 꺼낼 수 있겠습니다.' '내가 왕사(王事)를 행함에 사냥하는 일 등은 마치 끓는 물과 같거니와 향을 사르고 불을 밝히며 탑을 도는 것은 마치 찬물로 끓는 물을 식히는 것과 같으니라.'"고 하였다.

왕도 이렇게 어쩔 수 없는 환경을 불구하고 좋지 못한 생활 속에서도 틈틈이 선행을 함께 힘쓰거늘 어째서 악이 있는 곳에는 선행을 할 수 없다 하겠는가.

2. 재가인의 순수선행과 과보

문 재가보살도 또한 순수하게 선업을 수행할 수 있는가.

답 만일 뜻에 애쓰고 마음이 견고하여 한결같이 목숨을 바치듯이 돌아가되 마치 사슴이 그물에 걸린 듯 불이 머리를 태우듯 여긴다면 오직 벗어나는 문만을 구해서 인간의 번잡한 일 등은 돌아볼 겨를이 없으리니 예로부터 이같은 예는 얼마든지 많다.

『비유경』에 이르기를 "옛날에 어떤 국왕이 있었는데 크게 도덕을 좋아하고 항상 신심을 다해 요탑(遶塔)의 기도를 행하였다. 어느 날도 정성껏 기도를 행하고 있었는데 변국(邊國)의 왕이 정벌(征伐)하러 와서 그 나라를 뺏으려 하거늘 곁의 신하가 크게 두려워하여 왕에게 고하기를 '기도 의식을 그만두소서. 외적이 침범해 왔습니다.' 왕이 대답하되 '침범해 오게 하라. 그러나 나는 마침내 이 일을 도중에서 그칠 수 없노라.'고 하였다. 그러나 심의(心意)가 이같이 굳세므로 탑돌기를 다 마치기도 전에 적병은 다 흩어져 가버린 것이다."고 하였는데 대저 사람이 오직 한마음으로 뜻이 굳세다면 이와 같이 실로 녹이지 못할 것이 없는 법이다.

그러므로 하악(河岳)이 신령스러운 것이 아니라 오직 사람이 그렇게 느끼는 것이다. 다만 능히 뜻만 도달한다면 쫓아가지 못하는 곳이 없을지니 얼음 속에서 잉어가 뛰어오르고[1] 눈 속에서 죽순이 솟아올랐던 일[2]도 마침내 별다른 신력(神力)으로 됨이 아닌 것이다.

---

1) 氷池躍鱗: 晋나라때 王祥이 그의 어머니가 병환에 누워 겨울에 잉어가 먹고 싶다 하므로 얼어붙은 강가에 나가 옷을 벗어 얼음 위에다 깔아놓으니 얼음이 스스로 녹고 잉어 두 마리가 솟아 오른지라 그때 사람들이 지극한 효성이라 하다.
2) 寒林抽筍: 옛날 孟宗이 그의 부친이 病中에 죽순이 먹고 싶다 하므로 대밭에 나아가 대를 안고 우니 눈속에서 죽순이 스스로 올라왔다 함.(모두 孝經에서 나온 말)

XIII. 진속제행(眞俗齊行)의 관계

문 이렇듯 널리 만선(萬善)을 힘쓰는 것이 모두가 자문(慈門)을 받드는데 뜻이 있거니와 다만 진전(眞詮~부처님의 말씀)만을 좇는다면 세제(世諦)를 부정함이 되지 않겠는가(부처님의 경전대로만 따른다면 세상일은 부정하고 소홀히 하라는 것이 아닌가 하는 의심). 예컨대 나라에 있으면서 그 나라의 다스릴 길을 폐하고 집에 있으면서 그 가업(家業) 이룸을 소홀히 한다면 비록 모든 사람을 이롭게 하는 법이라 일컫더라도 또한 온전한 법이라 할 수 없질 않겠는가.

답 불법의 중선(衆善)은 그 근본 뜻이 널리 가없는 법계를 윤택케 하려는데 있으니 그 위신(威神)의 힘은 선(善)이 있든 없든 다 건지고 그 도(道)의 위없이 큼은 진(眞)이든 속(俗)이든 두루 포함하여 다하지 않은 것이 없다.

나라에 선(善)이 있으면 나라를 덮고 집안에 선이 있으면 집안을 비옥케 하매 이로움이 넓고 커서 더함이 실로 적지 않기 때문이다. 그러므로 서(書)에도 이르기를 "선행을 쌓은 집안에는 반드시 경사가 있고 악업을 쌓은 집안에는 반드시 재앙이 온다."하였으며 또 "선을 행하면 백 가지 상서(祥瑞)가 내리고 악업을 행하면 백 가지 재앙이 닥친다."고 한 것이다.

송전(宋典)에는 기록하기를 문제(文帝)가 원가중(元嘉中)[1]에 하시중(何侍中)에게 묻되 "범태(范泰)여, 사영운(謝靈運)이 말하기를 육경(六經)은 본래 속(俗)을 건지는 것이지만 만일 성령(聖靈)의 진요(眞要)로 말하자면 곧 불법만이 능히 지침(指針)이 된다고 하니 이와 같이 온 나라가 모두 이 가르침만으로 순수하게 교화가 된다면 내가 가만히 앉아 있어도 과연 태평세에 이를 수 있을까." 하시중(何侍中)이 답하기를 "대저 백가(百家)가 사는 마을에 열 사람이 오계(五戒)를 지닌다면 열 사람이 순박하고 근검할 것이며, 천실(千室)의 고을에 백 사람이 십선(十善)을 닦는다면 백 사람이 서로 공경하고 후덕(厚德)할 것입니다. 이러한 풍훈(風訓)이 이미 온 천하에 전해져서 천만 호에 두루 엮어진다면 곧 어진 사람이 백만에 이를 것입니다. 대저 능히 한 가지의 선을 행하면 곧 한 가지의 악이 제거되고 한 가지의 악이 제거된다면 곧 한 가지의 형벌이 쉬어 질 것이니 한 가지의 형벌이 집안에서 쉬어지고 만 가지의 형벌이 나라에서 쉬어진다면 참으로 폐하께서 이르신 '가만히 앉아 있어도 태평세에 이르름'이 아니겠습니까."라고 한 대목이 있는 것처럼 실로 온 법계를 포함한 가득한 허공계에 한 가지의 선을 행한 것이 가는 곳마다 이롭지 아니함이 없다.

이것이 어찌 몸을 세워 나라를 돕고 집안을 길이 보전하는 교화의 긴요한 법칙이 아니겠는가. 만일 이와 같이 몸을 세운다면 실로 세우지 못할 몸이 없으며 이와 같이 나라를 돕는다면 돕지 못할 나라가 없으리니 가까이는 인천(人天)의 복이 되고 멀리는 불과(佛果)에 오르는 계단이기 때문이다.

---

[1] 元嘉中: 元嘉는 중국 남북조시대 宋나라 文帝때의 연호(AD 424~453)이니 文帝의 재위중을 말함.

제4장

Ⅰ. 만선(萬善)의 종지(宗旨)

1. 일체이사(一切理事)는 마음이 근본

문 지금 수행하는 만선(萬善)은 무엇으로 근본을 삼는가.
답 일체의 이(理)와 사(事)가 오직 마음으로서 근본을 삼는다.

첫째 이(理)를 잡아 말한다면 경에 이르기를 "일체 법이 곧 마음의 자성임을 관찰하면 지혜신(智慧身)을 성취하리니 다른 것으로 말미암아 깨닫는 것이 아니기 때문이라."하였으니 이것은 곧 진실관(眞實觀)이라 오직 진실심으로 근본을 삼는 것이요, 다음 사(事)를 잡아 말한다면 경에 이르기를 "마음이란 그림장이와 같아서 능히 온갖 세상을 그려내나니 오온(五蘊)이 모두 이 마음으로 좇아 나는지라 짓지 않는 법이 없기 때문이다."하였으니 이것은 곧 심식관(心識觀)이라 연려심(緣慮心)으로 근본을 삼은 것이다.

진실심은 체(體)가 되고 연려심은 용(用)이 되니 용은 곧 심생멸문(心生滅門)이요 체는 곧 심진여문(心眞如門)이다. 이렇게 체와 용의 측면으로 둘로 나누었으나 그러나 모두가 오직 한마음인 것이니, 왜냐하면 체에 즉한 용이므로 용이 체를 떠나지 않았고 용에 즉한 체이므로 체가 용을 떠나지 않았기 때문이다.

열고 합함은 비록 다르나 진성(眞性)은 움직이지 않나니, 오직 이 마음이 부처도 되고 마음이 중생도 되며 또한 이 마음이 천당도 짓고 지옥도 지어 마음이 분별하면 천 가지의 차별이 다투어 일어나고 마음이 평등하면 법계가 평탄하며 마음이 범부인즉 삼독(三毒)이 얽어매고 마음이 성인인즉 육통(六通)에 자재하며 마음이 공(空)하면 일도(一道)가 청정하고 마음이 있으면 만경(萬境)이 종횡(縱橫)한다.

마치 골짜기에 메아리가 응하는 것과 같아서 말이 크면 메아리도 크며, 거울에 형상이 비치는 것과 같아 형상이 굽으면 비침도 비뚤어지나니 그러므로 만행(萬行)이 오직 마음으로 말미암는다는 것이요 일체가 다 나에게 있다는 것이다.

안이 헛되면 바깥도 실답지 못하고 안이 세밀하면 바깥도 성글지 않아 선인(善因)은 마침내 유종(有終)의 선을 만나고 악행은 끝내 악경(惡境)에서 벗어나기 어렵다. 운하(運河)를 밟으며 감로를 마시는 일[天上業]도 남이 해주는 것이 아니요, 치성한 불꽃 속에 던져서 피고름을 씹는 일[地獄業]도 모두 스스로가 부른 것이다. 또한 하늘이 낳은 것도 아니요, 땅에서 솟아오른 것도 아니며 다만 최초의 한 생각이 있어 이렇게 오르고 내리도록 한 것이니, 바깥이 평온하려 한다면 다만 안이 고요하고 안녕하여야 할 것이다.

마음이 비면 경계가 고요하고 생각을 일으키면 분주한 법이 생기나니, 물이 탁하면 물결도 흐리고 못이 맑으면 달빛도 깨끗이 비치는 것이다. 실로 수행의 요점이 이를 벗어나지 않으므로 가히 이르되 중묘의 문[衆妙之門]이요 군령의 부[群靈之府]며, 오르내림의 근본이요 화복(禍福)의 근원이라 하는 것이니, 다만 스스로의 마음만 곧고 바르다면 어찌 다른 경계를 의심하겠는가.

경에 이르기를 "선을 실천하면 복이 따르고 악을 행하면 재앙이 좇나니 메아리의 응해오는 소리에 고르고 탁함이 소리 친 음성과 같듯 하늘이나 용(龍)이나 귀신이 준 것이 아니요 또한 가업(家業)을 물려주듯 아비가 준 것도 아니다. 짓는 것은 오직 이 마음이요, 이룬 것은 오직 이 몸과 입인 것이다." 하였다.

또 부처님께서 게송으로 읊으시되 "마음이란 만법의 근본이라 마음이 높이기도 하고 부리기도 하나니, 마음 속에 악함을 생각하면 말과 행동에 따라 죄와 고통을 스스로 부르는 것이 마치 수렛자국이 바퀴를 따라 오는 것과 같다. 마음이란 만법의 근본인지라 마음이 높이기도 하고 부리기도 하나니 마음 속에 선을 생각하면 말과 행동에 따라 복락이 스스로 좇아옴이 마치 그림자가 형상을 좇아 오는 것과 같다." 하였다.

또 『화엄경』에서는 지수 보살(智首菩薩)이 문수사리(文殊舍利)에게 묻되 "어찌하면 몸과 입과 뜻으로 지음에 허물됨이 없으며 나아가 으뜸이 되며 위없음이 되며 견줄 바 없음이 되겠습니까." 한데 문수사리가 답하기를 "불자여, 만일 모든 보살이 그 마음을 잘 쓴다면 일체의 뛰어나고 미묘한 공덕을 획득하리라." 하였고 『밀엄경(密嚴經)』에는 "분별심이 없는 땅에 온갖 만물이 의지하여 나듯 장식(藏識)도 또한 이와 같아서 온갖 경계의 의지하는 곳이 된다. 마치 사람은 손으로 자기의 몸을 문지르고 코끼리는 코로 물을 흡수하여 몸을 씻으며 어린아이는 입으로 그 손가락을 빠는 것과 같아서 이와 같이 자심(自心)의 안에서 나타난 경계를 도리어 스스로가 반연하는 것일 따름이다. 이 마음의 경계란 널리 삼유(三有)에 두루하나니, 오랫동안 관행(觀行)을 수행한 이라면 내외의 모든 세간이 오직 마음의 나타남인 것을 통달하리라."고 하였다.

이로써 보건대 어찌 만선의 근본에만 그치리오. 나아가 유정(有情) 무정(無情)과 범성(凡聖)의 경계와 허공만상까지도 모두가 오직 그것이 근본이 되나니 "무주(無住)로 근본을 삼고 근본이 서면 도(道)가 생한다."고 함도 실로 모두 이를 이른 말인 것이다.

2. 조도(助道)에는 정직(正直)이 으뜸

문 만행의 근원이 마음으로서 근본을 삼는다면 조도문(助道門) 안에선 어떤 법으로서 근본을 삼는가.
답 진실과 정직으로 으뜸을 삼고 자비와 섭화(攝化)로 행할 바의 도를 삼는다. 곧고 바르기 때문에 결과도 굽고 휘어짐이 없어서 행(行)이 진여(眞如)를 수순하며 자비스러움으로 소승(小乘)의 편고(偏枯)에 떨어지지 않고 공(功)이 대각(大覺)과 가지런한 것이다. 이 두 문(門)이야말로 실로 자타(自他)를 겸리(兼利)케 하는 첩경이 된다.

3. 근본은 무유정법(無有定法)

문 앞에서 밝힌 바 '먼저 정종(正宗)을 알아서 두루 조도(助道)를 행한다.'는 뜻은 이제 이 만행문 가운데서 보건대 의심의 여지가 없거니와 그렇다면 무엇으로 종지(宗旨)를 삼아야 하는가.
답 불법은 본래 결정하여 그친 곳이 없나니, 오직 입처(入處)를 따라서 밝게 심성(心性)임을 볼 뿐, 다만 종(宗)이라 하는 것이 모두가 방편일 따름이다.

4. 깨달아 드는 방편

문 어떠한 방편으로 깨달아 들어가야 하는가.
답 방편문이 있으니 반드시 스스로가 살펴 들어갈 것이다.

문 어째서 지적해 주질 않는가.
답 성품을 보는 데는 일정한 방소(方所)가 없거늘 어떻게 가르칠 수가 있으리오. 실로 보고 들어 깨달아 아는 그러한 경계가 아닌 것이다.

문 이미 가르칠 일정한 법이 없다면 밝게 보게 될 때 어떤 물건을 보는 것인가.
답 물(物~볼 것, 대상) 없음을 보는 것이다.

문 물(物~대상 없는) 없음을 어떻게 보는가.
답 물(物)이 없다면 곧 볼 수도 없나니, 이 볼 것 없는 것(끊어진 것)이 곧 참되게 보는 것이다. 볼 것이 있다면 곧 진로(塵勞)를 따르는 것이 되기 때문이다.

문 만일 그와 같다면 교중(敎中)에선 부처님께서 어찌하여 또한 본다고 설하였는가.
답 그것은 부처님께서 세법(世法~世諦法)을 따라서 설하신 말씀이다. 그러나 이는 곧 보지 않고 보는 것이라 범부들이 실제로 본다고 집착하는 것과는 다른 것이다. 구경(究竟)으로 말한다면 성품임을 본다는 것[見性]은 유무(有無) 등의 분별에 속한 것이 아니므로 오직 담연(湛然)하여 상적(常寂)할 뿐인 것이다.

문 필경에 어떻게 해야 하는가.
답 반드시 친히 자세히 살펴야 하리라.

5. 만법유식(萬法唯識)

문 앞에서 이르기를 마음 밖에 법이 없다 하여 놓고 여기서는 또 어찌하여 봄이 있으면 곧 진로(塵勞)를 따르는 것이 된다고 말하는가.

답 일체의 색경(色境)이 모두가 곧 제8식 친상분(親相分)의 현량(現量)으로 얻은 것이요, 실로 그밖의 법은 없다. 예컨대 눈으로 색을 볼 때에 분별심을 내지 않으면 찰나간에 [實相 그대로] 전입(轉入)해서 명료의식(明了意識)이 되거니와 형상을 분별해서 바깥 경계라는 등의 알음알이를 지으면 드디어 집착해서 진로경계(塵勞境界)를 이루게 되는 것이다.

문 경계란 어느 식이 나타낸 것인가.

답 육진경계(六塵境界~色聲香味觸法)는 육식(六識)이 나타낸 것이니, 내식(內識)이 변해 일어나서 흡사 육진(六塵)의 경계처럼 나타남이 마치 거울 속에 비치는 자기의 얼굴이 다른 사람의 그림자가 나타남이 아닌 것과 같다.

「유식론(唯識論)」에 이르기를 "내식(內識)이 굴러서 흡사 외경(外境)과 같은 것은 오직 아(我)와 법(法)을 분별하는 훈습력(薰習力)때문이니, 온갖 식이 생겨날 때에 스스로 아와 법으로 변하는데 이 아법(我法)의 상(相)이 비록 내식(內識)에 있으나 오직 '분별'로 말미암아 외경(外境)으로 나타난 듯한 것이다. 모든 유정류(有情類)들이 비롯 없는 옛적부터 이것을 반연하여 실아실법(實我實法)이라고 고집하는 것이 마치 환몽(幻夢)과도 같다. 환몽이기 때문에 마음이 흡사 갖가지 외경(外境)의 모양을 내는 듯하지만 실은 모두가 내식(內識)이 변하여 생긴 가아(假我)·가법(假法)이라 비록 나타나 있으나 실답지 않은 것이다." 하였고 또 "자심(自心)의 집착으로 말미암아 마음이 흡사 구르는 듯하지만 실은 저렇게 보는 [보고 듣는 主宰된 물건] 바가 있지 않은 것이다."고 하였다.

이러므로 '유심(唯心)'이라 한 것이며 또 이를 사적인 측면에서 '식변(識變)'이라 하였거니와 만일 깊이 진여(眞如)를 요달하면 일체법이 본래부동(本來不動)하여 오직 마음에 즉한 자성(自性)인지라, 또한 기다려서 변하는 것이 아닌 줄 알 것이다.

문 이 육진(六塵)과 육식(六識)은 무엇으로 좇아 성립하였는가.
답 '오직 명언(名言)으로 말미암아 종자를 훈습(薰習)해서 온갖 만법을 건립한다.'고 하였는데 실은 그 체는 없으되 뜻(義)이 있는 듯 모양의 나타남이 환(幻)의 물질 등과 같아서 명언(名言)을 인해 법을 성립하고 법을 인해 명언(名言)을 성립하거니와 실은 명언 가운데는 법이 없고 법 가운데는 명언이 없어 서로 이루어지는 체가 없다. 그러므로 온갖 형상[有相]이 함께 공적(空寂)하다는 것이다.

문 이 식(識)이 이미 성립되는 것이 아니라면 어떠한 식(識)으로 종(宗)을 삼아야 하는가.
답 모든 식(識)이 또한[성립함이] 없다. 필경에 돌아갈 바를 극측(極則)의 방편을 잡아 굳이 논한다면 오직 하나의 진성(眞性)일 뿐이다. 이 어지러운 식상(識想)은 경계가 보내기 때문에 성립된 것이어니와 경계가 소멸하면 식(識)도 끊어져 능(能)과 소(所)[일체 상대]가 함께 없는지라 오직 하나의 진식(眞識)이요, 이것이 곧 실성(實性)인 것이다. 「삼무성론(三無性論)」에 이르기를 "먼저 난식(亂識)으로 외경(外境)을 없애버리고 다음엔 아마라식(阿摩羅識~無垢白淨識)으로 난식(亂識)을 없애버리면 구경(究竟)에는 오직 하나인 청정식(淸淨識)인 것이다."고 하였다.

Ⅱ. 본집의 종(宗)과 섭(攝)

문 이(理)와 사(事)가 걸림 없이 만선(萬善)을 원수(圓修)함은 어느 교(教)의 종지(宗旨)이며 어느 제(諦)에 섭(攝)한 것인가.

답 법의 성품이 융통해서 인연 따라 자재하므로 한 법을 들매 만행을 원만히 다 거두는 것이다. 그러므로 곧 화엄의 종지(宗旨)요 원교(圓教)의 섭함이 된다. 만일 육도만행(六度萬行)을 행하여 성불도생(成佛度生)한다 하더라도 이것은 비록 청정한 연기(緣起)이기는 하지만 모두가 세속제(世俗諦)에 해당한 일이니, 이렇듯이 본종(本宗)을 발명(發明)해서 깊이 과해(果海)를 궁구한다면 곧 필경에 이(理)와 지(智)가 끊어지고 또한 말과 마음의 길마저 끊어지고 말 것이다.

Ⅲ. 본집 종지(宗旨)의 근거

1. 명목(名目)

문 이 집(集)을 서술함에는 어떠한 명목이 있는가.

답 명언(名言)을 빌려 묻는다면 항하사(恒河沙)와 같은 수로 대답할 수 있거니와 간략히 추려 한마디로 말한다면 만선동귀(萬善同歸)요, 따로 열 가지의 뜻으로 열거한다면 첫째는 이사무애(理事無碍)요, 둘째는 권실쌍행(權實雙行)이며, 셋째는 이제병진(二諦竝陳)이요, 넷째는 성상융즉(性相融即)이며, 다섯째는 체용자재(體用自在)요, 여섯째는 공유상성(空有相成)이며 일곱째는 정조겸수(正助兼修)요, 여덟째는 동이일제(同異一際)며, 아홉째는 수성불이(修性不二)요, 열째는 인과무차(因果無差)이다.

문 이름은 뜻으로 인해 성립하고 뜻은 이름을 빌려 펴는 것이니 이미 가명(假名)을 성립하였다면 그 뜻을 설명하여 주기 바란다.

답 열 가지 명목에 대하여 간략하게 설명을 하겠다.

● 이사무애(理事無碍)

이(理)란 곧 무위(無爲)요, 사(事)는 곧 유위(有爲)어니와 종일 하되 일찍이 함이 없으며 종일 하지 않아도 일찍이 함이 없지 않으므로 함과 함 없음이 실은 하나도 아니요, 다름도 없는 것이 법성(法性)

의 근원과 같고 또한 허공계와 같다.

만일 곧 일정한 하나라면 『인왕경(仁王經)』에 설하기를 "모든 보살은 유위공덕과 무위공덕을 다 함께 성취한다."하였는데 만일 다만 하나뿐이라면 이와 같이 이종(二種)의 공덕을 설하였겠는가.

또 반드시 다른 것이라면 『반야경』에 이르기를 "유위를 떠나 무위를 설하지 말 것이며 또한 무위를 떠나서 유위를 설하지 말 것이다."고 하였으니 이러므로 이사(理事)가 상즉(相卽)하여 끊어진 것도 항상한 것도 아니며 또한 일어나고 멸함도 동시여서 걸림없이 쌍(雙)으로 나타날 수 있는 것이다.

● 권실쌍행(權實雙行)

실(實)이란 곧 진제(眞際)요, 권(權)이란 곧 권화문(權化門~方便)이거니와 진제(眞際)로 좇아 교화(敎化)를 일으키매 실(實) 밖에 권(權)이 따로 없고, 사적(事蹟)으로 인하여 근본을 얻으매 권(權) 밖에 따로 실(實)이 없어서 항상 일지(一旨)에 명합(冥合)하여 걸림없이 쌍(雙)으로 행하나니, 차(遮)와 조(照)가 동시요 아울러 이(理)와 양(量)도 함께 나타나는 것이다.

● 이제병진(二諦竝陳)

모든 부처님께서는 언제나 이제(二諦)에 의하여 법을 설하심은 왜 그런가. 속(俗)이 곧 진전(眞詮)이니 속(俗)의 무성(無性)을 깨달음이 곧 진제(眞諦)이기 때문이다. 그러므로 "만일 속제(俗諦)를 얻지 못한다면 제일의제(第一義諦)도 얻을 수 없다."고 한 것이다.

실로 진(眞)은 성립을 기다리지 않아도 항상 나타나며 속(俗)은 어김을 기다리지 않아도 스스로 공(空)하니 이제(二諦)가 함께 존재함이 마치 물과 물결과 같다. 물이 다하면 곧 물결의 끝인지라 물과 물결이 한때[同時]요, 물결은 물의 근원에서 사무치는지라 움직임과 젖음이 다 한 덩어리[一際]이기 때문이다.

● 성상융즉(性相融卽)

『무량의경(無量義經)』에 이르기를 "무량의(無量義)란 일법(一法)으로부터 생긴다."고 한 바 이 법이란 곧 진심(眞心)을 말한 것이다. 하나인 진심으로 좇아서 불변(不變)과 수연(隨緣)의 두 뜻을 갖추었나니, 불변(不變)은 곧 성(性)이요 수연(隨緣)은 곧 상(相)이다.

그러므로 성(性)은 곧 상(相)의 체(體)이며 상(相)은 곧 성(性)의 용(用)인데 이 근원을 요달치 못한즉 그릇되이 쟁론(爭論)함만을 낼 것이니, 요사이 상(相)을 헐뜯는 이들은 곧 마음의 용(用)임을 알지 못하고 성(性)을 헐뜯는 이들은 또한 마음의 체(體)임을 알지 못한 것이라, 만일 원융(圓融)하게 통달한다면 가지고 버리는 분별심이 함께 쉬어질 것이다.

● 체용자재(體用自在)

체(體)란 곧 법성(法性)의 이치요, 용(用)이란 이것에 지혜가 응하는 일이다. 그러므로 체 그대로가 온전히 용인지라 용이 곧 하나가 아니며 용 그대로가 온전히 체인지라 체는 곧 다른 것이 아니다. 실로 체에 즉한 용이지만 용에 장애가 되지 않으며 용에 즉한 체이지만 체를 잃지 않는 것이다. 한맛이 쌍(雙)으로 나뉘어졌으나 자재하여 걸림이 없기 때문이다.

● 공유상성(空有相成)

대저 일체 만법은 본래 결정된 상(相)이 없어서 서로 이루기도 헐기도 하고 또한 서로 거두거나 돕기도 하는 것이다. '공(空)으로 인해 유(有)가 성립하되 연(緣)으로 나기 때문에 성품이 공적(空寂)하며, 유(有)는 공(空)을 빌려 이루어지나 성품이 없기 때문에 반연(攀緣)을 일으킨다.'하니 뜻으로 인해 분별이 나타나고 견해를 따라 차별이 이루어지매 미한 즉 만 가지 모양이 같지 않거니와 깨달은 즉은 삼승(三乘)이 다르지 않은 것이다.

왜냐하면 유(有)라는 한 법을 소승은 실색(實色)이라 보고 초교(初敎)는 환유(幻有)라 하며 또한 종교(終敎)는 색공(色空)이 걸림없다고 각각 다른 견해를 짓거니와 이는 공(空)이 자성을 지키지 아니하고 연(緣)을 따라 제유(諸有)를 이루기 때문인 것이다.

나아가 돈교(頓敎)에서는 곧 보이는 일체 색법(一切色法)이 진성(眞性)이 아님이 없다 하거니와 원교(圓敎)는 보는 그대로가 무진법계(無盡法界)인지라 만일 이와 같이 원융하게 통달한다면 곧 진공묘유(眞空妙有)를 이룰 것이니, 그는 곧 유(有)에도 능히 만덕(萬德)을 나타내고 공(空)에도 능히 일체를 이루지 못할 것이 없기 때문이다.

● 정조겸수(正助兼修)

정(正)이란 곧 주(主)요, 조(助)란 곧 반(伴)이거니와 반(伴)으로 인하여 주(主)를 이루므로 조(助)가 없으면 정(正)이 마침내 원융해질 수 없고, 주(主)로 좇아 반(伴)을 얻으므로 정(正)이 없으면 조(助)가 성립될 까닭이 없다. 이러므로 주(主)와 반(伴)이 서로 이루어지면 정(正)과 조(助)가 겸비(兼備)하듯, 역시 지(止)와 관(觀)을 쌍으로 운용(運用)하면 은(隱)과 현(顯)이 흥기(興起)하는 것이니, 이렇게 안과 밖으로 서로 도우므로 승계(乘戒)가 급진(急進)할 수 있는 것이다.

● 동이일제(同異一際)

동(同)이란 이치에 의거하여 변치 않는 것이요, 이(異)란 곧 사(事)를 잡아 반연을 따르는 것이니, 변치 않으므로 이에 반연을 따를 수 있으며 반연을 따르므로 변치 않아서 다르지 않으나 다른 일을 이루며 같지 않으나 같은 문을 성립할 수 있는 것이다. 만일 한결같이 다르다면 다름의 이치를 파괴하리니 체(體)를 잃었기 때문이요, 만일 한결같이 같다면 같음을 이루지 못하나니 그는 곧 용(用)이 없기 때문이다.

그래서 같되 같음이 없어서 다르고, 다르되 다름이 없어서 같다고 하였다. 각각 고집한즉 단(斷)이나 상(常)에 떨어지게 되거니와 함께 융통한다면 불법(佛法)을 이루리니, 그러므로 경에 이르기를 "기이하십니다. 세존이시여, 차별이 없는 법 가운데서 잘 제법(諸法)의 차별을 설하십니다."고 하였던 것이다.

● 수성불이(修性不二)

본래 있음[本有]을 성(性)이라 하나니 관(觀)으로 좇아 이루어진 것이 아니기 때문이요, 이제 나타남[今顯]을 수(修)라 하나니 지혜로 인하여 나타난 것이기 때문이다. 그러나 수행을 말미암아 본유(本有)의 성(性)을 나타내고 성품을 인하여 금일의 수행을 발하나니, 온 성품[全性] 그대로가 수행을 이루는 것이요, 온 수행[全修] 그대로가 성품을 이루는 것이다. 그래서 수행과 성품이 둘이 없으되 그러한 인연으로 흡사 나뉘어진 듯이 보일 뿐인 것이다.

● 인과무차(因果無差)

인(因)은 과(果)로 좇아 일어나는지라 과(果)가 가득한즉 이에 인(因)을 이루고, 과(果)는 인(因)으로 좇아 생겨나는지라 인(因)이 원만한즉 능히 과(果)를 이룬다. 이와 같이 사(事)는 곧 전후(前後)로 나뉘어지지만 이치인즉 동시(同時)이므로 실로 서로 돕고 서로 수작(酬作)해서 업용(業用)을 잃음이 없는 것이다.

2. 본 집의 수행에 해당하는 근기(根器)와 이익

문 이 논집(論集)의 지취(旨趣)는 어떤 근기에 해당하는 것이며 어떠한 이익을 얻게 되는가.

답 자타가 겸하여 이익을 고루 얻으므로 돈점(頓漸)을 함께 거둔 것이다. 자리(自利)란 도를 이루는 원문(圓門)이요, 수행하는 거울이며, 이타(利他)란 진리에 막혀 있는 병통을 제거해 주는 밝은 햇살이요, 이견(二見)의 병통을 치료해 주는 좋은 의사인 것이다.

또한 돈행(頓行)이란 성품의 일어남을 어기지 아니하고 능히 법계의 행을 이루는 것이며 점진(漸進)이란 방편의 가르침을 폐하지 않아 마침내 구경(究竟)의 일승(一乘)에 돌아가게 하는 것인 바 실로 이렇게만 믿는다면 곧 부처님의 말씀을 올바로 품(禀)받았다 하려니와 만일 믿지 못하고 훼방(毀謗)한다면 곧 부처님의 뜻을 비방함이 될지니 믿거나 비방하는 양 갈래의 보답이 참으로 인과가 역연한 것이다.

Ⅳ. 발원(發願) 및 부촉(付囑)

이상과 같이 간략하게 교해(敎海)의 한 티끌을 기록하여 널리 법계의 함식(含識)들에게 베푸노니 원컨대 정도(正道)를 넓혀서 부처님의 은혜를 갚아지이다.

V. 總頌[1]

보리심은 발함 없이 [자취 없이] 발하며 불도는 구함 없이 구하며 묘용(妙用)은 행함 없이 행하며 참된 지혜는 지음 없이 짓는 것.

대비심을 일으켜 일체가 한 몸임을 깨닫고, 대자심을 행하여 깊이 무연(無緣)에 까지 들어가나니

줄 것 없으되 보시를 행하고 가질 것 없으되 계를 지니며, 수행 정진하되 일으킬 바 없음을 요달하고 인욕을 익히되 상할 바 없음에 이르도다.

반야란 경계가 무생(無生)임을 깨달음, 선정(禪定)이란 마음이 무주(無住)임을 아는 것이니, 무신(無身)임을 비추어 상(相)을 갖추며

---

1) 總頌의 부분은 본집에는 육언구 사십 이 행으로 되어 있는데 宗鏡錄 제 이십삼 권 가운데 이와 같은 내용의 頌이 칠언구 십팔 행으로 실려 있는 바 문맥상의 차이가 조금 보이므로 참고로 宗鏡錄 記載分을 발췌해 둔다.

〔宗鏡錄 券二十三中 十二葉〈清 雍正 十三年 刊行本〉〕發無能作之智照 開無所捨之檀門 秉自性空之戒心 具無所起之精進 圓無所傷之法忍 修無所住之禪門 了無身而相好莊嚴 達無說而縱橫辯說 遊戲性空之世界 建立水月之道場 陳列如幻之供門 供養影響之善逝 徧習空華之萬行 施爲谷響之度門 降伏鏡像之魔軍 大作夢中之佛事 廣度如化之含識 同證寂滅之菩提.

무설(無說)임을 증하여 언전(言詮)함을 펴도다.
 수월(水月)같은 도량을 건립하여 성(性)이 공한 세계를 장엄하고 환화(幻華)의 공양구를 차려 그림자와 같은 여래를 공양함에
 본공(本空)한 죄성(罪性)을 참회하고 법신(法身)이 상주(常住)키를 권청하며, 마침내 얻을 바 없음에 회향하고 복덕이 진여와 같음을 수희(隨喜)하며, 피아(彼我)가 허현(虛玄)함을 찬탄하고 능소(能所)가 평등키를 발원하노라.
 영현(影現)의 법회에 예배함에 진공(眞空)을 밟아 행도(行道)를 삼고 무생(無生)을 달하므로 분향(焚香)하며 깊이 실상(實相)을 통달하므로 경을 읽나니
 산화(散花)[2]는 집착 없음을 나타내고 탄지(彈指)[3]는 진로(塵勞) 제거함을 표하였도다.
 메아리와 같은 도문(度門)을 베풀어 공화(空華)와 같은 만행(萬行)을 수습(修習)하매 깊이 연(緣)으로 나는 성해(性海)에 들어가 언제나 환(幻)과 같은 법문에 노니노라.
 내 맹세코 물듦이 없는 진로(塵勞)를 끊어 유심(惟心)의 정토에 나기를 발원하노니, 실제의 이지(理地)를 남김없이 거친 뒤 얻을 것 없는 관문(觀門)을 마음대로 드나들며, 그림자 같은 마군을 모조리 항복 받고 한바탕 꿈 속의 불사(佛事)를 지어 널리 환화(幻華)와 같은 함식(含識)을 제도하고, 다 함께 적멸보리를 증득하여지이다.

---

2) 『유마경』「觀衆生品」 中의 이야기.
3) 『화엄경』「入法界品」 팔십 권 중의 이야기.

부록

유심결(唯心訣) 해설

 역시 영명 선사의 저술인 이 유심결은 심법(心法)의 본체덕성(本體德性)을 직지격양(直指激揚)한 일종의 가사(歌詞)문학에 속하는 문장이다.
 결(訣)은 곧 비결(秘訣)의 뜻으로 유심(唯心)경지에 이르는 오묘한 방술요법(方術要法)이란 말이니 역시 부(賦)나 사(辭) 등의 형식을 빌려 수행의 요체(要諦)를 드러내고 아울러 격려를 겸한 의도적 계몽가사인 것이 이 유심결의 특징이라 하겠다.
 이 결의 구성(構成)을 살펴보면 결이 갖는 문장의 성격을 십분 살려 일체 진속이사(眞俗理事)의 양변에 걸림없는 일심(一心)의 본체(本體)와 실상(實相)과 대용(大用)을 종횡으로 자재하게 읊으면서 뒤에 이 마음 공부하는 이들에게 깨닫지 못하는 원인이 오직 양변으로 집착하여 치우치는 데 있음을 지적하고 일백이십 종의[六十對] 사도(邪道)견해를 낱낱이 열거하여 모든 미혹의 근원인 집착의 병통에서 벗어나 '중도실상(中道實相)의 걸림 없는 원돈(圓頓)을 이루는 길'을 열어 보였으며 아울러 간절히 후학을 격려하고 책발하는 내용의 줄

거리로 짜여 있다.

  이는 영명 선사의 또 다른 저술인「심부(心賦)」와 함께 이 분의 더할 데 없이 미려하고 해박한 가사문학의 쌍벽이라 할 수 있으며 또한 삼조(三祖)의「신심명(信心銘)」, 영가 선사(永嘉 禪師)의「증도가(證道歌)」, 부대사(傅大士)의「심왕명(心王銘)」등과 함께 불가(佛家)문학의 금자탑 격인 보전(寶典)으로 예로부터 끊임없이 진중되어 내려오고 있는 것이다.

  이 유심결은 일반 서술문과는 그 근본성격을 달리하는 글이다. 따라서 우리말로 표현하려는 데 있어선 직역으로는 도저히 그 경직성을 피하기 어려운 난점이 있었다. 그래서 역자는 원전의 내용과 흐름에 손상이 없는 한 의역을 선택함과 동시에 가사가 풍기는 특유의 어감을 나타내고자 자유시율의 형식으로 번역을 시도해 보았다. 그러나 그 표현에 있어선 글 자체의 성격도 그렇거니와 수없는 전문적 술어 등이 현대문으로는 도저히 표현키 어려운 난점들이 있어 고가(古歌)의 테두리를 벗어나지 못하고 말았으며 또한 자연 수없이 잘못된 곳이 많을 줄 안다. 독자제현의 양해와 질책을 바라마지 않는다.

유심결

오묘하다 마음이여,
이는 어떠한 분별로도 가려낼 수 없거늘
말이나 글귀 따위가 어떻게 그려내랴.
그러나 지난 세상 성인들도 노래로 읊으셨고
뛰어난 사람들은 설명도 하였나니
천 갈래 말씀들이 근기 따라 수순하나
마침내 '한법'으로 모이잖음 없었도다.

그러므로 반야(般若)에선 '둘이 없음'이라 했고,
법화(法華)는 '일승(一乘)일 뿐',
사익(思益)은 '평등 여여(如如)',
화엄(華嚴)은 '순진법계(純眞法界)',
원각(圓覺)은 '일체를 세움', 능엄(楞嚴)은 '시방(十方)을 쌈',
대집(大集)은 '염정(染淨)을 융통',
보적(寶積)은 '근진(根塵)이 민합(泯合)',
열반(涅槃)은 '비장(秘藏)을 함안(含安)',
정명(淨名)은 '도량 아님이 없음'….

이같이 온통 거두어 두루 쌌거늘 다하지 않은 일[事] 있겠으며
온통 거두어 두루 묶으매 돌아가지 않은 이치 어디 있겠는가.
다만 한법에다 많은 이름 세웠을 뿐
방편설에 막히고 일의 이름 미한 채
중생은 거짓되다 부처는 실답다 우겨서는 안되리라.

오직 '한법'만 깨달으면 만법 두루 통달하여
미진 겁의 막힘 대번에 녹여내고 가이없는 참뜻 일시에 통달하리.
깊이 법의 바닥 사무치고 환하게 부처의 기틀 보아
가만히 앉아서도 온갖 세상 노닐고
걸음 안 떼어도 온갖 도량 지나리니,
어떤 불찰(佛刹)인들 못 오르겠으며 어떤 법회(法會)인들 못 거칠까.
실로 한 모양도 실상(實相) 아님 없고
한 인연도 원인(圓因) 아님 없으매
모래알 같은 여래(如來) 눈앞에 환하고
시방의 불법(佛法) 손바닥 보듯 밝도다.

높고 낮은 산하(山河) 함께 법륜 굴리고
크고 작은 생류(生類) 두루 색신삼매(色身三昧) 나투나니
한 자리에 앉아서도 온 세상 드러나고
한 소리로 연설해도 다 같이 듣네.
말씀해 미묘함을 나타내나 범륜(凡倫)을 파괴 않고
변화해 천만으로 나타나나 진리 떠나잖나니
삼세제불과 함께 한때에 도를 이루었고
온갖 중생과 함께 한날 열반에 드네.

법고(法鼓) 마군의 궁전에서 울리고
법뢰(法雷) 삿된 구역에다 떨침이여
거슬러 나아가나 저절로 순하고
굳센 데 처해서도 한없이 부드럽네.
높으나 위태찮고 가득하나 넘치잖나니
가히 절학(絶學)의 지경에 단적(端的)히 앉음이요
깊이 무위(無爲)의 근원 밟음이로다.

중묘(衆妙)의 현문(玄門)에 들어
일실(一實)의 경계에 노닒이여
한 법도 본래부터 있잖았고 한 법도 비로소 이뤄짐 없는지라
중간 없으매 앞뒤 끊어져
같고 다름 다 같이 인가(認可)하고 가고 옴 언제나 한결같나니
온갖 차별 가지런해 오로지 다함 없는 평등이로다.

언제나 범음(梵音) 듣고 항상 지혜 빛 비추이나니
곧 대적삼매(大寂三昧)요 금강의 정문(定門)이라.
어느 때나 그러하듯 법성 함께 평등하여
한 방울 물 바다의 맑음에 차별 없음 같고
겨자구멍 허공도 태허(太虛)의 용납함과 다름 없음이로다.

믿는 자 공덕이 원겁(遠劫)을 뛰어넘고
밝힌 자 다못 찰나간에 있으리니
이가 곧 일제(一際)의 법문이요 방소(方所) 없는 대도(大道)라
티끌처럼 모아도 합한 것 아니요
별처럼 흩어도 나뉘인 것 아니니라.

성역(聖域)에 노닐되 끄달리지 아니하고 [和光而不群~廓無聖解]
진세(塵世)와 함께 하되 물들지 않음이여 [同塵而不染~凡情脫盡]
뛰쳐 났으나 떠남 아니요 합하였으나 돌아옴 없는지라 [去來無踪跡]
범성(凡聖)을 길러내되 모양으론 볼 수 없고
법계를 일으키되 보일 명자(名字) 없나니
풀끝에 의지하여 고금(古今)을 에워싸매 [能小能大之意]
허공계에 가득하여 하늘도 그 몸 덮질 못하고
언제나 밝은지라 철위(鐵圍)도 그 빛 숨기지 못하도다.
머물거나 의지함도 없나니 그 성품 진로(塵勞)가 바꿀 수 있으며
순수도 잡됨도 아니거니 그 참됨 어떤 법이 감출 수 있으랴.

고요하여 소리없되 온갖 음성 가득하며
탕연(蕩然)하여 모양 없되 온갖 모양 솟아 있네.
서로 합해지나 물경(物境)이 천차(千差)요
서로 뒤섞이나 삼라(森羅)가 일미(一味)라
사(事)를 좇되 체(體)를 안버리매 하나도 나뉨도 아니더니
자성 지키잖고 연(緣)에 맡기니 또한 하나요 또한 나뉨이던가.
성(性) 그대로가 상(相)이라 건립에 방해스럽잖커늘
이(理) 그대로가 사(事)라 어찌 진상(眞常) 가리우리오.
곧 공(空)인 유(有)인지라 어떻게 일으킨들 장애로울 것이며
곧 정(靜)인 동(動)인지라 어찌 담적(湛寂)함이 무너지리오.

일(一)을 말한즉 크고 작음 합해지고
이(異)를 말한즉 높고 낮음 평등하며
유(有)를 말한즉 이체(理體)가 적연(寂然)하고
무(無)를 말한즉 사용(事用) 폐치 않나니

비록 일어나나 항상 멸하여 세간상이 허망을 머금었고
비록 고요하나 항상 움직여 홀연히 법계 출현하도다.
동(動)에 맡겨 언제나 머무르매 만 가지 변화 옮긴 적 없었으며
은(隱)에 맡겨 항상 일어나매 일체(一體) 응하여 따라 오기 때문이네.

거짓됨 없어도 환상(幻相)과 화합하고
실다움 없어도 진성(眞性)은 담연하며
이룸 없어도 이질(異質) 사귀어 비치고
파괴함 없어도 온갖 반연 끊어지니
비록 경계 나타나나 나타난 성품 없고
비록 지혜 비추이나 비추는 공력(功力) 없다.
적(寂)과 용(用) 차별 없고
능(能)과 소(所) 일제(一際)라.
깨끗한 거울처럼 만상이 모양 숨길 수 없고
허공 같은 성품 만물이 그 체 떠날 수 없네.

상주장(常住藏)이 되고 변통문(變通門)을 지음이여
담연하여 굳세나 물화(物化)를 수순하고
분주히 일어나되 진여 항상 부동(不動)하니
남신(男身)으로 빠져 여신(女身)으로 나타나고
동방으로 들어가 서방으로 일어난다.
있나 하면 이내 없고 말렸지만[卷] 펴지며[舒]
퍼지나 옮기잖고 두루해도 자취없네.
한 티끌에 가없는 찰토(刹土)를 나열하고
일념간에 다함 없는 고금(古今) 심어서

일상(一相)에 거하여도 오름 아닌지라
청정에 나아가 염오(染汚)를 수순하며
오취(五趣)를 모아도 떨어짐 아닌지라
탁(濁)에 처하여 항상 청정하니라.

밖을 보면 가득해 나머지가 없고
안을 보면 쌓여서 더 모을 곳 없네.
눈에 부딪쳐도 볼 수 없고
귀 가득해도 들을 수 없으며
가슴에 넘쳐나도 알 수가 없고
두루 헤아려도 깨닫지 못한다네.
본래 이뤄졌으나 옛 것 아니요
이제 나타났으나 새로울 것 없으매
같지 않아도 저절로 환하고
비치지 않아도 스스로 맑네.

묘체(妙體)—상주(常住)하여 신령스런 광명 없어지지 않고
지덕(至德)—두루하여 신성(神聖) 홀로 빼어났다 이를 만하니
온갖 군령(群靈) 모여들어 만법 중의 왕이요
삼승오성(三乘五性) 합해 와서 천성(千聖)의 자모(慈母)시라

참으로 홀로 높고 홀로 귀하여 비할 데 짝할 데 없고
실로 대도의 근원이라 진실한 법요(法要)로다.
뛰어난 자취 정함 없어 물성(物性) 맡겨 방원(方圓)하고
미묘한 원응(圓應) 좇음 없어 기틀 따라 은현(隱顯)하니
본(本)은 말(末)을 내고 말은 본을 표해 체용(體用) 다퉈 일어나고

진(眞)은 속(俗) 이루고 속은 진을 세워 범성(凡聖) 함께 비추인다.
이것이 저걸 내고 저것이 이걸 가려 주반(主伴) 함께 참여하고
중생이 불 이루고 부처가 중생 건져 인과(因果) 서로 사무치네.

경계―자성 없어 타(他)는 자(自) 이루고
마음―자성 없어 자(自)가 타(他) 이루나니
이치 안 이뤄도 일(一)에 즉한 다(多)요
사(事) 안 이뤄도 다(多)에 즉한 일(一)이로다.
상(相) 비록 허망하나 항상 일체(一體) 명합(冥合)하고
성(性) 비록 실다우나 항상 만연(萬緣) 맡긴지라
비록 드러나 있되 정식(情識)으론 못 구하고
초절(超絶)함에 맡겼지만 대용(大用)엔 걸리잖네.
종횡(縱橫) 환경(幻境)이되 일성(一性)에 있어선 진리에 명합하고
적멸 영공(靈空)하되 삼라에 의지해 모양 나타내나니
체(體)와 지(智) 서로 발하고
염(染)과 정(淨) 다시 훈습해
힘 있든 없든 언제든지 출몰하고
인연 있든 없든 정함 없이 권서(卷舒)하네.

서로 섭(攝)한즉 가는 티끌도 흔적 없고
서로 도운즉 만 가지 경계 함께 생겨나니
올 때에는 달빛 물에 비추임 같고
갈 때에는 뜬 구름 흩어짐 같네.
동적(動寂)에 걸림 없고 섭입(涉入)에 허융(虛融)해서
서로 두기도 뺏기도 해 그 영통(靈通) 측량할 수 없고
가만 있지도 벗어나지도 않아 묘한 성품 방소(方所) 없도다.

지(智)의 바다 도도함이여,
두루 싸 용납해 실끝만치도 잃어버림 없고
신령한 구슬 찬란함이여,
비치는 곳마다 털끝만치도 숨기지 않네.
순금(純金)이 그릇따라 모양 나누나
천차만별이라도 장애 안됨 같고
맑은 물에 온갖 물결 출렁이어도
일체(一體)임엔 다시 변함 없음 같아서
모두 옳고 모두 그르며
또한 삿되기도 또한 바르기도 한다네.
있지 않지만 있음 보이니 아득히 꿈 속의 존재와 같고
이룸 없으나 이룬 듯하여 문득 몽환(夢幻)으로 머무는지라
텅 빈 바닥 의지해 일어났다 없어짐에 법마다 지(知)가 없고
환화(幻化)의 물결따라 일었다 스러짐에 연(緣)마다 대(待) 끊었네.

이러므로 태산의 준령이 험준함이 아니요
사해(四海)의 넓음도 깊다 할 수 없으며
삼독사도(三毒四倒)라도 범부가 아니요
팔해육통(八解六通)이라도 성인이 아니건만
모두가 진여의 적멸지(寂滅地)에 머무르고
전부가 무생(無生)의 불이문(不二門)에 드나니라.
실로 대해탈 속에 시위(施爲)하니 거듭거듭 다함 없고
부사의문(不思議門)에 나타나니 넓고 넓어 아득커늘
어찌 그 시종(始終)을 세우고 그 방역(方域)을 정할까.
어찌 반드시 진(眞)을 숭상해 망(妄)을 배척하고
이질(異質)이라 내치고 동류(同類)라 기꺼해서

환화(幻化)의 몸 부수려 하고 아지랑이 식(識) 끊으려 하랴.
생각마다 석가가 출생하고
걸음마다 미륵이 하생(下生)함 알지 못하네.

분별은 문수(文殊) 마음 동지(動止)는 보현만행(普賢萬行),
문마다 감로요 맛마다 제호(醍醐)라
참으로 보리(菩提) 숲을 벗어나지 않았고
길이 연화보장(蓮華寶藏)에 거처하도다.
환하게 빛나 뚫지 못할 티끌 없고
밝고 밝은 광명 눈앞에 넘치니
어찌 수고로이 묘한 변재(辯才) 드날리며
누가 신통 나퉈 보임 기다리리오
움직이고 그침에 항상 만나고
밝고 어두움에 떠나잖나니
옛적에 치성타가 이제 쇠함 아니거늘
어찌 어리석음 없앤 뒤에 지혜 드러나랴.
말하나 묵묵하나 언제나 합하고
처음이나 끝이나 가만히 통하거늘
초조(初祖)는 어찌하여 서쪽에서 왔으며
칠불(七佛)은 무엇하려 출세(出世)했을까.

마음이 공한즉 천지 텅 비고
마음이 있으면 국토 험난하며
생각을 일으킨즉 산악 흔들리고
생각이 묵연하면 강하 고요하네.
기틀 고준하면 말마다 뜻에 밝고

입지(立志) 사무치면 티끌마다 가없으며
의지(意地) 깨끗하면 세계가 청정하고
심수(心水) 혼탁하면 경계가 어둡도다.
하나 들어 두루 싸니 탄연(坦然)히 평등하고
완연히 구족하니 오직 정관(正觀) 그것이라.
만법은 종래 사람이 짓거니와
진여는 저절로 중덕(衆德)을 머금었네.

무념(無念)이면 뛰어난 공덕
무작(無作)이면 미묘한 만행(萬行)
쓰잖아도 잘 이루어 영지(靈知) 본래 그러하고
안 구해도 절로 얻어 묘한 성품 천진(天眞)이로다.
바야흐로 이지원융(理智圓融) 대도무외(大道無外),
티끌마저 끊고 홀로 섰거늘
어떤 모양이 다시 번거롭게 하랴.
이런즉 어떤 소리에서든 다 들을 수 있고
보이는 것 밖에 따로 법이 없거늘
어찌 원황(元黃)*의 미혹 입겠으며
어떤 소린들 빠뜨릴 수 있으랴.
마치 바다의 맛에 온갖 냇물 섞여있듯
수미(須彌)의 색에 온갖 새들 삼켜지듯
일명(一名)도 여래호(如來號)를 전파찮음 없고
일물(一物)도 사나형상(舍那形相) 안 드날림 없도다.

───────────────

＊元黃은 모든 빛깔의 중심이니 곧 일체색법(一切色法)을 말함.

바위 나무 조약돌이 가없는 묘상(妙相)을 빼어내고
잔나비 울음 새들의 노래 모두가 불이(不二)의 원음(圓音) 연설하니
실로 치애(痴愛)도 해탈의 진원(眞源)이요
탐진(貪嗔)도 보리의 대용(大用)이라
망상 일으킴에 열반이 나타나고
진로(塵勞) 일으킴에 불도를 이루도다.

체(體)로부터 시위(施爲)함에 보화(報化) 일찍이 적멸하지 않았고
인연따라 나타남에 법신 가득 두루하니
실로 교법(敎法)의 귀의처요, 성현의 품수처(禀受處)며
또한 군생(群生)의 실제(實際), 만물의 근유(根由)
정화(正化)의 대강(大綱), 출세의 본의(本意)
삼승(三乘)의 정철(正轍), 도에 드는 나루
반야의 영원(靈源), 열반의 굴택(窟宅)이라.

미묘한 이치 아득히 멀고[玄邈] 크나큰 뜻 오묘커늘[希夷]
광혜(狂慧)는 부질없이 정신만 괴롭히고
치선(痴禪)은 다만 얽매임만 지키누나.
진실로 말길 끊어지고 분별 뜻 다한다면
식지(識智)에 얽매잖고 정신은 거울 같아
공유(空有)에 훤출하게 근진(根塵) 함께 열리리라.
마치 맑은 하늘 바라보듯 밝은 햇살 비치듯
한 법도 숨겨짐 없고 한 이치도 밝잖음 없거늘
어찌 신정(神情) 움직여 못안에서 진보(眞寶)를 더듬을까.
적수(赤水)*라도 저절로 구슬이 빛나리라.

세계를 눈앞에서 관(觀)하고 우주를 이 몸에서 가리키며
군생(群生)을 손아귀에 거두고 만 가지를 가슴 속 용납하나니
공 안 들여도 능엄대정(楞嚴大定) 성취하고
글자 안 써도 보안진경(普眼眞經) 열람함에
사구(四句)의 뜻 단박에 원융하고
백비(百非)의 길 아득히 끊어지도다.

가로로 삼제(三際)에 사무치고 세로로 시방에 뻗침이여
하나의 총지(總持)로 호가 대자재(大自在)시니
신령스런 광명 타는 듯 밝고
위덕의 힘 아득히 높네.
니건(尼乾)의 혼백도 녹아버리고
파순의 간담도 파괴되니라.
번뇌적 표연히 거꾸러지고 생사군 횡하니 날려 버리니
애욕의 물결 잠잠히 맑아지고
아만의 준봉도 헐어져 내리니라.
물외(物外)에 노닐어 얻고 구할 것 없나니
담박하게 회포 비고 훤출하게 허물 끊어
허공도 그 높음 사양하고
일월도 그 밝음 부끄러워하니라.

---

* 赤水는 莊子 天地篇에 나오는 故事. 황제가 赤水에서 놀다가 구슬을 물에 빠뜨렸다. 백보 밖의 털끝도 볼 수 있다는 離婁를 시켰으나 못 찾았고 귀밝은 契詬를 시켰으나 역시 못 찾았다(皆有心故).
  그러나 盲人인 罔象을 시켜 찾도록 했더니 罔象이 가는 곳에는 구슬이 대낮같이 빛나고 있었다(無心故) 한다. 옛사람의 頌에 이런 글이 있다. 黃帝曾遊於赤水 爭聽爭求都不逐 罔象無心却得珠 能見能聞是虛僞.

그대들 부디 권실(權實) 함께 놀리고 비지(悲智) 같이 운용해
환(幻)의 세간 두루 건지고 공(空)의 물생 제도할지니
실로 유(有)를 밟되 무(無)를 어기쟎고
진(眞)을 밟되 속(俗)에 걸리쟎으면
천지가 서로 화합함 같고
일월이 서로 좇음 같으리.
성범(聖凡)을 내보여 생사에 출입하고
실상인(實相印)을 가져 대법당을 세우매
일종(一種)의 광명이요 만도(萬途)의 나루라.
차가운 재 불 붙게 하고
말라 죽은 종자 살아나게 하매
길이 고해 벗어나는 빠른 배요
언제나 미도(迷途) 인도하는 길잡이 되리.

씀에 맡겨 차조(遮照)하고 지(智)를 따라 권서(卷舒)하니
비록 지(知) 없으나 만법에 원통하고
비록 견(見) 없으나 일체가 드러나네.
다만 이같은 뜻 계합만 하면 본체 저절로 그러한지라
온갖 싹 봄 만남과 같고
온갖 만물 땅 얻은 것 같아서
십신(十身) 단박에 나타나고 사지(四智) 힘차게 일어나니라.

여의당(如意幢) 대보취(大寶聚)여
법재(法財) 풍족해 넘치거늘
물(物) 이롭게 함에 어찌 다함 있을까.
그래서 공덕의 숲이라 하고 무진의 보장(寶藏)이라 이름하나니

어찌 아침햇살이 비추잖고 밤 횃불이 밝잖을 수 있을까.

아아— 어찌하여 한정된 마음으로 분별 견해 일으키나
허공의 넓고 좁음 헤아려 법계의 둘레를 정하려 하나.
그러므로 분별정(情) 티끌 경계 넘지 못하여
진여의 거울 위에 심기(心機)를 고동(鼓動)하니
적멸의 바다에서 식(識)의 물결 끓어올라
댓구멍의 소견으로 벽틈 광명 보려 하네.
능소(能所)의 지견이나 승열(勝劣)의 알음알이로
글따라 뜻 정하고 말따라 종(宗) 나누니
하루살이 어찌 붕새걸음 흉내 내고
반딧불 어찌 햇볕에다 견주리오
어찌 그가 한 터럭에 시방허공 용납하고
찰나간에 백억 불찰 나타내며
낱낱 몸이 일체찰에 가득하고
낱낱 찰토 가없는 몸 머금을 수 있을까.

실로 드넓은 수레 올라 대천경권(大千經卷) 들쳐 펴고
등왕(燈王)의 법좌(法座)에서 향적(香積)의 밥 먹으며
가섭의 상의(上衣) 입고 석가 정실(正室) 든다면
다생을 경각(頃刻)에 보내고 세계를 타방으로 던지리.
뱃속 가득 풍륜(風輪)을 들이키고
입으로 힘껏 겁화(劫火) 불어서
구릉(丘陵)을 보찰(寶刹)로 변하게 하고
정토를 예방(穢方)에 옮겨 놓으리.
한 터럭 가운데 다함 없는 광명 놓고

한마디 말에 난사교해(難思敎海) 연설하나니
이는 곧 군생(群生)의 상분(常分)이요 중성(衆聖)의 짝이라
한 법도 그렇잖음 없어 맘만 있으면 별일 아니니라.
변통(變通)을 빌린 힘 아니요
수증(修證)의 인(因) 좋음도 아니니
덕량(德量)이 본래 그와 같아 티끌마다 갖춰 있기 때문이네.

일향일미(一香一味)—모두 멸진정(滅盡定)에 깃들이고
준동연비(蠢動蜎飛)—영지(靈知)의 적조(寂照) 매(昧)하지 않았나니
어찌 태산을 버리고 흙덩이 인정하며
바다를 버리고 물거품 두겠는가.
못난 근기 마음 비굴해 스스로 낮춰 굽히는 탓에
신주(神珠) 갖고도 되려 구걸하고 금덩이 간직코도 가난하나니
자기 영지(靈知) 저버리는 짓이요
집안의 보배 매몰하는 짓이로다.

혹은 이 [本來覺地]를 버리고 편정(偏正)만을 보전커나
또한 분수 끊고[스스로 낮게 여김] 처한 번뇌 달게 여기며
망법(妄法) 인정해 삿된 종에 붙고
방편에 집착 수고로이 점행(漸行) 닦으며
위(位)를 오인해 드높이 극성(極聖)에다 미루고
덕을 쌓아 삼지겁(三祗劫)에 가득키를 바란다면
실로 전체 나타남 알지 못함이요
더구나 미묘한 깨달음 희망함이라
어찌 각(覺)이 본래로 구족한 줄 알리오.

그러므로 성공(成功)을 기다리나 원상(圓常)엔 못가
마침내 윤회함을 이루고 마니
이는 다못 성덕(聖德) 매해 진종(眞宗)을 못가린 때문
깨달음 버린 채 진로(塵勞) 따라 돌며
근본 버린 채 지말(枝末)에만 나아가니
유무(有無)의 마(魔) 얽매임 당했고
일이(一異)의 사림(邪林) 떨어짐을 당했네.
진공(眞空) 조각 내고 법성(法性) 벌려서
육진생멸(六塵生滅) 의지하고 유무전경(有無前境) 따를 뿐
단(斷) 고집해 상(常) 미하고
연(緣) 시끄러워 성품을 잃고 마니
아깝다 그릇된 알음알이요 뒤바뀐 수행이로다.

일백이십 사견

1. 혹 신기(神氣)만을 길러 자연임을 보전하고
2. 또는 육신 괴롭힘을 지도(至道)라 하며
3. 무착(無着)*에 집착하여 전경(前境)을 용립(椿立)하고
4. 정려(靜慮)를 구하되 망심(妄心)은 눌러 두며
5. 정식(情識) 죽이고 법도 멸해 공(空)에만 빠져 있고
6. 그림자 같은 연진(緣塵)에 붙여 형상만을 안고 있으며
7. 신령스런 근원의 진조(眞照)를 없애버리고
8. 불법의 정인(正因)을 죽여 버리며
9. 심식 끊고 정신 막아 무정지(無情地)의 보(報)를 받고

---

* 집착이 없어야 한다는 이치에 집착한 나머지 앞 경계를 무엇이든지 말뚝같이 봄.

10. 마음 맑힌다 색법(色法) 없애 과(果)가 팔난(八難)의 천(天)에 머무르며
11. 유(有)에만 집착 방편문의 성(城)을 지키고
12. 인과 없는 것이 토끼의 뿔과 같다 부정하며
13. 견(見)을 끊는다고 암실(暗室)만을 지키고
14. 비추임을 주장 소지[所知障]를 두며
15. 깨달음이 있다고 알아 이것이 진불(眞佛)의 형상이라 하고
16. 무지(無知)를 본받아 목석의 유(類)가 되며
17. 망(妄)을 고집해 구경(究竟)의 과(果)와 같다 함이 마치 진흙을 떡이라 함과 같고
18. 반연을 잊어야 해탈의 문에 나아간다 하여 마치 물결을 없애고 따로 물을 구함 같으며
19. 바깥을 빙자해 망령되이 몽사(夢事)를 일으키고
20. 안을 지킨다고 단정히 앉아 어리석음만 안고 있으며
21. 일법(一法)을 종(宗)하여 물상(物相)을 같다 하고*
22. 이견(異見)을 내어서 각각 법을 세우며*
23. 우치를 지켜 분별 끊은 것으로 대도(大道)를 삼고
24. 공견(空見)을 숭상하여 선악을 내침으로 진수(眞修) 삼으며
25. 부사의성(不思議性)을 완공(頑空)이라는 알음알이를 짓고
26. 체(體)의 진선묘색(眞善妙色)을 실유(實有)라 하며
27. 기관(機關)을 닫고 생각을 끊어 유루(有漏)의 천(天)과 같고
28. 각관사유(覺觀思惟)하되 정식(情識)으로 헤아리는 지경에 떨어져 있으며

---

* 차별이 같은 것이라 고집.
* 하나가 다른 것이라 고집.

29. 망성(妄性) 궁구치 않은 채 명초(冥初)라는 알음알이 짓고
30. 환체(幻體) 매하고 공무(空無)의 종(宗) 세우며
31. 그림자 오인해 참된 것이라 하고
32. 망(妄)에 집착하여 실(實)을 구하며
33. 보고 듣는 성품 오인하여 활물(活物)로 삼고
34. 환화의 경계를 가리켜 무정(無情)이란 견해를 지으며
35. 의식(意識) 일으켜 적지(寂知)를 어기고
36. 생각을 끊어서 불타(佛陀)의 대용(大用) 없애며
37. 성(性)의 공덕 미해 색심(色心)의 견해 일으키고
38. 필경공(畢竟空)에 의거해서 단멸(斷滅)의 마음 내며
39. 큰 이치에만 집착 장엄 모두 버리고
40. 점설(漸說)에 미하여 한결같이 조작하며
41. 체(體)에 의지해 반연 떠나되 아집(我執)이 굳세고
42. 일체를 부정한 채 홀로의 어리석음만 지키며
43. 인법(因法)이 절로 그렇다고 규정해 무인(無因)에 떨어지고
44. 경지(境智)가 합함에 집착 공견(共見)을 내며
45. 심경(心境)의 뒤섞임에 집착 능소(能所)의 법 어지럽히고
46. 진속(眞俗)을 분별함에 집착 지장(智障)의 우(愚)에 얽매이며
47. 한결같은 불변(不變)만 지켜 상(常)에 떨어지고
48. 사상(四相)의 옮기는 바를 정하여 단(斷)에 빠지며
49. 닦을 것이 없음에 집착 성위(聖位)를 버리고
50. 증득할 게 있다 하여 천진(天眞)을 등지며
51. 의정(依正)의 보(報)*를 즐겨 탐해 세간의 윤회 따르고

---

* 依正二報는 依報 正報이니 依報는 곧 우리들의 심신에 따라서 존재하는 국토·가옥

52. 생사를 싫어하여 참된 해탈법을 잃으며
53. 진공(眞空)임을 미하여 인과를 숭상하고
54. 실제(實際)를 매하여 불(佛)을 좋아하고 마(魔)를 싫어하며
55. 근기 따라 설한 말씀을 집착 말만 지켜 진(眞)을 삼고
56. 음성의 실상(實相) 잃고 말을 떠나 묵묵키를 구하며
57. 교승(敎乘)을 종(宗)한다면서 자성(自性)의 정(定)을 헐고
58. 선관(禪觀)을 넓힌다면서 요의(了義)의 진전(眞詮)을 배척하며
59. 기특함에 다투어 몸 빠질 곳만 돌아보다 식해(識海)에 침몰하고
60. 결정함을 지어 현밀(玄密)을 추구하되 도리어 음성(陰城)에 떨어지며
61. 뛰어난 지해(知解)를 일으키다 살을 긁어 부스럼 내고
62. 본성 깨끗함에 머무른다 약을 집착해 도리어 병 이루며
63. 글을 찾고 뜻을 찾아 객수(客水)만 마시고
64. 고요하고 한가함만 지켜 법진(法塵)에 빠지며
65. 얻을 것이 있다 하여 상(相)이 없는 대승을 이야기하고
66. 건너야 한다는 생각으로 물외(物外)의 현지(玄旨)만을 탐구하며
67. 설함을 폐하여 절언(絶言)의 견해 일으키고
68. 언전(言詮)만을 두어 집지위월(執指爲月)의 비방을 초래하며
69. 동용(動用)을 오인 생멸의 근원에 처하고
70. 기억만을 전념 식상(識想)의 둘레로만 맴돌며
71. 게을러서 원각(圓覺)의 성품을 잃고
72. 되는 대로 맡겨 입도(入道)의 문을 이지러지게 하며
73. 신심(身心)을 일으켜 정진해 유위(有爲)에 막히고

・의복 등. 正報는 과거에 지은 業因에 갚아지는 果報이니 곧 佛身이나 중생의 몸. 통틀어 現相界.

74. 진(眞)에 맡겨 일 없음만 지켜 혜박(慧縛)에 침익하며
75. 오로지 생각에 얽혀 정수(正受)를 잃고
76. 무애자재함만 본받아 수행키를 놓아버리며
77. 결사(結使~번뇌의 다른 말)를 따르면서도 본성이 공함을 믿는다 하고
78. 전개(纏蓋~번뇌의 다른 말)를 집착하여 망령되이 끊어 없애려 하며
79. 보중(保重)하게 여겨 법애(法愛)를 내고
80. 가벼이 여겨 불인(佛因)을 헐며
81. 정진심(精進心)을 구해 본심을 어기고
82. 퇴타(退墮)하여 방일(放逸)만 이루며
83. 말과 증득함이 서로 어겨 실지(實地)를 결손(缺損)하고
84. 체와 용이 각각 무리가 되어 불승(佛乘) 어기며
85. 고요함만 지켜 공(空)에 머물러 대비(大悲)의 성품 잃고
86. 반연(攀緣)을 없애고 가법(假法) 싫어해 법다운 문을 멀리하며
87. 아견(我見)에 집착 인공(人空)임을 매하고
88. 현량(現量)에 미해 법집(法執)을 굳게 가지며
89. 알기만 하고 믿음이 없어 사견으로 흐르고
90. 믿음만 있고 알지 못해 무명(無明)만 기르며
91. 사람은 옳고 법은 그르다 하고
92. 경계는 깊고 지혜는 얕은 것이라 하며
93. 무엇이든 놓지 못해 법성(法性)을 미하고
94. 버려서 즉진(即眞)에 어기며
95. 떠나서 인(因)을 어기고
96. 나아가서 과(果)를 잊으며

98. 옳다 하여 권(權)을 헐며
99. 무명(無明)을 증오해 부동(不動)의 문을 등지고
100. 이경(異境)을 증오해 법성삼매를 파괴하며
101. 동리(同理)에만 의거 증상만(增上慢)을 일으키고
102. 별상(別相)을 억제 방편문을 파하며
103. 보리(菩提)를 옳다 하여 정법륜을 비방하고
104. 중생을 그르다 하여 진불체(眞佛體)를 헐며
105. 본지(本智)에 집착하여 방편혜(方便慧)를 그르다 하고
106. 정종(正宗)에 미하여 화문(化門)을 집착하며
107. 이치에 막혀 무위(無爲)의 구덩이에 빠지고
108. 사(事)에 집착해 허환(虛幻)의 그물에 걸리며
109. 양변(兩邊)을 끊고 자취를 없애 쌍조(雙照)의 문을 어기고
110. 정중(正中)만을 보전한다고 방편의 뜻 잃으며
111. 정혜(定慧)만을 편습(偏習)하여 도의 싹을 말라 죽게 하고
112. 행원(行願)만을 홀로 일으켜 불종(佛種)을 매몰하며
113. 무작행(無作行)임을 지어 유위(有爲)의 보리를 닦아 익히고
114. 무착심(無着心)에 집착해서 상사(相似)한 반야만을 배우며
115. 깨끗한 모양에만 나아가 염구(染垢)의 실성(實性)엔 미하고
116. 정위(正位)에만 머물러 스스로 본공(本空)함을 잃으며
117. 무상관(無相觀)만 세워 진여를 장애하고
118. 요지심(了知心)만 일으켜 법성(法性)을 위배하며
119. 진전(眞詮)을 준수한다는 어견(語見)을 냄에 감로를 마시나 이내 목마르고
120. 원리(圓理)만을 돈독히 여겨 집착심을 냄에 제호(醍醐)를 마시나 이내 독(毒)을 이룬다.

이와 같이 살펴본 일백이십의 삿된 견해여
이는 곧 종(宗)을 매하고 지(旨)를 등짐에
드디어 담(淡)을 잃고 진(眞)을 어김이라.
눈을 눌러 꽃을 내는 삿된 알음알이요
머리 미해 그림자 잘못 아는 미친 짓이며
얼음 뚫어 불 찾고 나무 쪼개 고기 구하며
그림자 피해 공중으로 달아나고 바람 붙들어 번개 잡으려는
실로 어리석기 짝이 없는 짓.
쓴 것은 감종(甘種) 아니거늘 모래 어찌 밥 될 인(因)이 있으리.
이는 다만 법성(法性) 융통해 한뜻으로 화회(和會) 못한 탓
모두가 방편 미해 분별 견하(見河) 깊이 빠짐이로다.

본심(本心) 장애하여 중도(中道) 들지 못했음에
육도(六途)길에 들락날락 기어 다니고
본래 취사심(取捨心)에 얽매인 지라
무심(無心) 속에 억지로 번뇌 제하고
무사(無事) 속에 굳세게 벗어나려 구하네.
법공(法空)을 가져 에애(恚愛)의 경계 삼고
진지(眞智)를 돌이켜 상애정(想碍情)을 지음이라[顚倒知見]
길이 팔도풍(八倒風)*에 날리리니
사변(四邊)*의 그물 벗어나기 어려우리.
마침내 이(理)가 곧 생사임을 알지 못하여
언제나 도(道)와는 어둡기만 하리.

---
　　* 八倒風은 常樂我淨에 대한 범부와 二乘人의 뒤바뀐 견해.
　　* 四邊은 是・非・亦是亦非・不是不非니 곧 一切의 집착된 分別見解의 總稱.

망(妄)이 본래 보리(菩提)라 마침내 각(覺)과 명합(冥合)하나니
밝음은 언제나 어두움에 머물고
물은 또한 얼음을 여의잖는 법
신령스런 지혜 언제나 있고
미묘한 용처(用處) 다함 없거늘
어찌하여 생각 그쳐 담적(湛寂) 구하며
번뇌 끊고야 진여(眞如) 증득하리오.
망령되이 지어 망령되이 닦음에 스스로 어렵느니 쉽다느니 하네.

영각(靈覺)의 성품 본래 감추잖았고
여래의 보장(寶藏) 실로 장(藏)이 아닌데
그러므로 알라.
원상(圓常)의 이치 이지러짐 없되
신해(信解)하는 기틀 감추기 어렵나니
바늘끝에 선 무변신 보살(無邊身菩薩)이요
실끝에 매단 수미산이라
오직 희기(希奇)하다 탄식만 할 뿐 어찌할 바를 알지 못하겠도다.

흡사 해파리나 토봉(土蜂) 또는 자벌레 등과 같이
언제나 저를 구해 헤매다니나
종일토록 겉모양만 맴돌고 만다면
스스로 살펴 안으로 비추잖고 내옷의 보배 팔아
여래가업(如來家業) 이을 건가.
이는 다만 공화(空華)의 기멸(起滅)만 다툼일 뿐
눈병 그림자의 시비만 좇는 짓이라.
순박 버리고 뜬 영화만 숭상하며

근원 잃은 채 겉가지만 찾아 도니
가히 금 버리고 조약돌 주움이요
보배는 버리고 땔나무만 모음이로다.

온갖 성인달사(聖人達士) 한결같이 슬퍼하사
실제(實際)에 이름 아니요 본심에 달함 아니라 하셨건만
부침(浮沈)한 망식(妄識)들 연심(緣心) 속이어
두루 헤어 집착함이 외진(外塵)인 듯 나타나니
허깨비를 사람으로 노끈을 뱀으로 터무니 없는 견해 내고 마누나.

알지 못할러라
만법이 체성(體性) 없고 일체一명상(名相) 없건만
생각따라 형상 내고 말로 인해 이름 세움.
의식(意識)따라 이름따라 상념(想念)을 내거니와
상념이란 허망하여 본말(本末) 없으매
일러 삼계무물(三界無物)이요 만유구공(萬有俱空)이라 했도다.

사정(邪正)도 같은 무리 선악 또한 같은 이치
대의(大義) 덮어둔 채 처음으로 돌이키지 아니한다면
무심(無心) 속에 망령스레 동이(同異) 가르고
일체(一體)에서 억지로 이합(離合) 나누리.
나와 남 분별해 세우자 마자
밉고 고운 정 재빨리 나타나리니
투쟁 일으키는 실마리요 혹업(惑業) 맺는 시초라
시비(是非) 치성한 그물이요
증애(憎愛) 가득한 울타리로다.

거울 속의 비친 모양 들여다보며
밉고 고운 마음 나뉘어지고
메아리 같은 소리 분별하면서
기쁘고 성내는 빛 일으키나니
화인(化人)에게 마음 있길 요구하고
환물(幻物)을 굳세리라 믿으며
끓는 물로 새는 그릇 채우려 하고
허공 꽃 굳은 돌에 심으려 하네.
능소(能所) 함께 고요하고 이사(理事) 함께 공(空)하건만
이미 미혹인(迷惑因)을 지었음에
환(幻)의 과보 또한 없지 않으리.

미묘한 이치 알고 싶은가
오직 마음임을 관하는 데 있나니
수없는 업장 한 생각이 녹이고
천 년의 암흑 일등(一燈)이 파하노라.
자연(自然)하여 어떤 명상(名相) 세우잖아도
미혹 풀어 적연(寂然)함에 돌아가나니
어찌 일물(一物)인들 정(情)에 당하여
만경(萬境)이 대(對) 짓는 일이 있으랴.

취사심(取捨心) 함께 없어지고
시비 대번에 원융(圓融)함이여
온갖 허물 함께 녹아 환하게 청정하매
모두가 부사의해탈(不思議解脫) 대적멸도량(大寂滅道場).
보고 들음 함께 잊어버리고

몸과 마음 다 같이 의지한 데 없음에
인연 따라 성(性)을 기르리
간 곳마다 때(時)를 녹이리[逐處消時].
마치 물결따라 노니는 빈 배와 같고 바람따라 뻗치는 나래와 같아
가로 가든 세로 가든 뜻대로 두어
들판에나 시장에나 발걸음에 맡기리라.

널리 후현(後賢)에게 간절히 권하노니
다만 이 한길을 준수(遵守)하여라.
듣고 믿잖아도 불종(佛種)의 인(因)을 맺고
배워 못 이뤄도 인천(人天)의 복전(福田) 되리.
이는 곧 온갖 경전 갖춰 실리고
제불께서 한가지로 펴신 것이라
한마디도 소홀히 이른 말 아니거니
청컨대 새겨 알고 거울 삼기 바라노라.

유심결 끝.

역자 제언

  우리나라에 부처님의 교화가 전래된 지도 어언 천육백 여 년
 숱한 역사의 흐름과 변천 속에서도 오늘에 까지 끊임없이 향화가 이어져 오고 있음은 우리 모두를 위해서도 참으로 다행스러운 일이 아닐 수 없다.
 그러나 아무리 뛰어난 가르침이라 할지라도 우리들의 현장에서 실제로 살아 숨쉬느냐 죽은 물건이고 마느냐 하는 것은 전적으로 우리들의 손에 달린 것이다. 다시 말하면 어느 시대를 막론하고 진리에 대해 보다 긍정적이고 적극적인 자세로 잘 계승 발전시켜 나아갔을 때는 분명히 나라가 평안하고 집안이 화목했으며 제방(諸方)의 승가(僧伽)도 활기찬 깃발을 드날려 정법교화가 더욱 왕성하였음을 보아왔다. 그러나 어느 시대이건 민중이 아집과 불신으로 부정적이고 소극적인 자세였을 때는 사람마다 분열되어 원력과 사명은 뒷전인 채 방탕과 사욕에만 빠졌고 따라서 나라도 부패와 도탄에 허덕였으며 종풍(宗風)도 여지없이 침체와 괴멸의 난을 면치 못하지 않았던가.
 우리나라의 불교는 조선 중엽 서산 대사께서 선교양종을 통합한 이래 오늘날까지 오직 선(禪)불교를 표방하고 자처하여 온 터이다.
 선(禪)이란 곧 중생의 근본무명을 일거에 타파하고 청정본각지(淸

淨本覺地)를 끊임없이 회복하여 사람마다 본래 갖추어 모자람 없는 진여의 바탕 위에 정토를 건설하고, 나아가 만인이 공유할 수 있는 자비와 지혜의 실천을 당세에서 이룩하고자 하는 간절한 염원인 동시에 이러한 원력에 의한 구체적 실수행의 방법이기 때문이다.

그렇다면 오늘날 우리나라의 선(禪)불교는 과연 올바르게 지도되고 실천되며 또한 올바르게 전파되어 불법을 공부하고 생활하는 사람마다 건실하게 뿌리를 내려 긍지의 꽃과 열매를 맺고 있는가.

참으로 선이 갖는 본래의 의미와 부처님이 설파하신 정법의 유산이 왜곡되지 않은 채 누구나 기꺼이 지녀 풍성하게 생활화하고 있는지 우리 모두 깊이 반성해 보아야 할 것이다.

살피건대 우리나라의 불교도 유구한 세월을 거쳐 오면서 실로 눈부신 발전과 왕성한 교화를 꽃피운 바가 없지 않다. 그러나 근래 우리 교계의 실태를 분석해 볼 때 분명 그 어느 때보다 극심한 침체의 늪을 헤어나지 못하고 있음은 실로 유감스러운 일이 아닐 수 없다.

불법의 근본 목표는 '깨달음'이다. 그것은 필경에 이루어져야 할 우리 모두의 목표인 동시에 가장 가까운 오늘의 일상에 실제로 실천되어야 할 과정의 명제이기도 한 것이다. 과정 없는 목표는 한갓 허구에 불과할 뿐, '오늘'의 구체적인 실천 없이는 아무리 좋은 목표를 설정했다 한들 그것이 중생의 고뇌와 갈등에 무엇이 보탬이 될 것인가.

한 톨의 씨앗은 영원한 생명의 핵이요 만유의 근본이다. 왜냐하면 이 작은 씨앗(因) 속에는 스스로가 뿌리와 줄기와 잎(緣)·꽃·열매(果)까지를 다 포함하고 있기 때문이다. 그래서 초발심시(初發心時)에 변성정각(便成正覺)이라 하였고 또 발심(發心)과 필경(畢竟)이 이 불별(二不別)이라 하지 않았던가.

그러나 심고 가꾸지 않은 씨앗만으로는 살아 있는 영원한 생명을 기약할 수 없다. 씨앗은 반드시 잘 갈아서 준비된 밭에 심어져야 하며

[立志發心] 쉴 새 없이 거두고 가꾸어야[修行精進] 한다. 그런 뒤에야 싱싱하게 자라서 마침내 무한한 생명의 열매[究竟正覺]를 기약할 수 있기 때문이다.

또 모든 존재의 궁극적 '진리(理)'와 그것이 형상화되어 드러난 일상의 '현실[事]'은 실로 수레의 두 바퀴와도 같은 불가분의 관계이다. 교외별전(敎外別傳)의 '깨달음'이라 하여 어찌 뿌리와 가꿈을 외면한 허공의 꽃을 의미하였겠는가. 다만 분명히 밝혀 환히 드러내야 할 '이치'이지만 실천 없는 이치는 공론적 허구를 면치 못하고 착실히 실천되어야 할 사행(事行)이지만 올바른 이치에 의하지 않은 사행이라면 그 일마다 그릇되어 무명의 치암(痴暗)을 영원히 벗어날 길이 없다. 그러므로 오직 간택과 집착을 독약처럼 꺼리라 하신 것이다.

이와 같이 이사(理事)를 동시에 가지고 실천하여 어느 곳에도 집착하거나 소홀히 하지 않는다면 그 어떤 수행이나 만행(萬行)이라 할지라도 참으로 진아(眞我)를 회복하는데 잠시도 등질 수 없는 사다리가 되고 고해를 건너는데 훌륭한 뗏목이 될 수 있기 때문이다. 한치의 그릇됨이라도 올바른 지견으로 과감히 물리치고 집착을 벗어난 일상의 바탕 위에서 열과 성을 다해 노력정진한다면 어떤 수행이 고루해질 것이며 어떤 선(禪)인들 왕성해지지 않겠는가.

불법을 대해(大海)에다 비유하였다. 그만큼 크고 깊으며 포용성이 넓어서 어떤 사상과 견해이든 이 문안에선 동화되지 않음이 없고 정화되지 못할 것이 없기에 대해(大海)에다 비유한 것이리라.

아무리 훌륭한 가문이라 하여도 그 가업을 계승 발전시키는 것은 오로지 잘 단련된 후손의 손에 달려 있다. 뛰어난 악기가 있다 한들 조화롭게 다루는 손을 만나지 못한다면 어찌 아름다운 음률을 기약하겠는가. 우리는 진정 만인이 풍족하게 누리고 남을 무한한 유산을 선조로부터 물려받은 복된 자손인 만큼 가난에 허덕이고 문정(門庭)

이 메마르지 않도록 보다 절실한 노력의 가꿈이 있어야 할 것이다. 그것은 곧 고뇌에 허덕이는 만 중생들을 오직 다함 없는 지혜와 자비의 품으로 이끌어 필경 이 땅위에 청정국토를 이루고야 말 간절한 바람과 노력 그것만이 모든 수행자의 당연한 원행이겠기 때문이다.

불법이란 분명 수많은 지식의 나열만을 주장하는 가르침은 아니며 또한 허구의 각로(覺路)를 제시한 가르침도 아니다. 미오(迷悟)의 길을 올바르게 판단하는 지혜의 가르침이며 만인의 참다운 정화를 기약하는 실천과 체험의 종교인 것이다.

더러는 탄식하기를 성현 가신 지 오래이고 때는 말법의 혼란기라 한다. 그러나 진리는 분명 고금이 없다. 그러므로 만인이 지향하는 바 이상에의 염원도 더욱 끊임없이 발전해야 하며 결코 한 순간의 정체나 물러섬이 있어서도 안되는 것이다.

더구나 지금은 그 어느 시대보다 나날이 가속화해 가는 인간고뇌의 보다 본질적인 요구에 절실한 부응이 있어야 할 때이다. 그러므로 부단히 '살아있는 종교'의 의미를 재조명하여 더욱 진리에 대한 올바른 개념이 정리되어야 하며 아울러 쉼 없이 연구하고 참회하고 정진하고 원을 세워야 하는 것이다.

왜냐하면 '종교'의 핵심이 인간구제의 문제에 있다면 가치관의 다양한 변질 속에서 목표를 상실한 채 한없이 표류해 가는 세태에 영원히 변치 않는 신선한 삶의 의미를 체험과 각성으로 부단히 일깨워 주어야 할 책임이 있기 때문이다.

믿음을 요구하기에 앞서 믿음을 보여야 하는 것은 종교가 가진 신성한 본질이다. 우리는 하루 빨리 과감하게 가식의 의상과 권위의 담장을 허물고 답습 내지 고질화의 안일한 잠에서 황급히 일어나야 한다. '가이없는 중생을 맹세코 다 건지리라'는 불 같은 대원은 과연 무엇으로 이루어지는 것인가.

부처님께서는 밭가는 농부의 물음에 '나도 또한 갈고 가꾸는 사람'이라 서슴없이 대답하시어 그 농부에게 진리의 눈을 뜨게 해 주셨다. 우리들도 또한 우리들의 삶에 대하여 이같이 부끄러움 없이 대답하며 이같이 떳떳하게 온 누리를 깨우칠 수 있어야 할 것이다.

辛酉年 4월 8일
淸流洞 金剛臺에서 日藏 和南

萬善同歸集

1981년 9월 12일 초판 1쇄 발행
2024년 9월 9일 초판 11쇄 발행

지은이 영명지각선사 • 옮긴이 일장
발행인 박상근(至弘) • 편집인 류지호 • 편집이사 양동민
편집 김재호, 양민호, 김소영, 최호승, 하다해, 정유리 • 디자인 쿠담디자인
제작 김명환 • 마케팅 김대현, 이선호 • 관리 윤정안
콘텐츠국 유권준, 김희준
펴낸 곳 불광출판사 (03169) 서울시 종로구 사직로10길 17 인왕빌딩 301호
　　　대표전화 02) 420-3200 편집부 02) 420-3300 팩시밀리 02) 420-3400
　　　출판등록 제300-2009-130호(1979. 10. 10.)

ISBN 978-89-7479-352-4

값 20,000원

독자의 의견을 기다립니다. www.bulkwang.co.kr
잘못된 책은 바꾸어드립니다.
불광출판사는 (주)불광미디어의 단행본 브랜드입니다.